perfis brasileiros

Outros títulos da coleção perfis brasileiros

Antônio Vieira, Ronaldo Vainfas
Castro Alves, Alberto da Costa e Silva
Cláudio Manuel da Costa, Laura de Mello e Souza
D. Pedro II, José Murilo de Carvalho
General Osorio, Francisco Doratioto
Getúlio Vargas, Boris Fausto
Joaquim Nabuco, Angela Alonso
José Bonifácio, Miriam Dolhnikoff
Leila Diniz, Joaquim Ferreira dos Santos
Nassau, Evaldo Cabral de Mello
Roberto Marinho, Eugênio Bucci
Rondon, Todd A. Diacon

D. Pedro I

por
Isabel Lustosa

5ª reimpressão

coordenação
Elio Gaspari e Lilia M. Schwarcz

Companhia Das Letras

copyright © 2006 by Isabel Lustosa

Grafia atualizada segundo o Acordo Ortográfico da Língua Portuguesa de 1990, que entrou em vigor no Brasil em 2009.

capa e projeto gráfico
warrakloureiro

imagem da capa
D. Pedro, 1830 [Biblioteca do Instituto de Estudos Brasileiros — USP / Reprodução: Lucila Wroblewski]

pesquisa iconográfica
Carlito de Campos / Cia. da Memória
Thiago Fontana / Cia. da Memória

preparação
Denise Pessoa

índice onomástico
Luciano Marchiori

revisão
Cláudia Cantarin
Carmen S. da Costa
Eduardo Russo

Dados Internacionais de Catalogação na Publicação (CIP)
(Câmara Brasileira do Livro, SP, Brasil)

Lustosa, Isabel
 D. Pedro I: um Herói sem nenhum caráter / Isabel Lustosa. — São Paulo: Companhia das Letras, 2006.

 ISBN 978-85-359-0807-7

 1. Pedro I, Imperador do Brasil, 1798-1834 I. Título.

06-1927   CDD-923.181

Índice para catálogo sistemático:
1. Brasil: Imperadores : Biografia   923.181

[2022]
Todos os direitos desta edição reservados à
EDITORA SCHWARCZ S.A.
Rua Bandeira Paulista, 702, cj. 32
04532-002 — São Paulo — SP
Telefone: (11) 3707-3500
www.companhiadasletras.com.br
www.blogdacompanhia.com.br
facebook.com/companhiadasletras
instagram.com/companhiadasletras
twitter.com/cialetras

D. Pedro I
Um Herói
sem nenhum caráter

Para minha irmã Socorro (a Dadal) e meu cunhado Edmilson, padrinhos do Chico Bento.

Sumário

Introdução 15
Um Herói sem nenhum caráter

Parte 1   A maldição da Casa de Bragança
 1. D. Maria I 24
 2. Carlota Joaquina 27
 3. D. João 32
 4. Nascimento e infância de d. Pedro 36
 5. Fuga para o Brasil 40

Parte 2   A paisagem e o homem
 1. Transformações no Rio de Janeiro: de 1808 a 1831 46
 2. Uma corte de negros e escravos 54

Parte 3   Pedro e Leopoldina
  1. Espírito e talento 58
  2. Más companhias 62
  3. Aparência, maneiras e cultura 68
  4. Epilepsia 71
  5. Um bom negócio 74
  6. Cunhada de Napoleão, educada por Metternich,
     amiga de Schubert e Goethe 79
  7. Lua de mel 83
  8. Primeiros desencontros 88

Parte 4   De espectador a ator: a descoberta da política
  1. O pai e o filho 96
  2. O dia 26 de fevereiro 102
  3. "Execução militar em dia de ressurreição!" 106
  4. Sob o domínio da tropa 112
  5. A reação brasileira 116
  6. A atuação de d. Leopoldina e o Fico 121
  7. A jovem imprensa brasileira 125
  8. D. Pedro, abolicionista 128
  9. A revolta de Avilez e a morte do príncipe da Beira 132

Parte 5   O movimento da Independência
  1. José Bonifácio 138
  2. Ledo e Bonifácio 142
  3. Jornalismo de insultos 146
  4. A Independência e a Bonifácia 150
  5. Outros insultos 156
  6. A Constituinte de 1823 159
  7. A queda do gabinete Andrada e a dissolução
     da Constituinte 163

Parte 6   Entre brasileiros e portugueses, liberais e absolutistas
1. Mudança dos ventos na política de cá e de lá 172
2. Um golpe contra lorde Cochrane: a Confederação do Equador e a Abrilada 177
3. A bela Domitila e seu marido, Felício 184
4. Ascensão de Domitila e de sua família 191
5. A canalha 196
6. O bom negócio do amor 200

Parte 7   O Brasil e o mundo
1. O reconhecimento da Independência 206
2. Triste Bahia 211
3. 1826: o ano das perdas 219
4. A Assembleia, os ministros e o gabinete secreto 224
5. O reconhecimento da duquesa de Goiás 230
6. Agonia e morte da imperatriz 237
7. Esforço de guerra 244
8. A Nova Castro 247
9. Amor x casamento 251
10. Idas e vindas de um amor em fase terminal 257
11. Fim de caso 260

Parte 8   Imperador do Brasil
1. A imigração, Schaffer e Metternich 270
2. A revolta dos batalhões estrangeiros 275
3. Portugal x Brasil 278
4. Barbacena contra o Chalaça 282
5. *L'après-midi d'un faune* 290
6. A Noite das Garrafadas e o 7 de Abril 293

Parte 9   D. Quixote
  1. Um brasileiro em Paris 304
  2. Preparativos 312
  3. Despedidas 316
  4. A guerra e a morte de d. Pedro IV 321

Cronologia 327
Indicações bibliográficas 331
Índice onomástico 334

Se existimos como corpo de nação livre, se nossa terra não foi retalhada em pequenas repúblicas inimigas, onde só dominassem a anarquia e o espírito militar, devemo-lo muito à resolução que tomou de ficar entre nós.
Evaristo da Veiga

Não foi um príncipe de ordinária medida, mas uma prodigiosa natureza humana, um ser de escândalo e contradição, cuja vida, tão breve, se marcou de rasgos generosos que lhe redimem erros e pecados. Não foi um homem de ordinária medida.
Otávio Tarquínio de Sousa

Introdução

Um Herói sem nenhum caráter

Em 7 de abril de 1831, após uma série de acontecimentos que o tinham levado a abdicar da Coroa brasileira, d. Pedro I era obrigado a deixar o Brasil. Ao longo da semana em que seu navio permaneceu no porto, ele se dedicou a cuidar de negócios, recebendo a bordo para essas operações corretores e comerciantes de má fama na corte, tratando pessoalmente com eles. Causou espécie entre a oficialidade do *Warspite*, navio inglês que o acolhera, a avidez minuciosa com que o ex-imperador realizava transações, contas, avaliações, venda de títulos, venda de imóveis e até dos objetos mais banais, como selins e arreios de cavalos, mobílias, carruagens, roupas, quadros, louças e pratarias. Cuidava ele mesmo da contabilidade, arrolando tudo em inumeráveis folhas de papel nas quais se alinhavam parcelas e cálculos com o valor de todos os seus bens. Talvez por desconfiança, acompanhou pessoalmente o embarque de sua bagagem e andava pelos corredores do navio abraçado à caixa de um faqueiro de prata que pretendia vender quando chegasse à Europa.

Além dessas questões particulares, d. Pedro aproveitou o tempo até a partida para negociar por carta, e sem nenhum constrangimento, com os representantes da Regência o pagamento de salários atrasados e regatear a quitação de suas próprias dívidas com a Coroa brasileira:

> Eu desejo que o tesouro me pague o que me deve e que espere o pagamento do que lhe devo para quando se venderem as minhas propriedades particulares e a mobília de que estão cheios os palácios, quer nacionais, quer meus, deixando para meus filhos o que for preciso para o seu serviço particular.

Também impressionaram mal as maneiras do imperador. Desde o embarque, quando disse a d. Amélia na hora em que ela ia passar do escaler para o navio: "Lembre-se, querida, de que está sem calças", até a maneira grosseira como recusou um pedido dela em voz alta na frente de várias pessoas: "Não, é impossível; não posso fazer nada; em geral nosso casamento só me tem custado muito dinheiro; e é tudo quanto tenho dele até agora". Talvez uma alusão ao fato de que a imperatriz ainda não lhe tivesse dado um herdeiro.

Dois ex-ministros seus que foram ao navio pedir-lhe socorro também foram maltratados. D. Pedro riu às gargalhadas quando o general Pereira Valente, ex-ministro da Guerra e seu ajudante de campo, veio se refugiar a bordo porque sofrera ameaças. A Francisco Vilela Barbosa, marquês de Paranaguá, que tantas vezes fora seu ministro, dispensou dizendo que já trazia muita gente às costas e dele não se podia encarregar. Como Paranaguá dissesse então que, nesse caso, só lhe restava tornar a Portugal, onde tinha direito a uma pequena aposentaria como professor, d. Pedro reagiu: "Espero que não vá a Portugal antes de minha filha estar estabelecida no trono; proíbo-o". "Mas, senhor, que quer que eu faça? Não tenho fortuna, só tinha meu subsídio", argumentou o marquês. "Faça o que quiser, não é da minha conta: por que não roubou como Barbacena? Estaria bem agora", concluiu d. Pedro. Meses antes da abdicação, a Assembleia Legislativa votara uma resolução segundo a qual a Fazenda de Santa Cruz, pertencente ao imperador, compreendia apenas os terrenos de cuja posse se achava o monarca em 25 de março de 1824 — data em que foi outorgada a Constituição — revertendo aos antigos donos as terras anexadas à mesma fazenda em virtude de medição posterior.

Esse era o herói que em poucos dias seria aclamado por toda a Europa quando ali desembarcasse: o campeão do constitucionalismo na América e em Portugal.

É quase um impulso natural tentar saber se alguém é mocinho ou bandido, se é bom ou ruim. Tentar dividir o mundo dessa maneira é fácil e nos garante um roteiro claro para sabermos se estamos indo na direção certa, na direção do bem. A natureza humana é maniqueísta e classificatória. Quando se trata então de personagens extraordinários, heróis ou santos, esse sistema é ainda mais exigente. Se fulano foi um herói, como é que batia na mulher? Se sicrano foi santo, como poderia ter sido um rei, um governante, alguém que tinha de tomar decisões ou fazer escolhas que necessariamente contrariavam ou prejudicavam alguém?

Para tentar provar que um herói foi de fato herói, ou que um santo foi de fato santo, muitas vezes seus biógrafos tendem a reduzir ou escamotear informações que contrariem essa tese. Historiadores que formulam por iniciativa própria ou por requisição do Estado a chamada história oficial tendem, mais que todos, a fazê-lo.

O projeto de uma história do Brasil que enaltecesse os vultos pátrios começou a ser elaborado no século XIX. Tanto nas *Indicações sobre a história nacional*, publicadas por Alencar Araripe na revista do Instituto Histórico e Geográfico em

1894, quanto nas instruções para o ensino da disciplina no Colégio Pedro II, de 1881, estava presente o propósito de realçar os feitos dos homens extraordinários. Era uma história escrita com o fito de criar uma mítica nacional, de enaltecer os personagens fundadores da nacionalidade. Impulsionada pela retórica, que também se ensinava nas escolas, ela se confundia com a educação moral e cívica e vinha recheada de exemplos capazes de calar no coração dos alunos. Alguns vultos pátrios apresentavam, no entanto, maior dificuldade aos historiadores para o sucesso dessa tarefa. Desses, sem dúvida o mais difícil de enquadrar na moldura foi d. Pedro I.

Dizia Joaquim Nabuco que o problema das revoluções é que sem os exaltados é impossível fazê-las, e com eles é impossível governar. Poucos governantes couberam tão bem nessa camisa quanto o primeiro imperador do Brasil, Pedro I. Num tempo em que o Brasil se inventava como nação, surgiu na boca da cena e assumiu o papel principal o rapaz de 22 anos, malcriado e irresponsável, mulherengo e farrista, briguento e fanfarrão que, como disse um visitante estrangeiro, tinha os modos de um moço de estrebaria. Era o príncipe americano, fascinado por Bonaparte, influenciado pelo palavreado político liberal da Revolução Francesa. Um príncipe que daria ainda muita preocupação às cabeças coroadas da velha Europa.

Só mesmo o grão de loucura que iluminava sua mente poderia levá-lo a tomar as atitudes que tomou. Mas a ousadia com que mandou de volta as naus portuguesas repletas de soldados; a energia com que desafiou as Cortes portuguesas, que tentavam reduzir o Brasil novamente ao estágio de colônia; e a determinação com que enfrentou os portugueses na Bahia foram fundamentais para os destinos do Brasil independente.

Contudo, foram também a intemperança, o caráter apaixonado e a incapacidade de lidar com o dia a dia da política que o perderam. Mais de uma vez foi chamado de louco. De maneira direta e veemente na carta que lhe endereçou o marquês de Barbacena em 15 de dezembro de 1830, depois de ser demitido do ministério: "Um dos tios-avós de V. M. I. acabou seus dias em uma prisão em Cintra. V. M. I. poderá acabar os seus em alguma prisão de Minas a título de doido". O dr. Casanova, médico da família da segunda imperatriz, que a acompanhou ao Brasil, disse a José Bonifácio estar convencido de que "o imperador é louco; se me vierem dizer que ele anda a atirar pedradas pelas ruas, não me causará isso surpresa".

D. Pedro chegou ao Brasil com nove anos. Veio na confusão que foi a partida da corte portuguesa para o Brasil. Criou-se na colônia completamente livre, cuidando dos seus cavalos, desenvolvendo suas habilidades de carpintaria, seu talento musical, sem muito interesse pelos livros nem pelas intrigas de gabinete. Quando se casou, aos dezenove anos, já revelara o enorme apetite sexual que seria uma marca de sua personalidade e que o casamento não aplacaria.

Foi apenas em 1821, no entanto, com as turbulências que sucederam à Revolução Constitucionalista do Porto, que d. Pedro assumiu um papel realmente decisivo. Enquanto o pai quedava-se paralisado pela imagem da cabeça de seu primo Luís XVI rolando da guilhotina, o príncipe enfrentava corajosamente as sucessivas rebeliões daquele ano. Era ainda mais Portugal que Brasil, mas a intransigência dos deputados portugueses, teimando em reduzir o Brasil ao estágio colonial, a situação de seu pai, que de monarca absoluto tornara-se refém da Assembleia Constituinte portuguesa, além da pressão dos brasileiros para que ficasse, determinaram a sua decisão. Em janeiro de 1822, Pedro I, ao dizer que ficava, definiu o seu destino e o do país que adotara como pátria. E foi, nessa fase, o mais apaixonado dos brasileiros, o mais agressivo dos jacobinos, o mais furioso antilusitano.

D. Pedro dizia-se e queria-se príncipe constitucional, mas o tipo de constitucionalismo que propunha estava expresso na fórmula de seus discursos: o da coroação, onde mencionava a Constituição que *jurara dar*, e o pronunciado na abertura dos trabalhos da Assembleia Constituinte, onde prometia aprovar a Constituição *se fosse digna do Brasil e dele*. E se não fosse? Seria a pergunta provocativa que lhe fariam os liberais.

A resolução de fazer a Independência partiu do mesmo homem que demitiu José Bonifácio e despachou-o para um longo exílio. O mesmo príncipe que espantava a Europa com suas atitudes liberais postava-se diariamente, na crise final de seu governo, a uma das janelas do Paço Imperial que davam para a Câmara (que tinha então o sugestivo nome de Cadeia Velha) e desmandava-se em impropérios contra os chefes da oposição. Era um personagem que dava imenso valor à glória, mas via os homens e a si mesmo de forma muito crua, desprezando as fórmulas, os juramentos, lidando com a coisa pública de maneira meio cínica.

No entanto, mais de duzentos anos se passaram desde o seu nascimento, e a história do Brasil ainda não conheceu nenhum outro personagem com trajetória igual à desse herói de folhetim. Era em tudo um excessivo, um rapagão; em certos aspectos, como disse Otávio Tarquínio de Sousa: "O rapaz que nunca deixaria de ser, nas mais autênticas características da mocidade". Os testemunhos da época o descrevem como um homem simpático e inteligente, cuja presença cativava e que se impunha pelo porte elegante e altivo. Seus artigos e cartas revelam, apesar do descuido na forma, um autor de textos bem-humorados e interessantes e com um razoável nível intelectual.

Ao lado de suas tantas qualidades, tinha defeitos tão tremendos que quase as obscureciam. Péssimo e cruel marido para a primeira imperatriz; arrogante e despótico após a dissolução da Constituinte e ao longo de todo o Primeiro Reinado;

implacável na punição a Caneca e Ratcliff; imoral e corrompido, ostentando a amante sabidamente corrupta diante de todo o Brasil e do mundo, para humilhação de sua esposa e escândalo da sociedade brasileira; mesquinho até a avareza no que dizia respeito a dinheiro e bens pessoais; talvez mesmo desonesto; injusto, desconfiado e traiçoeiro com os seus melhores auxiliares.

Com uma personalidade avessa às regras formais, à qual a irreverência e a sensualidade davam um toque especial, d. Pedro bem faz por merecer o qualificativo que Mário de Andrade deu a Macunaíma: um herói sem nenhum caráter. Mas no caso de d. Pedro, dadas as consequências históricas de seus atos heroicos, a biografia marcada por lances romanescos, esse "herói" deve sempre ser associado ao seu nome com H maiúsculo. Quem foi esse homem que começou a governar o Brasil como regente aos 22 anos, fez a nossa Independência — porque sem ele talvez ela não tivesse acontecido de forma a garantir a unidade do Brasil —, deu a Constituição que regeria o país por mais de 65 anos, comandou um exército na Europa para retomar a coroa da filha em Portugal, aonde não voltava desde os nove anos, e morreu ali cercado de glória, como um verdadeiro herói? D. Pedro I é, sem dúvida, o personagem mais fascinante da história do Brasil. Este livro pretende contar a história desse homem que foi, sobretudo, um macho, na acepção mais crua da palavra, no que esta tem de sensual e de rude, mas também de valente.

Parte 1

A maldição da Casa de Bragança

1. D. Maria I

Uma antiga lenda portuguesa dizia que o primogênito dos Bragança nunca empunharia o cetro. Contava essa lenda que um frade franciscano, indo pedir esmolas a d. João IV (1604-56), rei de Portugal, quando este ainda era o quarto duque de Bragança, foi despedido com um pontapé. O frade rogou-lhe então uma praga: que a descendência dos Bragança nunca passaria pelo primogênito. E, de fato, tanto d. João VI quanto d. Pedro I e d. Pedro II tornaram-se herdeiros do trono por conta da morte de seus irmãos mais velhos.

    O marquês de Pombal tinha o príncipe d. José, irmão mais velho de d. João, em alta conta. Chegou mesmo a tramar com o avô deles, o rei d. José I, para fazê-lo seu sucessor em detrimento da mãe, d. Maria. O projeto não seguiu adiante, e, com a morte do rei, d. Maria subiu ao trono, e Pombal caiu em desgraça. O futuro brilhante que se vislumbrava para d. José foi abortado por sua morte prematura, em 11 de setembro de 1788, vitimado pela varíola.

Seu irmão mais novo, d. João, tornou-se assim o herdeiro do trono português.

O reinado de d. Maria I seria marcado por um permanente esforço para negar e anular todo vestígio de espírito pombalino que estivesse associado à administração do reino português, o que foi na verdade um passo atrás, pois o marquês de Pombal promoveu uma verdadeira renovação cultural, política e econômica durante os 27 anos em que ele serviu ao rei d. José I. Razões econômicas motivaram a expulsão dos jesuítas, estrategicamente planejada para proteger as fronteiras do Brasil, expandidas pelos bandeirantes e sacramentadas pelo Tratado de Madri (1750). Fronteiras que eram então ameaçadas pela ação dos padres espanhóis e portugueses em suas missões tanto no norte quanto no sul do Brasil. A reação dos jesuítas das Missões, que, junto com os índios missionados, pegaram em armas para impedir a desocupação prevista no tratado, foi o pretexto para sua total expulsão do Império português. A partir de Portugal, essa aversão contra os membros da ordem criada por santo Inácio se espalharia por todas as cortes da Europa: a França, a Espanha e os demais países europeus também os expulsaram, e o Vaticano extinguiu a ordem em 1773.

Kenneth Maxwell chama a atenção para o caráter reativo dos grandes feitos da política de Pombal. Graças ao terremoto de Lisboa, ele foi levado a reerguer a cidade a partir de uma perspectiva urbanística nova. Diante da tragédia que apavorou e paralisou o rei, o ministro arregaçou as mangas e pôs-se a trabalhar na reconstrução de Lisboa, disposto a fazê-la mais bela e mais grandiosa do que jamais fora. Nessa tarefa, Pombal empreendeu uma verdadeira campanha, repensando o traçado das ruas, a planta dos palácios reais e sua localização. Por causa da expulsão dos jesuítas, ele teve de reformar o sistema de educação português, até então controlado e orientado pela ordem de Santo Inácio. Essa reforma do ensino representou verdadeira revolução, estimulando a valorização das ciências exatas e a reformulação das cadeiras de teologia e filosofia.

Desse ponto de vista, o reinado de d. Maria I (1777-92), extremamente religiosa e de natureza impressionável, representou um notável retrocesso. A rainha encheu a corte de padres, e seu fanatismo estimulou uma onda de religiosidade e superstição. Quando ladrões entraram numa igreja e espalharam hóstias pelo chão, ela decretou nove dias de luto, adiou todos os negócios públicos e acompanhou a pé, empunhando uma vela, a procissão de penitência que percorreu toda Lisboa. Um dos primeiros sintomas de sua loucura foi a obsessão com as penas eternas que seu pai, o rei d. José I, deveria estar sofrendo por ter permitido que Pombal perseguisse os jesuítas. Em sua imaginação, ela via o pai como "um monte de carvão calcinado, negro e horrível sobre um pedestal de ferro fundido, que uma multidão de pavorosos fantasmas ameaçava derrubar".

A morte do marido, em 1785, sucedida pela do filho mais velho, em 1788, e todo o processo revolucionário que sacudia a Europa naquele final de século — cujos ruídos chegaram à colônia americana, provocando a Inconfidência Mineira — também contribuíram para a alienação mental da rainha. Para tratá-la, veio de Londres um dos mais renomados psiquiatras da época, médico do rei da Inglaterra, Jorge III, que enlouquecera em 1788. De nada adiantaram, no entanto, os "remédios evacuantes" do dr. Willis. D. Maria I foi afastada do trono em 1792, cabendo a partir de então o fardo de reinar em seu nome ao filho d. João. Em 1799, foi declarada louca sem esperança de cura, e d. João tornou-se príncipe regente.

2. Carlota Joaquina

Uma característica da política do reinado de d. Maria I e de seu tio e marido, d. Pedro III, foi a busca de um entendimento com a Espanha, o que deu origem ao Tratado de Santo Ildefonso, assinado em outubro de 1777, em que se delimitavam as zonas portuguesa e espanhola na América do Sul. Em março do ano seguinte era assinado em Madri o Tratado de El Pardo, pelo qual ficaram acertados os casamentos de d. João com d. Carlota Joaquina e da irmã dele, d. Mariana Vitória, com o príncipe espanhol d. Gabriel. O casamento de d. João se realizou em 1785, quando a noiva tinha dez anos de idade, e só se consumou em 1790.

Carlota Joaquina nascera em uma corte animada. Seu avô, Carlos III, e depois sua mãe, Maria Luísa — considerada por alguns autores como a mais imoral das rainhas da Espanha —, haviam levado um pouco de luz e alegria à inquisitorial Espanha dos Filipe. Carlota sabia dançar o minueto e as danças espanholas, além de tocar harpa e viola. Era uma menina inquieta, arteira, inteligente, com uma sede insaciável de divertimento. Nos primeiros tempos do casamento, ela, que trouxera consigo um grupo alegre e barulhento de moças, procurou animar a corte portuguesa com festas à moda da Espanha, onde se dançava ao som das castanholas.

Mas com o passar do tempo e com as reviravoltas das relações entre Portugal e Espanha, Carlota começou a revelar uma personalidade prepotente, intrigante e ambiciosa. O diplomata inglês William Beckford, que a conheceu muito jovem, dá testemunho de suas incessantes intrigas, políticas e privadas — seus extravagantes favoritismos e seus atos desumanos de crueldade. Carlota Joaquina também demonstraria desde cedo um grande pendor para o ódio, e, como diz Marcus Cheke, "seu pacato, indolente e desajeitado marido foi a primeira pessoa a quem odiou, e o fez com a peculiar intensidade com que se odeia alguém que se despreza, mas de quem se depende".

Desde que, com a morte do irmão e com a Regência, o destino de d. João mudou mudando também o dela, Carlota procurou intrometer-se nos assuntos de Estado, influenciando as decisões do marido. Mas — instruída pelos pais, com os quais se correspondia — seus interesses foram sempre os da Coroa espanhola, e esses nem sempre coincidiram com os de Portugal. Sua situação se tornou particularmente delicada a partir de 1796, quando a Espanha se aproximou da República Francesa e declarou guerra à Inglaterra, tradicional aliada de Portugal. Com a subida de Napoleão Bonaparte ao poder como primeiro cônsul, a Espanha, apoiada pela França, tomou, em 1801, a província portuguesa de Olivença e declarou guerra a Portugal.

Foi durante esse período que Carlota Joaquina começou a organizar em torno de si um partido secreto composto por nobres e eclesiásticos portugueses que, tal como ela, defendiam uma maior integração entre a Coroa portuguesa e a espanhola. Cientes de que Carlota mantinha uma correspondência secreta com Madri, ou seja, com o pai, que era então aliado de Napoleão, d. João e seu gabinete evitariam pô-la a par das decisões. Em contrapartida, ela adotaria uma atitude de inflexível hostilidade não só em relação ao marido mas a todos os seus ministros, sem exceção. Como diz Marcus Cheke:

> Suas mordazes pilhérias chegavam-lhes aos ouvidos fazendo que se pusessem a detestá-la tanto quanto já dela desconfiavam. Por isso, tacitamente de acordo com o príncipe regente, adotaram a única tática para a qual ela não poderia encontrar resposta: boicotaram-na — alijaram-na da política.

No começo de 1805, d. João mergulhara em profunda melancolia. Os sintomas pareciam com os que tinham antecedido à loucura da mãe, e ele se recolhera a Mafra, onde vivia cercado de frades. Carlota Joaquina envolveu-se em uma conspiração absurda para que d. João fosse declarado incapaz de cuidar dos assuntos de Estado, afastado do trono, e ela assumisse a Regência. As cartas que escreveu aos pais pedindo apoio para o golpe eram absolutamente mentirosas. Diziam que o príncipe estava tão louco quanto a mãe, e que a corte e o povo estavam dispostos a empunhar armas em favor de suas pretensões.

A verdade era que a imperturbável bonacheirice e a infalível bondade de d. João o tornavam universalmente popular, em contraste com a impopularidade de sua mulher. O golpe de Carlota fracassou; d. João, cujo anjo da guarda estava sempre alerta para protegê-lo de situações como essa, reapareceu na corte lisboeta a tempo de abortá-lo. O casamento de d. João e d. Carlota, que nunca fora muito feliz, a partir de então entraria em colapso total. Desejando evitar maior escândalo, o príncipe regente não consentiu que se abrisse devassa para castigar os conspiradores, limitando-se a passar a viver separado da mulher, encontrando-a apenas nas situações em que a etiqueta da corte obrigava. Ao longo de tantos anos de casamento, a aversão e o desdém que Carlota Joaquina nutria pelo marido cresceram até abranger toda a nação portuguesa.

Carlota Joaquina é um daqueles personagens da história do Brasil que conseguem obter opinião unânime entre quase todos os autores. Dos mais eruditos, como Otávio Tarquínio e Oliveira Lima, passando pelos cronistas subsidiários da história do Brasil mais amena, como Luís Edmundo, Viriato Correia e Paulo Setúbal, até chegar aos adeptos da história sensacionalista, como Assis Cintra, todos a descrevem da mesma maneira, variando apenas os adjetivos. Carlota era baixa, quase anã (tinha menos de 1,5 metro), manca, com uma espádua mais alta que a outra, tinha a pele do rosto grossa e marcada pela bexiga, nariz vermelho, olhos miúdos e injetados, queixo de quebra-nozes e lábios muito finos e arroxeados, adornados por um buço espesso e que, quando se abriam, deixavam à mostra dentes enormes, "desiguais como a flauta de Pã". Não era muito limpa, e na velhice vestia-se como uma bruxa, usando sobre a saia duas bolsas de couro compridas que iam até os joelhos e estavam sempre cheias de rapé e de relíquias, ossos, cabelos e outras coisas do gênero que de vez em quando beijava. A marquesa de Abrantes, mulher do general francês Philipe Junot — que a conheceu na mocidade, vestida em um rico traje de seda indiano bordado de ouro e prata —, assim a descreve:

> Seus cabelos sujos e revoltos ostentavam um diadema de pérolas e brilhantes de extraordinária beleza. Seu vestido era adornado por pérolas de inestimável valor. Trazia às orelhas um par de brincos como nunca vi iguais em ninguém: dois brilhantes em forma de pera, do comprimento do meu polegar, e de um brilho mais límpido que o do cristal. Eram joias soberbas e maravilhosas. Mas o rosto que emolduravam era tão horrível que lhes eclipsava a beleza. Tive a impressão de estar diante de al-

gum ser estranho à nossa espécie. [...] Não podia convencer-me de que ela era uma mulher e, entretanto, sabia de fatos nessa época que provavam fartamente o contrário.

É possível que a vivacidade de d. Carlota Joaquina suprisse, para alguns homens, a falta de atrativos físicos, pois ficaram na história os seus inúmeros casos amorosos. Carlota nunca teve pejo de misturar amor com política. Teria se insinuado a Junot quando este foi embaixador da França em Lisboa. Não é por acaso que a descrição mais cruel do aspecto físico de Carlota Joaquina, com aquele veneno que só as mulheres conseguem destilar quando o objetivo é destruir uma rival, tenha sido deixada por mme. Junot. Do casamento com d. João, nasceram-lhe seis mulheres e três homens. Em 1793, d. Maria Teresa; d. Antônio, em 1795; d. Maria Isabel, em 1797; d. Pedro, em 1798; d. Maria Francisca de Assis, em 1800; d. Isabel Maria, em 1801; d. Miguel, em 1802; d. Maria Assunção, em 1805; e d. Ana de Jesus, em 1806. Destes, segundo a maledicência da época, apenas os seis primeiros seriam filhos de d. João. O nascimento da última filha, Ana de Jesus, só seria saudado com as solenidades de praxe um ano depois.

3. D. João

D. João assumiu a Regência do reino de Portugal em 1799, aos 38 anos de idade. Segundo a marquesa de Abrantes — que achava a família real portuguesa a mais feia do mundo —, d. João era baixo, gordo e moreno. Tinha a cabeça grande demais para o corpo, os cabelos quase encarapinhados. O lábio inferior grosso e caído dava-lhe um ar abobalhado. Suas coxas e pernas eram muito gordas, e ele tinha mãos e pés muito pequenos. Outro estrangeiro que o conheceu depois que voltou para Portugal, em 1821, conta que era dificílimo entendê-lo, pois devido à falta dos dentes sua articulação era defeituosa, e ele dava uma espécie de grunhido a cada palavra. Esse cacoete, completa o estrangeiro, "parece ser nele um modo de expressar satisfação, pois a cada uma das minhas respostas *grunhia* mais ou menos de acordo com o maior ou menor agrado que sentia".

O gosto pela higiene também não era muito forte no monarca. Não havia memória, nem em Lisboa nem no Rio de Janeiro, de d. João ter tomado um banho de corpo inteiro. No Brasil, apenas quando um carrapato mordeu sua perna, infeccionando-a, aderiu aos banhos de mar, tidos como medicinais. Vestia-se com desmazelo. Suas roupas, sempre gastas, com grandes nódoas de gordura, eram usadas até caírem de podres. Os criados aproveitavam as suas longas sestas para remendá-las sobre o próprio corpo do monarca. Era extremamente glutão, e a lenda dos franguinhos que passou à história pitoresca foi registrada por vários viajantes. Trazia-os sempre nos bolsos do casaco, comia-os com frequência mesmo entre as refeições, e eram especialmente preparados para ele por um cozinheiro francês, já sem os ossos, para facilitar-lhe o trabalho.

Muito tímido e afável, d. João à primeira vista passava por tolo. O general francês Jean Lannes, que serviu em Lisboa entre 1801 e 1804, dizia que o príncipe regente era "uma total nulidade. Sua única ocupação é a caça, e seu único prazer é cantar acompanhado ao alaúde e ser elogiado por sua performance". Mas o diplomata britânico William Beckford, que o conhecera em 1794, achou-o sagaz e muito articulado, com uma notável facilidade para expressar-se, registrando que "um curioso estilo de humor nacional dava mais sabor às suas pilhérias".

D. João possuía também certa distinção natural que, aliada a uma cativante expressão de benevolência, impressionava favoravelmente a maioria dos estrangeiros. Segundo Otávio Tarquínio, ele não tinha a mais leve sombra de amor à novidade, aprazendo-se com a rotina, com a monotonia, com a repetição. A enorme capacidade de adaptar-se às mais opostas circunstâncias que demonstrou ao longo de seu reinado denunciava o oportunista, com uma grande disposição de subsistir. Herdara de seus maiores a predileção pela música sacra, e dizem os contemporâneos que, graças ao empenho do príncipe regente, a música de igreja que se fazia em Portugal era a melhor da Europa. Outra atividade em que se comprazia, antes que o excesso de peso e as hemorroidas o impossibilitassem, era a caça, especialmente a caça com falcões.

Medroso até o pânico, segundo o representante da Áustria no Rio de Janeiro, o barão Wenzel de Mareschal, d. João, "em caso de perigo, perde não só a vontade, mas todas as faculdades". Por isso era facilmente impressionável, e os auxiliares que lhe conheciam essa fraqueza fabricavam oportunamente conspirações necessárias para amedrontá-lo e arrancar-lhe decisões. O ambiente político estimularia o seu caráter naturalmente desconfiado, e, tendo em casa uma mulher que durante quase todo o casamento estava pronta a tentar derrubá-lo, mantinha para com os seus a mesma desconfiança que nutria em relação aos estrangeiros. Estava sempre em guarda, orientando suas ações por uma excessiva cautela, preferindo protelar, adiar além do limite decisões fundamentais.

Mas era também muito cioso de sua posição, ciumento de seu trono, gostava de ser rei e suportaria as maiores humilhações para conservar a coroa. Embora a indecisão e a indolência fossem os seus traços mais característicos, não era desprovido de certa perspicácia, que o capacitava a adotar o caminho certo nas crises tanto políticas como domésticas. Soube, ao contrário do filho, cercar-se de homens sábios e prudentes, e não se deixaria dominar de modo definitivo por nenhuma facção, preferindo alternar a seu lado ministros ora simpáticos à Inglaterra, ora simpáticos à França, conforme pendesse a balança do poder na Europa para um dos dois lados. Enfrentava os ministros estrangeiros das nações mais poderosas com resignação e complacência. Preferia usar de astúcia a empregar a força, pois que esta nem de fato nem por natureza tinha, evitando as atitudes frontais, os compromissos irremovíveis. Neill Macaulay ressalta, no entanto, que, se considerarmos a posição precária de Portugal, espremido entre um continente dominado pelo Exército francês e um oceano governado pela Marinha britânica, encontraremos mais motivos para apreciar a habilidade política de d. João.

4. Nascimento e infância de d. Pedro

No dia 12 de outubro de 1798, a bordo da corveta *William*, ancorada no Tejo, que esperava tempo bom para seguir viagem até os Estados Unidos, Hipólito da Costa — que se destacaria a partir de 1808 com a publicação do *Correio Braziliense*, o primeiro jornal brasileiro — anotou em seu diário:

> Hoje, pelas oito horas da manhã, salvaram todas as torres e vasos de guerra, e se embandeiraram, não sendo dia de festa, ou gala grande na corte; é muito provável, e quase certo, que a princesa tivesse o seu bom sucesso, porque há quatro dias está com dores.

Suposição que se pôde confirmar no dia seguinte:

> Ontem, ao meio-dia, às trindades e à meia-noite, salvaram todas as torres e vasos de guerra e se iluminou toda a cidade. Hoje de manhã tornou a haver salva, e indo a terra soube que S. Alteza tinha dado à luz um menino.

O príncipe que nasceu naquele dia foi batizado com o extenso nome de Pedro de Alcântara Francisco Antônio João Carlos Xavier de Paula Miguel Rafael Joaquim José Gonzaga Pascoal Serafim de Bragança e Bourbon. Era o quarto filho de d. João e d. Carlota Joaquina, e o segundo varão. Quando o primogênito, d. Antônio, nascido em 1785, morreu, em 1801, ele se tornou o segundo na linha de sucessão da avó, d. Maria I — atrás apenas do pai. Mme. Junot, que o conheceu aos sete anos, tão rigorosa na avaliação das deficiências estéticas da família real portuguesa, diria que na família Bragança só havia uma pessoa bonita: o pequeno d. Pedro. O menino, esperto e de olhos muito vivos, que desde pequeno gostava de brincar de soldado, deve ter ficado muito impressionado com a figura imponente do general Junot e com o belíssimo uniforme de general-comandante dos hussardos com que ele se apresentou a d. João. No dia seguinte, o príncipe regente mandou um criado à casa de Junot pedir-lhe o uniforme emprestado. Queria copiar o modelo para fazer um igual para ele e outro para o filho.

Em 1795, devido ao incêndio que destruiu o Palácio da Ajuda, toda a família real se mudou para o Palácio de Queluz. Foi ali que nasceu d. Pedro, em um quarto chamado "D. Quixote", por ter as paredes adornadas com cenas das aventuras do fidalgo da Mancha. Passou naquele palácio, onde também vivia a avó louca, toda a infância, antes de partir para o Brasil. Não deve ter sido uma criança muito feliz. Pouco amado pela mãe, que preferirá a ele o irmão mais novo, d. Miguel, d. Pedro era querido pelo pai, mas este, reservado e depressivo, mantinha-se igualmente afastado do filho.

As afeições que teve na infância foram as dos mestres e, principalmente, a de d. Antônio de Arábida, seu confessor. Esse jovem e brilhante sacerdote tinha travado conhecimento com d. João no convento de Mafra, onde o príncipe regente gostava de se recolher. Impressionado com a inteligência e a cultura de Arábida, que então era bibliotecário do convento, d. João o designou para cuidar da alma do pequeno príncipe. Havia tal confiança na sua experiência que foi o escolhido para acompanhar d. Pedro e servir-lhe de mentor quando, em 1807, uma das opções pensadas para garantir que a Casa de Bragança mantivesse o poder sobre o imenso Império português era enviar o príncipe para o Brasil como condestável.

Com nove anos de idade, certamente o menino podia apenas acompanhar perplexo as discussões sobre o seu destino. Os navios que o levariam e à sua pequena corte para o Rio de Janeiro chegaram a ser preparados. Informado de que havia uma conspiração para entregá-lo aos franceses e que era por isso que tratavam de salvar previamente seu filho, enviando-o para o Brasil, d. João cancelou o embarque de d. Pedro.

D. Antônio de Arábida acabou vindo para o Brasil no mesmo navio que d. Pedro e esteve estreitamente ligado ao príncipe e imperador até sua abdicação, em 1831. Dois outros mestres também acompanhariam d. Pedro até a idade adulta: o cônego René Pierre Boiret, professor de francês, e o padre Guilherme Paulo Tilbury, professor de inglês. Ambos se envolveriam diretamente nos problemas políticos do imperador após a Independência. O primeiro de seus educadores foi o ex-encarregado de negócios de Portugal na Dinamarca, João Rademaker, que falava a maior parte das línguas da Europa e era dotado de conhecimentos enciclopédicos. Outro de seus professores foi o dr. José Monteiro da Rocha. Indicado para o cargo pelo grande cientista Domingos Vandelli, Monteiro da Rocha era homem cultíssimo e, ao morrer, em Portugal, em 10 de dezembro de 1819, legou em testamento sua biblioteca a d. Pedro. Ele estudou música, para a qual tinha grande aptidão, com o célebre maestro Marcus Portugal. Todos esses mestres, no entanto, não foram capazes de proporcionar-lhe uma educação esmerada nem de moderar-lhe os instintos inferiores. Suas características pessoais se sobreporiam às do príncipe que era, e sua natureza sempre predominaria em detrimento da aquisição de uma cultura mais convencional.

A separação dos pais, em 1802, quando d. João preferiu ficar em Mafra e d. Carlota, cansada de viver em Queluz, decidiu morar na Quinta do Ramalhão, reduziu ainda mais o contato do menino com eles. Restava-lhe a presença distante e assustadora da avó louca. D. Maria passava a maior parte do tempo deitada, em um quarto com as janelas fechadas, de onde, vez por outra, ouviam-se os seus profundos "Ai, Jesus!". Mas às vezes se exaltava e lançava terríveis gritos de pavor, imaginando que o demônio tinha vindo buscá-la. Quando estava melhor, a rainha — toda vestida de negro e com os cabelos brancos esvoaçando ao vento — passeava pelos jardins, acompanhada de seus médicos e do estranho simulacro de corte de velhos nobres decaídos que d. João montara em torno dela.

5. Fuga para o Brasil

A aliança política e comercial entre Portugal e Inglaterra vinha se renovando, através de tratados, desde 1346. Era a mais duradoura aliança já estabelecida entre dois países europeus. Ao longo desse casamento, a Inglaterra fora se tornando mais rica e mais bem armada que seu parceiro, assumindo papel dominante e garantindo proteção contra possíveis incursões da França e da Espanha nas lucrativas possessões coloniais portuguesas. Os ingleses, além de serem os poucos empresários estabelecidos em território português, também emprestavam ajuda militar, treinando tropas portuguesas e servindo como seus comandantes. A influência inglesa sempre prevaleceu, a despeito de eventuais objeções de aristocratas mais simpáticos à França ou à Espanha. Libertar-se do poderio econômico e militar da Inglaterra sem contrariá-la foi a difícil tarefa a que se dedicaram os governantes portugueses do século XVIII.

No começo do século XIX o imperador francês Napoleão Bonaparte controlava, direta ou indiretamente, a maior parte do continente. A Espanha já estava sob seu poder, e Bonaparte pretendia avançar sobre o pequeno Portugal a fim de garantir o completo bloqueio do continente à Inglaterra. O rei da Espanha, Carlos IV, aderira facilmente, mas o tratamento que recebera do aliado francês não encorajava d. João a tomar o mesmo caminho. Carlos IV fora obrigado a renunciar à Coroa e estava prisioneiro de Napoleão, destino que seguiria também seu filho, Fernando VII, para dar lugar a que José Bonaparte viesse a ser coroado rei da Espanha em 1808. Os rumores de que o projeto de Napoleão para Portugal era a divisão do reino tampouco estimulavam o desejo dos portugueses de se tornarem seus aliados.

Em 12 de agosto de 1807, Napoleão Bonaparte mandou um ultimato ao ministro dos Estrangeiros de Portugal, Antônio de Araújo de Azevedo, o conde da Barca: ou d. João fechava seus portos aos navios ingleses e considerava prisioneiros os cidadãos ingleses residentes em Portugal, confiscando-lhes os bens, ou sofreria as consequências de uma invasão francesa. Os ingleses, por sua vez, trataram logo de avisar que, caso d. João cedesse às pressões dos franceses, destruiriam os navios portugueses ancorados no Tigre e iniciariam missões exploratórias nas colônias portuguesas, inclusive o Brasil.

Vendo-se entre a cruz e a caldeirinha, e tendo a Inglaterra se comprometido a defender a Casa de Bragança e todo o reino português contra os ataques franceses caso Portugal renovasse os acordos anteriores, d. João assinou, em outubro de 1807, acordo secreto com seus tradicionais aliados, os ingleses. A possibilidade de d. João ter de se refugiar temporariamente no Brasil era bem vista pela Inglaterra. Além de manter a Coroa portuguesa e sua maior colônia protegidas de Bonaparte, essa solução abria novas perspectivas de escoamento para as mercadorias inglesas. Isso em um momento particularmente crítico — a Europa, sob o domínio de Napoleão, se encontrava de portas fechadas; os Estados Unidos ameaçavam com restrições; e a armada britânica acabara de ser derrotada no Prata.

Carlota Joaquina resistiria bravamente a esse projeto. Detestava a ideia de ir para o Brasil, pois já lhe parecia um horror viver em Portugal, que considerava atrasado. Nos dois meses anteriores à partida ela apelou desesperadamente aos pais, implorando para que livrassem a ela e às filhas de serem obrigadas a vir para o Brasil. Enquanto isso, aprestavam-se os franceses para invadir Portugal. No começo de novembro de 1807, chegou a Lisboa a notícia de que Junot partira de Bayonne comandando 23 mil homens. No dia 23 de novembro, Junot cruzou a fronteira com a Espanha. Marchava sobre Portugal e estava apenas a quatro dias de Lisboa. Foi só então que se iniciou o embarque.

Após dezesseis anos de reclusão, d. Maria I finalmente reviu as ruas de Lisboa, por onde, para evitar acumulação de gente, rolava às pressas o coche que a conduzia. As pessoas a ouviam gritar: "Não corram tanto! Acreditarão que estamos fugindo". D. Pedro, que tinha a missão de acompanhar a avó, aguardava no cais. Foi difícil arrancá-la do carro: "Não quero! Não quero!". Passaram-na para uma cadeirinha, onde continuou a gritar: "Por que fugir sem ter combatido?". Ao embarcar na galeota, a rainha perguntou ao príncipe regente qual fora a batalha perdida pelos portugueses para forçar a família real e a corte a emigrar com destino ao Brasil. D. Maria resistiu a subir no navio, e foi preciso a força do capitão de fragata Francisco Laranja para fazê-la embarcar. Apoiada em duas damas, trêmula e apavorada, ela finalmente seguiu para os seus ricos domínios na América. Tinha quase 74 anos — iniciara seu reinado aos 43 —, e deixava Portugal após dezessete anos de completa alienação mental.

Entre a manhã de 25 e a tarde de 27 de novembro, milhares de pessoas embarcaram numa frota de navios que se compunha de uma grande nau, o *Príncipe Real*, oito navios de linha, oito vasos de guerra e trinta vasos portugueses de comércio. Nela partia, escoltada por navios de guerra ingleses, uma população que se compunha de doze pessoas da família real (entre as quais o príncipe regente, d. João, sua mãe, a rainha d. Maria I, d. Carlota Joaquina, d. Pedro, então com nove anos, e seu irmão, d. Miguel); membros do conselho de Estado, ministros, juízes da Alta Corte, oficiais do Tesouro, o alto comando das Forças Armadas, a hierarquia da Igreja, membros da aristocracia, funcionários, profissionais e homens de negócios, cortesãos, criados e um corpo da Marinha com 1600 homens. Iam também alguns cidadãos comuns que usaram de vários meios para obter passagem. Nos porões dos navios viajava toda a parafernália necessária ao funcionamento do aparelho de Estado, pratarias, tesouros e uma gráfica.

Em 29 de novembro, um dia antes da chegada de Junot, assim que soprou vento favorável, os navios levantaram âncora. A viagem de uma cabeça coroada da Europa para uma de suas colônias na América era um evento único em toda a história do colonialismo europeu. A decisão de transferir a corte para o Brasil foi considerada por muitos dos que ficaram como uma deserção covarde, um ignominioso e desordenado *sauve-qui-peut*, mas representou certamente a salvação da monarquia portuguesa. No dia 22 de janeiro de 1808, d. João chegou à Bahia. Foi recepcionado calorosamente. Um mês depois, ele partia para o Rio de Janeiro, onde aportou em 7 de março. A chegada de d. João e de sua corte foi um fato decisivo para a posterior Independência do Brasil.

Parte 2

A paisagem e o homem

1. Transformações no Rio de Janeiro: de 1808 a 1831

Após dois meses de travessia, percorrendo pela primeira vez as ruas do Rio de Janeiro, obstruídas por uma turba agitada de negros carregadores e negras vendedoras de frutas, sentimo-nos, nós franceses, estranhamente impressionados com o fato de não haver nenhuma senhora, nem nos balcões nem nos passeios. Tivemos, entretanto, que nos resignar e esperar até o dia seguinte, dia da festa, para observar inúmeras nas igrejas. Aí as encontramos, com efeito, vestidas de um modo estranhamente rebuscado, com as cores mais alegres e brilhantes, porém obedecendo a uma moda anglo-portuguesa, muito pouco graciosa, importada pela corte de Lisboa e na qual há oito anos nada se mudara, como que por apego demasiado respeitoso à mãe pátria. Fiz imediatamente um desenho, mas o resultado, pela sua exatidão, foi uma verdadeira caricatura inútil de reproduzir, porque não exprime em absoluto o caráter e o temperamento do brasileiro, pois o habitante do Brasil tem se mostrado, desde essa época, tão entusiástico apreciador da elegância e da moda francesa que,

> por ocasião da minha partida, em fins de 1831, a rua Vivienne de Paris (atual rua do Ouvidor), no Rio de Janeiro, era quase inteiramente constituída de lojas francesas de todo tipo, mantidas pela prosperidade de seu comércio. [Jean Baptiste Debret]

Foi no Rio de Janeiro que a chegada do rei e de sua corte teve o maior impacto. A cidade, que em 1808 tinha, como registra Rugendas, uma população de apenas 50 mil habitantes, em 1830 já alcançava a casa dos 110 mil. Mais de 24 mil portugueses vieram se estabelecer no Rio de Janeiro. Durante as primeiras duas décadas do século XIX foram criados o Jardim Botânico, a Academia Militar no largo de São Francisco de Paula, a Escola Normal; e em 1823 foi reestruturada a Academia de Medicina e Cirurgia. O gosto do rei pela música e pelas artes estimulou talentos nativos, como o jovem músico e sacerdote José Maurício e o pintor José Leandro.

O ambiente brasileiro também influiu numa mudança positiva no aspecto geral da corte portuguesa. A vida desta, exclusivamente interior em Portugal, tornou-se no Brasil, como observa Pedro Calmon, principalmente exterior. O próprio d. João VI na colônia preferirá, aos conventos, as montanhas e as excursões pelo campo. D. Pedro deu à sua corte, segundo o mesmo autor, uma feição jovialmente americana e foi o imperador atleta.

A vida da elite colonial era, até então, muito simples, e suas atividades sociais consistiam nos jogos de gamão na casa de um ou de outro e nas serestas, que aconteciam à noite no belo e agradável Passeio Público, um dos muitos melhoramentos que o último dos vice-reis proporcionou ao Rio de Janeiro. Ali, em grupos animados, relata Rugendas, dedilhavam-se as modinhas na viola. "Tudo no Rio era animado, barulhento, variado." E Manuel Antônio de Almeida descreve, em *Memórias de um sargento de milícias*, o clima irreverente que marcava até mesmo as festas religiosas, missas e procissões.

Apesar de ser uma cidade reconhecidamente linda, o Rio de Janeiro, no entanto, era considerado pelos viajantes como "uma das mais porcas aglomerações humanas existentes sob o céu e fatalmente destinada a viveiro de pestes". Surpreendia Rugendas que estas ainda não grassassem entre a população, pois "a limpeza das ruas deixa muito a desejar, a ponto de se verem, nos lugares mais frequentados, às vezes durante dias inteiros, cães, gatos e mesmo outros animais mortos".

A partir da chegada do rei, o principal esforço do intendente-geral de polícia, Paulo Fernandes Viana, foi tentar tornar a cidade digna de abrigar a corte, dando-lhe aspecto mais europeu. Mandou limpar as ruas e determinou a retirada das gelosias das janelas, que davam ao Rio de Janeiro um ar mourisco. Ordenou ainda que as novas casas fossem erguidas assobradadas, e não mais ao rés do chão. Fernandes Viana também cuidou da ordem pública e dos bons costumes, regulando o comportamento das pessoas no teatro e nas casas de pasto.

A imprensa, liberada a partir de 1821, seria eficaz colaboradora, denunciando, através das seções de cartas, os problemas da cidade e de seus habitantes. Na edição número 50 do *Correio do Rio de Janeiro*, de 10 de junho de 1822, um cidadão se queixava do desleixo com que "as nossas mais necessárias coisas têm sido tratadas". Referia-se à repartição que deveria cuidar da manutenção dos canos da Carioca, que então fazia o abastecimento de água no Rio de Janeiro.

> Sei muito bem que desde o ano de 1814 se trabalha no seu conserto e que ainda se conservam em algumas partes arrombados e expostos, portanto, a desagradáveis porcarias, porém isto não é tudo, o pior e indesculpável é o abandono em que está a cascata, esse lugar que se denomina Mãe d'Água. [*Correio do Rio de Janeiro*, 10 de junho de 1822]

No *Volantim* de 21 de agosto de 1823, outro cidadão lamentava o estado em que se encontrava a rua do Senado, também chamada de beco da Caçoada: "Quase intransitável", e onde haveria "lama, entulho, rãs, sapos, pererecas". Nela ficava a sede da Câmara Municipal. Ele atribui a falta de cuidado com aquela rua ao fato de que não haveria ali partidos ou clubes políticos que se empenhassem em aterrá-la, e conclui: "Bem se lhe importam esses senhores que eu e todos os moradores morramos hidrópicos".

No mesmo jornal alguém rogara, em 11 de outubro de 1822, ao juiz Almotacé que obrigasse aos que fazem obras a não deixar entulhos, paus, pedras etc. na rua de noite, para evitar acidentes, "assim como está quase todas as noites sucedendo na obra que está fazendo José Duarte de Gouveia na rua do Cano entre a rua dos Ourives e a dos Latoeiros, onde por desgraça não há um só lampião". Outro cobrara providências contra o chiado dos carros que tanto incomodam o público e provocam danos às ruas da Glória e da Lapa. No *Correio do Rio de Janeiro* de 10 de outubro de 1823, um leitor pede que seja cumprida a determinação do Senado da Câmara no sentido de que todas as rótulas e portas das casas se abrissem para o interior das mesmas, e não para as ruas, evitando acidentes.

Uma das coisas que surpreenderam negativamente a José Bonifácio de Andrada e Silva quando retornou ao Brasil em 1820, depois de 36 anos de vida na Europa, foi a falta de maneiras do povo e das elites. Ele propunha que se abolissem no país hábitos como assentar-se em esteiras ou estrados, ficar de cócoras, comer com as mãos. Comia-se, como relata Oliveira Lima, com a boca quase dentro do prato, e após a refeição limpava-se a faca na toalha da mesa. Algumas pranchas de Debret e de Rugendas mostram o interior das casas brasileiras do período, onde, no lugar de cadeiras e sofás, era mais comum o uso de esteiras e estrados. A refeição típica da família de um pequeno negociante brasileiro foi assim descrita por Debret:

> O dono da casa come com os cotovelos fincados à mesa; a mulher, com o prato sobre os joelhos, sentada à moda asiática na sua marquesa; e as crianças, deitadas ou de cócoras nas esteiras, se enlambuzam à vontade com a pasta da comida nas mãos. [...] As mulheres e crianças não usam colheres nem garfos; comem todos com os dedos.

A abertura dos portos às nações amigas — ampliada por decreto de 18 de junho de 1814 a todas as nações — possibilitou a entrada de grande número de comerciantes de diversas nacionalidades e o surgimento de uma elite comercial muito rica que tornou o porto do Rio de Janeiro tão movimentado quanto o de Boston. Depois da queda de Napoleão, em 1814, foram reatadas as relações de Portugal com a França. A chegada do cônsul Jean Baptiste Maler, em 1815, e dos primeiros negociantes franceses marca o início da influência cultural francesa sobre nós. Verificou-se, a partir daí, um gradativo *afrancesamento* não só dos costumes e das modas, mas também das ideias, sentimentos e doutrinas políticas dos brasileiros. Todos os dias chegavam de lá levas de cozinheiros, padeiros, confeiteiros, ourives, modistas, alfaiates, marceneiros, serralheiros e pintores, além de médicos e farmacêuticos. O conde da Barca, o principal ministro de d. João nesse período, foi o patrocinador dessa nova invasão francesa. Contando com as boas ligações do marquês de Marialva em Paris, o conde conseguiu trazer um grupo de artistas franceses para criar a Academia de Belas-Artes: Lebreton, Grandjean, Debret, Ferrez, Taunay. Muitos desses artistas, apesar de todas as dificuldades encontradas, acabaram por fixar-se definitivamente no país.

Outro marco na europeização do Rio de Janeiro foi a chegada de d. Leopoldina, em 1817. A filha do imperador da Áustria, com suas belas equipagens, os cavalos ingleses e os usos da corte austríaca, imprimiu um novo caráter às recepções do Paço da Boa Vista.

Aos poucos foi se criando um mercado promissor para os comerciantes que ousassem atravessar o Atlântico e se expor ao risco das doenças tropicais. Muitas modistas francesas se estabeleceram no Rio de Janeiro: Roche, Dol, Fevre e Saisset, que depois ficou famosa por seu envolvimento com d. Pedro I. Fixaram-se na parte mais movimentada da cidade: a rua do Ouvidor. A afluência das modistas e dos cabeleireiros franceses à cidade certamente está na origem do sucesso e do progresso que a rua do Ouvidor alcançou ao longo do século XIX. O naturalista francês Victor Jacquemont, que visitou o Brasil em 1828, escreveu:

> No Rio, sustentamos com grande vantagem os nossos créditos de cabeleireiros e mestres de dança. A rua Vivienne da Terra, que aqui se chama do Ouvidor, está apinhada de modistas, alfaiates e penteadores de Paris. As modistas são as hetairas do mais alto coturno. Outorga-se o imperador a fantasia de pagar quase todas. E assim é que no Rio de Janeiro, graças a uma regra sumariamente falsa, pensa todo mundo que todos os franceses são cabeleireiros, e todas as francesas, prostitutas.

Em 1816, havia apenas dois colégios particulares no Rio de Janeiro. No final da década de 1820, no entanto, a cidade já contava com inúmeros deles. Os pais de família abastados, que residiam nos "belos arrabaldes do Catete e Botafogo", considerados então muito afastados do centro da cidade, costumavam levar os filhos de coche à escola, pela manhã. Até 1815, a educação feminina se restringia ao aprendizado de orações e de alguns cálculos de memória, não sabendo a maior parte das mulheres nem ler, nem escrever, nem fazer as operações. Seu único lazer consistia nos trabalhos de agulha. Os pais e os maridos favoreciam essa ignorância a fim de impedir a correspondência amorosa. Foi apenas a partir de 1820 que a educação feminina tomou verdadeiro impulso, como atesta Debret: "Os meios de ensino multiplicaram-se de tal maneira de ano para ano que, já hoje, não é raro encontrar-se uma senhora capaz de manter uma correspondência em várias línguas e apreciar a leitura, como na Europa".

Ele revela ainda que os dotes mais apreciados pelos elegantes da época eram a dança e o canto, que lhes permitiam brilhar nos salões. Daí talvez o sucesso do *maître de ballet* Louis Lacombe, responsável pelos espetáculos de dança que marcaram as grandes festas do período joanino.

Outros hábitos também mudavam, como se pode verificar pelos anúncios de jornal. No *Correio do Rio de Janeiro*, Lucas Muricella anunciava, em 12 de outubro de 1822, que, tendo constatado que "nesta cidade havia falta de macarrão e mais massas ao uso da Itália, meteu a fábrica destes gêneros em laboração", e quem os quisesse comprar que procurasse na rua dos Latoeiros, 68. O mesmo jornal, em 20 de setembro, já anunciava que na loja de barbeiro da rua do Ouvidor, 72, havia para vender "pós para fazer o cabelo preto, com muito asseio e preço muito cômodo". A loja vendia ainda "água para limpar os dentes, com a qual ficam muito claros e que os conserva sempre sãos e em bom estado".

No Rio de Janeiro do final da terceira década do século XIX já havia uma sociedade que se vestia conforme o figurino de Paris e de Londres; o chá era tomado ao entardecer, da mesma maneira como se usava na Europa; e conheciam-se até mesmo os gelados, tão difíceis de obter e que foram servidos no baile em homenagem à imperatriz d. Amélia, no final de 1829.

Essa nova realidade urbana, transformada pelo contato com tantos elementos civilizatórios, é que tornaria tão animado o dia a dia de um cidadão letrado, tal como é descrito no *Espelho Diamantino*, o primeiro periódico feminino publicado no Brasil, entre 1827 e 1828.

> Eu sou, de manhã, um ativo negociante armando negócios à porta da alfândega; um empregado chalaceando em seu escritório e compondo a crônica escandalosa do dia; eu sou um comprador visitando as lojas das modistas da rua do Ouvidor; eu sou um papa-moscas escutando tremendas petas assentado à porta de um boticário; pelo meio-dia, já sou um *dilettanti*, conversando no Rocio [atual praça Tiradentes] sobre música e dançarinas; no mesmo instante, sigo na Assembleia os debates políticos e os comentários de meus vizinhos; às duas horas, já jantei em três ou quatro casas de amigos e quatro ou cinco casas de pasto; quando chega a noite, já fiz vinte visitas em Botafogo, já sei notícias do caminho do Brocó [atual General Polidoro], do Catete, do Catumbi, e quem acende os lampiões do teatro; já me acho passeando colhendo novidades, retratos, modas; observo os namoros da plateia para os camarotes; também, às vezes, os da cena para a plateia e vice-versa; enfim, não há dia em que eu não tome chá da rua da Vala [atual rua Uruguaiana] para baixo e não caia do Rocio para cima. [28 de janeiro de 1828]

2. Uma corte de negros e escravos

Uma coisa que caracterizava o Rio de Janeiro era a forte presença de negros e de escravizados. Ela aparece nas imagens que Debret, Rugendas, Ender e tantos outros produziram e dava aos estrangeiros a sensação de estarem em algum lugar da África. A maciça presença africana foi um aspecto que surpreendeu também o almirante inglês Graham Eden Hamond quando ele aqui esteve, entre 17 de julho e 7 de setembro de 1825, trazendo sir Charles Stuart para as negociações do Tratado da Independência. Logo depois de sua chegada, ele procurou na cidade um alfaiate que lhe pregasse alguns botões na roupa. "Diverti-me muito", diz Hamond, "com um grupo de alfaiates negros, todos muito ocupados, muito amáveis e com muito bom humor." Ele se impressiona com os inúmeros escravos que passavam com seus produtos em grandes cestas redondas "tão carregadas que é de espantar como os pobres-diabos as podem sustentar".

O surgimento dos jornais, com os tantos anúncios de venda e busca de escravos, com os números das perdas em vidas humanas dos navios negreiros, tornou mais visível o problema. Um habitante do Rio de Janeiro se queixava, nas páginas do *Correio do Rio de Janeiro* de 24 de maio de 1822, da "estrepitosa e mal regrada bulha" que faz a multidão de negros e moleques nas torres das igrejas, os quais, com "importunos dobres e impertinentes repiques, consomem ilimitado tempo".

> A todos estes incômodos e inconvenientes ponderados deveremos ajuntar o risco que correm os mesmos miseráveis, que, fugindo ao serviço dos seus senhores, se ajuntam nas torres por folia ou permissão dos sineiros, a quem até pagam para este fim [...], pois já se tem visto chegarem a tanto frenesi que, perdidos os sentidos, inadvertidamente se precipitam daquela altura, fazendo-se em pedaços, de que presenciamos tristes tragédias recentes na Candelária, em São Francisco de Paula e na Capela dos Terceiros do Carmo.

Hamond conta que, apesar de lhe terem dito que os brasileiros têm a característica "de tratar seus escravos com muita benevolência", via nas ruas muitos trazendo correntes em volta do corpo, e alguns, os fujões, "com um colar de ferro com um espigão que se projeta". Muito o impressionou a visão de uma mulher com uma máscara de latão presa com um cadeado.

> Existiam duas projeções semicirculantes sobre os olhos, furadas como um coador, e outra sobre o nariz. Parecia aberta na parte inferior, de modo a permitir que os alimentos fossem levados à boca. Fez-me lembrar o homem da máscara de ferro, que poderia ser o irmão do rei da França.

No *Volantim* do dia 6 de novembro de 1823, um leitor escreve para denunciar que, passando frequentes vezes pelo número 30 da rua da Quitanda, tem, "com a mais veemente dor, ouvido os lamentosos gemidos de umas tristes vítimas da barbaridade e do rigor de uma alma empedernida que, à maneira dos flageladores da Turquia, ceva o seu gênio sanguissedento em miseráveis escravos". Quem assim procedia era uma senhora que comprara aqueles "infelizes africanos", não tanto para servi-la, "como entes que por desgraça se acham escravizados, como para derramar-lhes o sangue e retalhar-lhes as carnes, sem dó, sem justiça e sem humanidade". Acossados todo o dia pelo terrível chicote da "inumana senhora", até durante a noite os escravos atordoavam a vizinhança com seus dolorosos gritos: "Parece mesmo que a tal senhora se levanta às horas mais remotas para martirizar e dar pasto ao seu embrutecido coração!!".

Hamond constata que "cada dia chega um novo navio carregado com essas desgraçadas criaturas". Ele ficou tentado a tornar livre um grupo de vinte pequenos escravos recém-comprados, com idades entre oito e catorze anos, que vira andando nas ruas. No entanto, os meninos lhe pareceram muito felizes, talvez pela mudança do interior de um "repugnante navio negreiro para o agradável ar que eles agora desfrutam".

Um leitor do *Correio do Rio de Janeiro* reclamava, em 2 de outubro de 1822, da avidez dos traficantes de escravos, que não obedeciam à determinação de fazer que todo escravo "que vem da Costa d'África, e mesmo de qualquer dos portos do Brasil", permanecesse alguns dias no Lazareto. "Se desembarcam de tarde, logo no seguinte dia de manhã vão para a rua do Valongo; se isto evitasse o contágio ou afecção que os ditos escravos nos podem causar, então calar-me-ia. [...] são logo entranhados por toda a cidade."

Parte 3

Pedro e Leopoldina

1. Espírito e talento

Ao contrário dos brasileiros de seu tempo, que consideravam os trabalhos manuais coisa de escravo, d. Pedro nunca sentiu vergonha de trabalhar com as mãos. Na verdade, diz Macaulay, sentia orgulho de suas habilidades como cavaleiro, ferreiro e marceneiro, e gostaria de ter sido marinheiro. Até os dezesseis anos suas principais atividades foram os exercícios físicos, a equitação, a caça e a marcenaria. Mantinha em São Cristóvão uma oficina completa de marceneiro e construía pequenos navios. Fez sozinho todo um bilhar. A ocupação em que mais se deleitava, além da música (sabia tocar vários instrumentos), eram os cavalos. Possuía muitos e gostava não só de montar, mas de cuidar deles, arreando, dando banho, ferrando. Conta Tobias Monteiro que, vendo um viajante à beira da estrada ferrando um animal, d. Pedro apeou-se e realizou ele mesmo a operação. De outra vez, nos arredores do Rio de Janeiro, o cavalo que montava perdeu uma das ferraduras. Achando que o ferrador trabalhava mal, tomou-lhe os instrumentos, dizendo:

"Sai daí, porcalhão", e concluiu o serviço. Montava com garbo e gostava de domar potros xucros.

Durante todo o seu reinado, foi um grande comprador de cavalos, mandando buscá-los na Europa, das melhores raças. Era excelente e incansável cavaleiro, e ficaram famosas algumas de suas jornadas: em menos de 72 horas percorreu cerca de 480 quilômetros, de Ouro Preto ao Rio de Janeiro, após ter viajado durante trinta dias na província de Minas; de São Paulo ao Rio de Janeiro consumiu apenas cinco dias para perfazer a distância de 576 quilômetros, em meio a aguaceiros inclementes; para ir de Santa Catarina ao Rio Grande do Sul venceu diariamente sessenta quilômetros a cavalo. Mas era igualmente temerário, e caiu do cavalo mais de três dúzias de vezes, duas delas de forma grave, fraturando costelas. Se orgulhava de ser o primeiro cocheiro do seu tempo e gostava de se exibir em pé, no alto de uma boleia, comandando duas ou três parelhas de animais.

Tinha gosto pelas armas e pelos exercícios militares. Organizara, quando rapazinho, um regimento de pequenos escravos. Em Santa Cruz, já imperador, mostrou ao ex-capitão Von Hoonholtz, seu hóspede, o quarto que ocupara quando criança e onde conservava as espadas e espingardas de folha de flandres com as quais armava aquele exército de meninos. Contou ainda que, no comando desse regimento mirim, batia-se com exército idêntico comandado por d. Miguel, antecipando os dois irmãos, na infância, a guerra que travariam mais tarde em Portugal. As caçadas o ensinariam a lidar bem com armas de verdade. Um estrangeiro que esteve no Brasil em 1825 disse que não havia soldado que entendesse melhor do que d. Pedro do manejo das armas e dos exercícios com a espingarda.

Se o Rio de Janeiro em que d. Pedro cresceu se assemelha ao ambiente em que se criou o Leonardo Pataca de *Memórias de um sargento de milícias*, o caráter do príncipe não deixava nada a desejar ao daquele personagem. D. Pedro também foi um jovem pândego, mulherengo, farrista, que gostava de música, de cantorias e de perpetrar molecagens contra a gente respeitável. Quando criança, divertia-se dando piparotes no queixo dos meninos que vinham beijar-lhe a mão. Adolescente, gastava seu tempo conversando com os cavalariços, ouvindo com muito gosto histórias humorísticas ou obscenas.

Conta Otávio Tarquínio que, às vésperas da Independência, esse espírito zombeteiro de d. Pedro causou profunda mágoa no capitão-mor de Itu, Vicente da Costa Taques Góes e Aranha. Homem de mais de setenta anos, ele compareceu ao beija-mão em São Paulo em sua velhíssima farda colonial. "Ao defrontar tal aparição setecentista, d. Pedro, fazendo-lhe perguntas jocosas, explodiu numa gargalhada de escárnio e zombaria, mais humilhante ainda porque testemunhada por numerosas pessoas a lhe sofrerem o contágio." Comunicativo, curioso, alerta, um aspecto de sua personalidade que marcou a sua maneira de viver foi o de nunca se deixar ficar confinado em palácio e sempre manter contato direto com o povo. Tornou-se um personagem das ruas, das praças, que se misturava com a gente comum, que não atendia às convenções, nunca permitindo que o príncipe sufocasse nele o homem.

Alegre, galhofeiro, d. Pedro encantava ao primeiro contato, pois recebia a todos com simpatia, ouvindo com interesse o que lhe dizia o interlocutor. Debret ressalta a "franqueza rude" de suas maneiras, as quais considera, no entanto, "verdadeiramente amáveis". Segundo o reverendo Walsh, suas maneiras, "embora secas, eram corteses e amistosas". Para a maior parte dos estrangeiros causavam espanto a excessiva informalidade e até mesmo a vulgaridade de seu trato com todas as pessoas, das mais nobres às mais simples. Cochrane, que o acompanhou em uma visita de inspeção aos navios da esquadra brasileira em 1823, conta que quando o imperador desembarcou pessoas do povo "de todas as idades e cores" se apinharam em torno dele para beijar-lhe a mão. D. Pedro a estendia paternalmente a um e outro com o "melhor humor possível e com a maior afabilidade, não se perturbando a sua serenidade nem ainda com familiaridades tais como nunca vira praticar antes para com rei ou imperador".

O reverendo Walsh costumava observá-lo à saída da capela da Glória, aonde o imperador ia todos os sábados às nove da manhã rezar. Ele saía da igreja misturado com a gente do povo que gracejava e ria, não dando "a menor demonstração de repulsa ao *profanus vulgus*, mas sim de desejar confraternizar-se com eles". Quando d. Pedro era abordado por qualquer pessoa do povo, "entabulava familiarmente uma conversa". Certa vez, conta ainda o reverendo,

> um sujeito esquisito e pouco cerimonioso, pertencente à classe baixa, contou-lhe uma anedota com o desembaraço e a familiaridade com que falaria com um conhecido qualquer, e, no final, o imperador riu gostosamente da história, sendo acompanhado por todos à sua volta, como se não se sentissem nem um pouco constrangidos por sua presença.

2. Más companhias

D. Pedro e d. Miguel foram, na visão de Oliveira Lima, representantes genuínos e completos de uma nobreza caracteristicamente nacional, inculta, iletrada, toureira, fadista, dissipada, arruaceira. Preferiram sempre o povo das cocheiras, das cavalariças e do picadeiro à companhia dos sábios e ao ambiente dos salões. Viveram, durante a permanência de d. João VI no Brasil, em um meio quase — se não exclusivamente — português, que circundava o rei. Ali d. Pedro fez amigos, alguns de péssima reputação, que o seguiram até a Independência, por ela optaram e a ele continuaram fiéis. Após a partida de seu pai para a Europa, foram esses amigos que predominaram, e a eles o imperador cobriu de cargos e honrarias. Procedia da má fama da sua roda muito do mau conceito em que era tido d. Pedro. Segundo Debret, "a mobilidade do seu caráter servia ora à vaidade, ora aos interesses dos intrigantes, que foram os primeiros a sacrificá-lo".

Desde a infância d. Pedro estivera sempre mais perto do pai do que da mãe. Talvez por ser o herdeiro da Coroa, d. João preferia tê-lo sob suas vistas, evitando a influência malfazeja da rainha sobre o filho mais velho. Ou talvez porque sobre seu irmão, nascido quando as relações do casal já se encontravam deterioradas, pesasse a suspeita de não ser realmente filho de d. João. D. Miguel nascera justamente em 1802, ano da primeira grande crise do casamento real, durante o tempo em que Carlota fora morar na Quinta do Ramalhão. O povo das ruas declamava a propósito: "D. Miguel não é filho d'el-rei d. João/ é filho do caseiro da Quinta do Ramalhão". Possivelmente foi a própria Carlota que fez correr o boato menos prejudicial à imagem do filho de que d. Miguel era na verdade filho de seus amores com d. Pedro de Menezes, o belo e elegante marquês de Marialva. Não adiantou. O povo continuava a insistir: "Nem de Pedro, nem de João/ mas do João dos Santos da Quinta do Ramalhão".

Na infância, d. Pedro e d. Miguel, de temperamentos e afeições parecidos, brincavam e brigavam muito um com o outro. Na adolescência, cada qual manteria em torno de si uma corte bem pouco nobre, sendo que os amigos de d. Miguel conseguiriam ser de pior nível que os de d. Pedro. Sua vocação de arruaceiro teve grande espaço para se desenvolver no Rio de Janeiro. Se d. Pedro foi o homem dos cavalos, d. Miguel foi o homem dos touros. E com seu porte esguio, alto, moreno e elegante, era tido como excelente toureiro.

D. Miguel era o filho querido de d. Carlota, que pouco se ocupou de d. Pedro. Criado por uma mãe de caráter tão peculiar, ele refletiria em suas atitudes os sinais dessa educação, em que pretensões dinásticas que davam aos reis e seus descendentes o status de entidades quase divinas contrastavam com um círculo de amizades íntimas formado por gente de baixíssima extração. D. Miguel tinha verdadeira veneração por d. Carlota, que na infância lhe aplicava violentas surras de chinelo. Ela e apenas ela tinha autoridade sobre ele, tinha direito de castigá-lo. E não reprimiria as suas atitudes mais insolentes para com os criados ou os súditos, antes talvez as estimulasse, achando graça nelas.

A monarquia portuguesa guardava tradições da monarquia feudal que subsistiram no Brasil. Era uma corte muito cerimoniosa na qual se adotava uma rígida etiqueta, completamente em desuso nas demais cortes europeias. O conde Von Flemmeng, representante diplomático alemão no Rio de Janeiro durante o reinado de d. João, registra: "A submissão por parte dos súditos na sua conduta exterior é a exigência principal da corte". O reverendo Walsh conta que, antes de vir ao Brasil, ouvira vários relatos sobre a maneira intolerável e tirânica como o povo era tratado quando qualquer membro da família real aparecia em público. Exigia-se que toda pessoa, fosse qual fosse a sua posição, se ajoelhasse à passagem da carruagem real. Estrangeiros a cavalo ou de carro eram obrigados a apear, e se não o fizessem podiam ser castigados pela guarda. Carlota Joaquina protagonizou vários episódios desse tipo. O encarregado de negócios da Holanda, um oficial da Marinha inglesa e o ministro americano foram constrangidos pelos cadetes de sua guarda. O último só não foi agredido quando se recusou a se ajoelhar porque sacou duas pistolas e ameaçou estourar os miolos de quem se aproximasse.

Entre os servidores diretos do monarca, havia uma tremenda indefinição acerca das incumbências que lhes tocavam, das mais relevantes às mais rotineiras. O soberano era o amo, e seus súditos mais nobres almejavam ser seus criados: guarda-roupa, barbeiro, varredor do rei eram posições ambicionadas por todos. Paulo Setúbal conta a esse propósito uma anedota. Numa das vezes em que d. Pedro I quebrara as costelas e ficara preso ao leito, estando com sede, pediu um copo de água. O médico, que não conhecia a intrincada subdivisão de tarefas dos validos, prontificou-se a atendê-lo, mas foi impedido pelo encarregado da honrosa função de "copo d'água do imperador". Mais tarde, quando d. Pedro, premido pela necessidade de expelir a água que bebera, manifestou esse desejo, o médico, para não provocar a animosidade de nenhuma outra daquelas ilustres pessoas, perguntou: "E quem é o 'vaso do imperador'?". Ao que d. Pedro desatou a rir.

O exemplo mais típico desse tipo de servidor foi Plácido Antônio Pereira de Abreu. Em 1816, quando d. João se tornou rei, Plácido, que era seu barbeiro, foi nomeado chefe da Real Ucharia. A Real Ucharia era a dispensa do Palácio Real, onde ficavam armazenados os alimentos que abasteciam a mesa de d. João. Segundo Paulo Setúbal, enquanto foi comandada por Plácido, a roubalheira na Ucharia atingiu o auge. Ele, às vezes, requisitava toda a produção de determinado gênero alimentício. A quantidade era, naturalmente, muito mais do que a necessária e o que sobrava era revendido a particulares por altos preços. Como o prato preferido de d. João eram os frangos, a maior parte da Ucharia era compreendida pelo galinheiro. Em 1819, Plácido determinou que fossem recolhidos à Real Ucharia todos os frangos da cidade do Rio de Janeiro. A partir de então só era possível obter galinhas pagando as propinas que Plácido arbitrava. Em novembro de 1819, um grupo de cidadãos enviou uma carta de protesto ao rei:

> Dizem os moradores desta cidade que eles, suplicantes, se veem na maior consternação possível pela falta de galinhas e mais criação de penas para o socorro dos enfermos particulares, pois por dinheiro algum as podem encontrar senão em mãos do galinheiro da Real Ucharia.

Plácido também foi sócio de d. Pedro num negócio de compra e venda de bois e cavalos. O príncipe recebia para suas despesas mensais a quantia, considerada modesta na época, de um conto de réis. Querendo melhorar de situação, propôs sociedade a Plácido. Quando d. João VI soube, disse ao filho que lhe quebraria os ossos com uma bengala se ele continuasse a ter negócios com o barbeiro. D. Pedro teve de passar para o sócio a sua parte na sociedade. Quando d. João retornou a Portugal, d. Pedro desativou a Real Ucharia e nomeou Plácido seu criado de quarto. No Império, Plácido tornou-se o factótum do imperador, foi mordomo e tesoureiro da casa imperial, diretor das cozinhas e almoxarife das obras da corte. Diz Otávio Tarquínio de Sousa: "Os arquivos do castelo documentam a ignorância de quase analfabeto e a ligeireza no meneio dos dinheiros confiados à sua guarda".

    D. Pedro tinha gosto pelos negócios. Segundo o reverendo Walsh, o imperador, em 1828, se dedicava a várias atividades lucrativas: arrendava os pastos de sua fazenda em Santa Cruz para o gado que vinha de Minas para o Rio de Janeiro; seus escravos cortavam capim e vendiam pelas ruas da cidade; e ele ainda fabricava cachaça, que vendia em vários botequins de sua propriedade espalhados pelo Rio de Janeiro. Sua parcimônia com os gastos domésticos era conhecida na corte. Exigia minuciosa prestação de contas da cozinheira, e quando as despesas superavam o previsto ficava bastante irritado. Debret acha que sua ideia fixa em matéria de economia fora causada pelo mau estado em que d. Pedro encontrou as finanças quando assumiu a Regência. Mas reconhece que essa situação o tornou tão previdente que "fê-lo aproveitar todas as oportunidades para entesourar". E que, graças a essa prudência, ele pôde "depositar alguns fundos em bancos estrangeiros" e "levar alguns valores por ocasião de sua partida do Brasil".

    O oficial alemão Carl Seidler, no entanto, criticaria com acrimônia a avareza de d. Pedro, acusando-o de ter embarcado malas e malas de dinheiro no navio que o levou à Europa após a abdicação — dinheiro que poderia ter usado para salvar da miséria e do desespero alemães como ele, que tinham vindo para o Brasil atraídos pelas falsas promessas de terras e de recursos que lhes fizera o governo imperial.

D. Pedro era, sem dúvida, prático e previdente. Na Europa, depois da abdicação, preocupado com as próprias despesas, escrevia a um amigo, em 9 de agosto de 1831, reclamando, como qualquer burguês, do custo de vida na Inglaterra.

> Dentro de sete dias parto para a França, pois Londres é muito caro, e eu não posso com a despesa, apesar de andar com o prumo na mão; veremos se em França será melhor. Vou vender a minha prata e as joias para fazer um fundo, para poder viver e andar de camisa branca e engomada, sem dever a ninguém coisa alguma.

3. Aparência, maneiras e cultura

Segundo a descrição dos que o conheceram, d. Pedro, se bem que não fosse bonito, era simpático, bem constituído, de cabelos pretos e anelados; tinha nariz aquilino, olhos pretos e brilhantes, uma boca regular e dentes muito alvos. Os sinais de bexiga no rosto ficavam totalmente ocultos pelas suíças espessas. Carl Seidler conta a impressão que teve quando o viu pela primeira vez, em 1826.

> Era antes pequeno que grande, sua atitude denunciava o militar, a severa seriedade derramada sobre todos os seus gestos revelava o senhor. Sua cara era levemente marcada de bexigas, a parte inferior do corpo não estava em proporção simétrica com o tronco cheio, os braços eram curtos demais, e os dedos, demasiado compridos; mas incontestavelmente à primeira vista o homem era bonito. Cabelos negros encaracolados envolviam a testa arqueada, e o olho escuro, brilhante traduzia arrogância, despotismo e felicidade amorosa.

O reverendo Walsh, da primeira vez que o viu, em 1828, no alto do trono, achou-o "alto e imponente"; "um belo e garboso homem". Mas no segundo encontro, frente a frente, verificou que sua altura era "abaixo da mediana" e que "ele tinha um corpo robusto e atarracado". Achou-lhe o rosto cheio, as faces "manchadas e bexigosas" e as feições "grosseiras e intimidantes". Debret diz que ele era forte e de grande estatura, mas que, já em fins de sua estada no Brasil, começava a engordar excessivamente, em especial nas coxas e nas pernas, tipo de deformidade comum aos descendentes da Casa de Bragança. No entanto, completa Debret, o príncipe se apresentava "sempre espartilhado com arte, era de aparência nobre e extraordinariamente asseado". Asseio que é também destacado pelo reverendo Walsh: "Ele nunca é visto trajando uma peça de roupa suja ou manchada". O porte elegante do príncipe e a maneira correta como montava e conduzia bem um carro costumam ser elogiados por todos os que o conheceram. Mas no dia a dia vestia-se com extrema simplicidade, e no ambiente doméstico até mesmo com desleixo. Conta Cochrane que, indo ao palácio já tarde da noite, o imperador o teria recebido "num *desabhillé* que em circunstâncias ordinárias haveria sido incongruente".

D. Pedro nunca foi estudioso nem amante dos livros. Só se interessava e aprendia o que despertava sua curiosidade imediata, mas tinha grande acuidade para desvendar os aspectos mais difíceis de uma questão. Debret destaca a palavra "viva e fácil" e "a palestra cheia de observação e raciocínio" do imperador. Se nunca se tornou um homem culto, longe estava do semianalfabeto cuja imagem a historiografia popular fixou. Leu bem mais do que os seus tremendos deslizes de gramática fazem crer.

Em um de seus artigos contra o jornalista João Soares Lisboa, em meio aos tantos insultos que lhe lança, diz que alguém indagara "se o sr. Soares descenderia em linha reta do incomparável sargento Aníbal Antônio Quebrantador, um dos heróis que Lesage introduz no seu *Diabo coxo*". O célebre livro de Alain René Lesage foi uma das primeiras traduções publicadas no Brasil, tendo sido impresso em dois volumes pela Impressão Régia em 1810. Sua citação tão precisa no artigo de d. Pedro revela que ele conhecia o livro e seu conteúdo, ao menos de ouvir falar. Em suas cartas, segundo Tarquínio, há referências aos *Sermões* de Vieira, às cartas de mme. Sevigné e a algumas obras de Voltaire. Para a feitura da Constituição de 1824, leu atentamente Benjamin Constant e costumava citá-lo em defesa do Poder Moderador, incluído na Carta provavelmente por sua iniciativa.

D. Pedro escrevia de maneira muito descuidada, estilo que não alterou na correspondência particular, onde com frequência recorria a termos chulos e expunha informações sobre sua intimidade que fazem corar até mesmo o leitor do século XXI. No entanto, ao longo do tempo em que foi imperador, a atividade jornalística e a própria correspondência fizeram que a forma melhorasse, e ele chegou a produzir alguns textos realmente bons. De resto, d. Pedro tinha a mania de escrever. Suas cartas, bilhetes, artigos de jornal, versos, rascunhos de discursos formam um volume considerável. Conhecia o latim, que aprendera na infância e gostava de usar em suas cartas. Lia sem dificuldade o francês, que acabou falando e escrevendo. Entendia, mas não falava o inglês.

4. Epilepsia

D. Pedro era, possivelmente, o que hoje os médicos diagnosticam como uma pessoa hiperativa. Vivia em permanente movimento, não sabia o que era sossego, repouso, tédio e também não conhecia a fadiga. Como diz Otávio Tarquínio: "Esse lascivo não tinha ócios, esse amoroso detestava lazeres". Matinal, dinâmico, sóbrio (quase não bebia, apenas um copo de vinho do Porto nas refeições, acompanhado de muitos copos de água), ocupava integralmente o seu tempo. Levantava-se da cama entre cinco e seis horas da manhã e, segundo o reverendo Walsh, "por já estar acordado, não se mostra disposto a deixar os outros continuarem dormindo", começando a disparar sua espingarda de caça pelo palácio até que a família inteira estivesse de pé.

Ao longo de todo o dia, até se recolher para dormir, por volta das nove da noite (quando não ia ao teatro ou dava uma escapada), de carro, a cavalo ou a pé, ele se desdobrava: trabalhando, fiscalizando, passeando, namorando. Já imperador, apesar de assoberbado pelas atividades administrativas e políticas, achava tempo para longos passeios nos arredores do Rio de Janeiro; para cuidar dos cascos dos cavalos preferidos; para dar aos filhos os remédios receitados pelo médico; para fazer lançamentos nos livros da mordomia da casa imperial.

De natureza impulsiva, voluntariosa e volúvel, era sujeito a súbitas alterações de humor e a violentas e repentinas explosões que tornavam difícil o seu convívio. Estas, no entanto, eram logo sucedidas por atitudes de franca conciliação, quando dava demonstrações exageradas de arrependimento a quem antes ofendera. Variações cuja origem talvez possa se atribuir à epilepsia, doença de família. Como se sabe, a epilepsia é um transtorno neurológico intenso porém transitório das funções cerebrais causado por descargas elétricas excessivas. Dependendo da região cerebral atingida, os ataques podem aparecer na forma de convulsões, contrações musculares ou perda de consciência. A doença se manifesta de modo repentino, com marcada tendência à repetição dos ataques. Durante a vida inteira, de forma intermitente, d. Pedro e quase todos os seus irmãos sofreriam ataques epilépticos mais ou menos violentos.

Já em 1811, no Rio de Janeiro, com a idade de treze anos, há notícias de ataques de convulsão sofridos por d. Pedro. Cinco anos depois, o marquês de Valada escrevia ao marquês de Aguiar dizendo: "O nosso adorado príncipe tinha sofrido em um dia três ataques sucessivos de acidentes, padecendo pela primeira vez a mesma enfermidade da Sereníssima Senhora Infanta d. Isabel Maria". Por ocasião das solenidades pelo aniversário de d. João VI, em 13 de maio de 1816, na revista às tropas, todo o público presenciou o ataque epiléptico sofrido pelo príncipe.

Outras crises sobreviriam, eclodindo uma delas menos de um mês depois da chegada de d. Leopoldina. A princesa, que não fora informada da doença do marido e estava sozinha com ele, ficou muito assustada. No final de novembro de 1818, ele foi vítima de outro ataque. Sofreu mais um em agosto do ano seguinte. Em janeiro de 1820, foi socorrido por d. Leopoldina, que teve muita dificuldade para desatar-lhe o nó da gravata, que ameaçava sufocá-lo. Ao que parece, os ataques foram muito mais frequentes no começo do casamento. Descrevendo seu apartamento para a irmã, em carta de 20 de janeiro de 1818, d. Leopoldina diz que no dormitório havia um sofá especial para "quando o príncipe tem seus ataques de nervos".

Em 1824, semanas antes da proclamação contra frei Caneca e outros rebeldes de Pernambuco e do decreto sobre a Comissão Militar para julgá-los, o *Diário Fluminense* publicava a seguinte nota: "Temos o dissabor de participar a nossos leitores que S. M. o imperador foi ontem ameaçado de um dos seus antigos ataques". E três dias depois, em 8 de junho, dava o boletim médico assinado pelo dr. Domingos Ribeiro dos Guimarães Peixoto:

> S. M. o imperador, depois de cinco anos de interrupção dos acidentes epilépticos a que era sujeito, foi de novo acometido, em dia de sexta-feira, 4 do corrente mês, pelas sete horas da tarde, de um acidente da mesma natureza, mas pouco violento, que duraria de três a quatro minutos. Não obstante passou a noite tranquilamente.

Em 16 de junho de 1829, sofria novo ataque, sobre o qual falaria em carta ao marquês de Resende: "Eu estou bom depois do acidente epiléptico". Quase um ano depois, em 20 de maio de 1830, era novamente acometido de ataque epiléptico. Desta vez tão violento que o fizera perder os sentidos durante seis minutos.

5. Um bom negócio

A dinastia Habsburgo reinou na Áustria de 1281 até 1918. Foi o mais longo reinado de uma família na história, e essa estabilidade foi, em parte, produto da "política dos casamentos". Os Habsburgo sempre tiveram grande descendência e trabalharam diligentemente para casar os filhos em outras famílias reais. A mais poderosa soberana Habsburgo foi a bisavó de d. Leopoldina, a imperatriz Maria Teresa (1740-80), mãe de Maria Antonieta, cujo casamento com Luís XVI fez parte dessa estratégia. Em 1810, Napoleão divorciou-se de Josefina e casou-se com a filha do imperador da Áustria, Maria Luísa, com o objetivo de fazer sua descendência cruzar-se com a dos Habsburgo.

As princesas da casa da Áustria eram educadas para serem capazes de sacrificar o interesse próprio por razões de Estado. Maria Luísa uma vez escreveu à irmã mais nova, Leopoldina, aconselhando:

> Rogo-te [...] em nome de nosso amor de irmãs, não imaginares o futuro demasiado belo. Nós que não podemos escolher não devemos nem olhar para as qualidades do físico nem para as do espírito — quando as encontramos é sorte. [...] A consciência de ter cumprido o dever [...] é a única e verdadeira felicidade.

Maria Luísa era muito afeiçoada a Leopoldina e com ela sempre se correspondeu, mesmo durante os anos em que, casada com Napoleão, foi imperatriz dos franceses (1810-4). As duas se encontraram em Praga em 1812, e Leopoldina se deslumbrou com a elegância parisiense da irmã, com seus lindos vestidos de seda bordada.

Com a queda de Napoleão, em 1814, Maria Luísa voltou para a Áustria levando com ela o filho, o rei de Roma, Napoleão Francisco. Durante o Congresso de Viena (1814-5), por razões políticas, Maria Luísa foi mantida afastada dos bailes e recepções. Afinal, ali a recém-criada Santa Aliança definia o destino de seu marido, Napoleão Bonaparte. Nas páginas do interessante diário que d. Leopoldina deixou dessa fase de sua vida (1814-7), ela lamenta a sorte da irmã: "Como é possível uma coisa desta? Primeiro ela teve de se casar com Napoleão. Todo o mundo a aplaudiu — imperatriz da França! E agora ela tem de se esconder porque se casou com Napoleão".

A jovem arquiduquesa da Áustria, Leopoldina Carolina — que tinha dezessete anos em 1814 —, também questiona as decisões do Congresso: se todas as fronteiras voltariam para onde estavam antes de Napoleão; se o poder da Áustria e das demais nações importantes voltaria a ser o mesmo; e qual seria a reação de países pequenos como Portugal. A relação das cabeças coroadas da Europa com o ex-imperador dos franceses é objeto de comentário extremamente lúcido da princesa.

Quantas coisas já foram ditas de Napoleão! Filho de lavadeira, anticristo, que mandou guilhotinar tia Maria Antonieta. Quando papai lutou contra ele e perdeu, obrigaram minha irmã predileta, Maria Luísa, a se casar com aquele sujeito. Então Napoleão passou a ser genro de papai, e assim nos tornamos parentes dele. Que plano mais engenhoso foi esse?! Não se trava uma guerra contra parentes! [...] Maria Luísa tem de se esconder por ter se casado com ele, e não nos é permitido chamar o filho deles, o pequeno Napoleão Francisco Carlos, por seu primeiro nome francês.

O Congresso de Viena definiu o destino de Maria Luísa. Ela se tornou soberana do ducado de Parma. Possivelmente prevendo o que aconteceria, Metternich destinou para seu auxiliar imediato o sedutor conde Adalbert de Neipperg, em cujos braços Maria Luísa — que segundo Leopoldina sofrera muito com a separação de Napoleão, a quem de fato muito amara — encontraria consolo.

A elevação do Brasil a reino, em 1815, atendeu aos interesses estratégicos de Portugal, que, como nação de pouco significado, não tinha assento entre as grandes nações reunidas no Congresso de Viena. O conde da Barca, o principal ministro de d. João, era amigo do representante da França, o príncipe de Talleyrand, e escreveu-lhe pedindo apoio para o reconhecimento do Brasil como Reino Unido a Portugal. Talleyrand viu nesse projeto a oportunidade de conquistar um aliado para os interesses da França, pois com isso o pequeno Portugal, aumentado pelo imenso território do Brasil, tornava-se uma nação capaz de ter assento e voto no Congresso de Viena. Foi, portanto, graças ao empenho de Talleyrand (estimulado, ao que consta, por uma bela quantia que lhe enviou o conde da Barca) que esse grande desejo de d. João foi realizado. No âmbito do Congresso também começaram as negociações para o casamento de

d. Pedro com a arquiduquesa da Áustria, d. Leopoldina Carolina Josefa de Habsburgo, que se realizou por procuração em 13 de maio de 1817.

O casamento de d. Pedro com d. Leopoldina, no plano da política internacional, foi considerado uma aliança brilhantíssima. O filho de d. João VI tornava-se genro do imperador da Áustria, Francisco I, num momento em que, desmoronado o Império napoleônico, a Santa Aliança impunha ao mundo seus desígnios. Através do casamento dos jovens príncipes, se confundiam os interesses das dinastias de Habsburgo e Bragança no intuito de consolidar a monarquia instalada no Novo Mundo e fortalecer o sistema monárquico na Europa.

O imperador Francisco I e seu ministro, o príncipe de Metternich, consideravam essa união dinástica como "um pacto vantajosíssimo entre a Europa e o Novo Mundo". Metternich, em carta ao ministro português, marquês de Aguiar, datada de 5 de dezembro de 1816, diria que a partir daquela união as duas dinastias passariam a ter um mesmo destino e assumiriam o compromisso de "apoiar reciprocamente os interesses de sua política benéfica, aumentar o intercâmbio industrial e comercial entre os seus povos e organizar as relações recíprocas dos seus Estados em fundamentos mais leais e duráveis".

A união com os Bragança na América propiciava para a Áustria a criação de uma importante área de influência no Novo Mundo, o que poderia acarretar também o enfraquecimento do predomínio inglês nessa parte da América. Ao Reino Unido luso-brasileiro a efetivação de uma aliança dinástica sólida com a Casa da Áustria significava a redução da opressiva influência da Grã-Bretanha. Ao Império austríaco, nas palavras de Maria de Lourdes Viana Lyra, o Brasil aparecia como

> um Império unificador do Velho e do Novo Mundo e, sobretudo, como providencial fortalecedor do sistema de poder

tradicional da Europa, o monárquico, o qual se encontrava profundamente abalado após as mudanças ocorridas a partir das revoluções americana e francesa, quando foi retomado o antigo ideal de república e, consequentemente, a forma de governo republicana passou a ser adotada.

Durante todo o período colonial, Portugal proibira a entrada no Brasil de viajantes estrangeiros. O interesse pelas possíveis riquezas americanas era enorme, e uma missão científica de grande porte acompanharia Leopoldina. Dela fariam parte dois de seus amigos, Thomas Ender e Emanuel Pohl.

6. Cunhada de Napoleão, educada por Metternich, amiga de Schubert e Goethe

O marquês de Marialva, embaixador português encarregado de fazer o casamento de d. Pedro com d. Leopoldina, disse à noiva que o noivo era muito bem-educado, instruído e que falava francês perfeitamente. Nada foi dito sobre suas péssimas maneiras, nem sobre seu temperamento difícil. Também foi omitido o fato de que, aos dezoito anos, já era o maior conquistador do Rio de Janeiro. Conhecendo a vocação de Leopoldina para a mineralogia, Marialva chegou mesmo a insinuar que d. Pedro tinha igual interesse.

Tendo perdido a mãe muito cedo, Leopoldina foi educada e muito influenciada pela madrasta, a imperatriz Ludovica. Bela, jovem e culta, Ludovica era amiga de Goethe, que lhe dedicou vários poemas e com quem ela até mesmo compôs uma pequena peça teatral. Ela e Leopoldina tiveram um convívio bem próximo com o poeta durante as férias de verão de 1810 e 1812. Leopoldina foi amiga de infância do compositor Franz Schubert, seu companheiro no coro da igreja, quando ambos tinham seis anos de idade. Tinha profunda admiração pelo talento de Schubert e procurou incentivá-lo quando o compositor, desanimado com os insucessos, pensou em desistir da carreira.

Leopoldina era também amiga de infância do pintor Thomas Ender, que foi seu colega nas aulas de desenho e pintou seu retrato antes da viagem para o Brasil. A amizade entre a princesa e o pintor era tamanha que ele se permitiu um gracejo quando começou o trabalho: "Alteza, vou me alongar muito neste trabalho, porque terei de ficar olhando seus olhos violeta por muito tempo. Esse príncipe de Bragança é mesmo um sujeito de sorte!".

A educação de Leopoldina fora rigorosa e acompanhada de perto por Metternich. Desde cedo ela revelara um genuíno interesse pela mineralogia. Suas notas nessa matéria sempre foram muito boas, e ela chegou mesmo a propor que, se não se casasse, o pai lhe desse trabalho na Sala Real de Exposições de Mineralogia. Logo que seu casamento com d. Pedro foi acertado, ela se dedicou com afinco ao estudo da língua portuguesa, da literatura e da história de Portugal e do Brasil.

No diário que manteve entre 1814 e 1817, ano de seu casamento, Leopoldina registra as repreensões que sofria de Metternich e de sua aia por conta de seu enorme apetite por doces e os danos que estes causavam à sua silhueta. Também ali conta o quanto sofria ao ser obrigada a usar espartilho. Aliás, ficou muito feliz a bordo da nau que a trouxe para o Rio de Janeiro quando o médico recomendou que tratasse de engordar, pois o padrão de beleza brasileiro era o das mulheres volumosas. No mesmo diário, antes de ser acertado seu casamento com d. Pedro, Leopoldina demonstra preocupação com o fato de não lhe terem conseguido arranjar marido, talvez porque, suspeita, não fosse tão bela quanto a irmã. Os defeitos mais ressaltados nas descrições da imperatriz são o lábio inferior grosso e o pescoço largo, que, segundo o reverendo Walsh, lhe conferia a aparência dos portadores de bócio.

Mas foram as qualidades da alma e do espírito que a fizeram admirada pelas pessoas sensíveis de seu tempo. Segundo Armitage — comerciante inglês que viveu no Brasil do Primeiro Reinado e produziu um importante livro sobre a nossa história —, Leopoldina não era bela, mas era bondosa de coração, dotada das mais amáveis qualidades e de maneiras muito afáveis, o que fazia que a amassem todos os que a cercavam. Essas qualidades tão decantadas pelos contemporâneos eram características de sua personalidade e foram aprimoradas em sua formação. Ainda em Viena, no seu diário de adolescente, ela decidira adotar como preceito supremo: "Não oprimas os pobres, sê benevolente e sempre te empenhes muito em ser boa".

Quando Leopoldina perguntou a Marialva se ele acreditava que seu tipo físico fosse agradar a d. Pedro, o embaixador lhe garantiu que ele ficaria encantado, pois no Brasil "quase todas as damas têm cabelos pretos. O contraste com vossa aparência será muito interessante". E em seu diário Leopoldina escreveu: "A vaidade é um pecado — entretanto o meu vestido de noiva me favorece. Pareço mais alta com ele, e o decote mostra que tenho uma pele irretocável". Debret diz que a alvura de sua tez rivalizava com o brilho de seu vestido imperial nas festas da corte. Segundo o reverendo Walsh, que não a conheceu, mas que a descreve a partir de informações colhidas junto a contemporâneos, quando Leopoldina chegou ao Brasil foi considerada uma pessoa extremamente simpática e atraente: "Sua pele clara, a tez translúcida, os olhos azuis e seus cabelos louros contrastavam delicadamente com as mechas escuras, a tez morena e os semblantes pálidos das damas à sua volta".

Em seu début no Rio de Janeiro, a impressão que a princesa causou foi das mais favoráveis. Santos Marrocos, bibliotecário que veio com d. João e que manteve uma longa correspondência com o pai, que ficara em Lisboa, relata:

> D. Carolina [nos primeiros tempos no Brasil alguns chamavam d. Leopoldina pelo terceiro prenome] tem agradado ao extremo a todos; mui discreta, desembaraçada e comunicável; fala, além de sua língua pátria, o francês, o inglês, o italiano; tem alguns conhecimentos de belas letras, e não menos de botânica, além daquelas prendas que são próprias de uma senhora, em que dizem ser eminente.

Seu admirador mais apaixonado é Carl Seidler, que se confessou francamente deslumbrado pelos encantos da imperatriz. E isso porque a conheceu no início de 1826, ano de sua morte. Ele conta a impressão que teve quando viu entrar no Paço, conduzida pela mão do marido, a "alta esposa" de d. Pedro I.

> Não se podia desconhecer que era da casa de Habsburgo. O cabelo louro, ondeado, o olho azul, cismador, a testa alta, sonhadora, o nariz orgulhoso, brandamente curvo, a tez ofuscante de brancura, à qual o clima da terra mal comunicara leve sombra que ainda mais a embelezava, o rubor suave, mas ético, pousado em suas faces, a encantadora simpatia que falava em todos os seus gestos e palavras, a grande bondade, que, de par com a brandura e a majestade, transluzia de cada um de seus movimentos e que envolvia como uma auréola de glória toda a sua peregrinação terrena — tudo realçava aquela figura encantadora, que era o orgulho e o prazer de um grande Império. [...] E que palavras! Que som de voz, e os ademanes de que foram acompanhadas!

7. Lua de mel

O interesse da arquiduquesa Leopoldina pela botânica e pela mineralogia emprestava à viagem à América portuguesa o ar de uma aventura fascinante. Leopoldina chegou ao Rio de Janeiro, em novembro de 1817, cheia de boas expectativas. Quanto às belezas naturais do lugar, estas não foram contrariadas. Em carta para a tia Amélia, esposa de Luís Filipe, ainda a bordo no navio *Dom João*, no qual viajara, escreveu: "A entrada do porto é sem par, e acho que a primeira impressão que o paradisíaco Brasil faz a todo estrangeiro é impossível de descrever com qualquer pena ou pincel". Os festejos em homenagem à princesa foram barulhentos e animados. Houve salvas de artilharia no porto quando seu navio atracou; bandas tocavam, e ela viu de longe uma onda de pessoas que se movimentava ao sabor da música e dos vivas.

Leopoldina já chegara ao Rio de Janeiro perdidamente apaixonada pelo marido. O primeiro encontro que tiveram contribuiu ainda mais para aumentar essa paixão. Quando a galeota que conduzia a família real ao navio *Dom João* se aproximava, ela viu d. Pedro no tombadilho "com seu uniforme azul-claro e vermelho. Os cabelos pretos brilhando ao sol". Ao contrário do que dizem alguns biógrafos, o primeiro encontro dos noivos foi dos mais agradáveis para Leopoldina. Segundo ela, na recepção a bordo, ele permanecera a distância, observando-a enquanto ela era cumprimentada pelas pessoas, e foi o último a se aproximar. Ele disse seu nome, pegou a sua mão e não largou mais.

> Conduziu-me ao salão de jantar, puxou a cadeira e, enquanto comíamos, piscou-me o olho e enlaçou a perna dele na minha debaixo da mesa. Sua audácia foi além. Quando fiz o meu discurso à mesa [...] Pedro sussurrou-me: "É pena que não tenhamos permissão para dançar senão amanhã".

Segundo a princesa registrou em seu diário, d. Pedro lhe parecera, além de exuberante, dono de excelente senso de humor: "Quando Pedro está perto de mim, sinto-me protegida e segura". Apesar de d. Pedro não ter deixado registro pessoal escrito dessa fase de sua vida, nas cartas de d. Leopoldina para a família o que ressalta é a boa harmonia em que vivia com o marido. Para a irmã Maria Luísa ela escreveu no dia 8 de novembro de 1817: "Estou unida já há dois dias com meu marido, o qual não somente é belo, mas bom e sensato [...] Sinto-me bastante feliz. [...] Sou bem feliz com o meu marido". Escrevendo ao pai, conta que estava muito cansada das tantas festas e que "além disto o meu querido esposo não me deixou dormir". Quatro dias depois, desculpando-se pela má letra, diz que "o meu pueril senhor consorte empurra a minha mão". Para a tia Amélia escreveu em 24 de janeiro de 1818: "A senhora bem sabe como é doce gozar, com uma pessoa que se ama com tanta ternura, da tranquila felicidade campestre de que estou gozando, pois encontrei em meu esposo um amigo que adoro". E ainda em 28 de fevereiro de 1820, dizia ao pai: "Posso garantir-lhe, caríssimo pai, que graças a Deus tenho um marido de caráter bom, justo, franco e direito e que possui um bom coração".

A condessa de Künsburg, uma das damas que acompanharam d. Leopoldina ao Brasil, também dá testemunho, em carta datada de 9 de novembro de 1817, de que "o príncipe está encantado com sua esposa, e ela com ele", e relata que ambos passeiam diariamente, sempre sozinhos, como dois amantes. Leopoldina rapidamente se adaptara aos hábitos esportivos de d. Pedro. Os dois eram sempre vistos passeando a cavalo nos arredores do Rio de Janeiro. Maria Graham — a viajante inglesa que esteve na corte durante o Fico e que serviu como aia de d. Maria da Glória por um curto período em 1824 — conta que eles davam dois longos passeios durante o dia. Um deles pela manhã, se havia alguma coisa relativa ao governo a ser feita, tal como armar navios ou equipar as tropas.

> Os passeios eram dirigidos ao cais, ou ao arsenal, e eles passavam frequentemente horas em barcos ou em navios, antes de voltar; nesse caso dignavam-se comer um rápido almoço de galinha frita com ovos, de qualquer dos oficiais em cujo departamento estivessem interessados. O passeio favorito era ao Jardim Botânico.

Mas também gostavam de subir até o Alto da Boa Vista, cujo clima ameno atraía os estrangeiros, muitos dos quais tinham ali chácaras. Foi durante um desses passeios que d. Leopoldina foi parar por acaso na casa do conde de Hogendorp. Hogendorp fora governador holandês em Java e, com a anexação da Holanda à França, entrara para o Exército francês no posto de coronel, tornando-se um dos mais valiosos generais de Napoleão. Foi governador francês em Koninsberg, Breslau e Hamburgo. Não lhe foi permitido acompanhar Bonaparte no exílio, como desejava, e por isso veio para o Brasil, onde vivia retirado em seu sítio na encosta do Corcovado. Conhecera d. Leopoldina em Viena, em 1807, e, depois desse reencontro, ela e d. Pedro visitavam-no sempre, ouvindo-o falar incessantemente sobre os grandes feitos de Napoleão. D. Carlota Joaquina não via com bons olhos a influência do general bonapartista sobre o filho e a nora.

As excursões matinais da princesa possibilitavam a colheita de muitas plantas e flores, das quais Leopoldina, que também se dedicava aos estudos de história natural, mandava cópias ao pai e à irmã, Maria Luísa. Conta Debret que foi encarregado de executar alguns desses desenhos, "o que ela ousava pedir, afirmava, unicamente em nome de sua irmã, ex-imperatriz dos franceses". Escrevendo para o irmão, Francisco, em 1º de janeiro de 1818, d. Leopoldina dava detalhes do seu cotidiano no Brasil.

> Levanto-me todos os dias às seis horas, pois já às oito e meia costumo ir dormir; é como apraz ao meu marido; aqui não é costume frequentar o teatro exceto nos dias em que há grande gala. Depois, das sete horas até as dez horas, ando de coche, a cavalo ou a pé; então volto a casa, visito o rei para o beija-mão, e em seguida vem o meu mestre de gramática portuguesa e de latim. À uma hora estudo violão e, com o meu esposo, piano; ele toca viola e violoncelo, pois toca todos os instrumentos, tanto os de corda como os de sopro; talento igual para música e todos os estudos, como ele possui, ainda não tenho visto. Às três jantamos. [...] Às seis horas vou passear outra vez e em seguida lemos algo e ceamos sozinhos. É este todos os dias o meu modo de viver.

Gostava desses estudos musicais que fazia junto com o marido, pois, como escreveu em carta de 24 de janeiro de 1818, assim "tenho a satisfação de estar perto de sua querida pessoa". Leopoldina tinha verdadeira admiração pelo talento musical de d. Pedro, que costumava elogiar nas cartas para a família. Ao pai enviaria algumas das composições do marido, fazendo, no entanto, uma ressalva: "Falando sinceramente, é um tanto teatral", mas a culpa era, completava, do professor de música de d. Pedro, Marcos Portugal.

A convivência com d. Leopoldina também contribuiu para melhorar as maneiras e a cultura geral do príncipe. Segundo ela mesma diria em carta para a irmã, datada de 10 de dezembro de 1817, ele demonstrava "a melhor vontade de progredir nos seus estudos". Carlos Oberacker, biógrafo da imperatriz e muito rigoroso na avaliação de d. Pedro, reconhece que os pendores intelectuais de d. Leopoldina nunca foram obstáculo para as inicialmente boas relações do casal. O fato é, de acordo com o mesmo autor, que d. Pedro nunca desprezou instrução e cultura. Ao contrário, tal como se deixaria depois fascinar por José Bonifácio, também admirava a cultura da mulher e se deixaria influenciar por ela em muitos assuntos. Leopoldina era a primeira pessoa com uma boa bagagem cultural com quem d. Pedro entrava em contato íntimo.

8. Primeiros desencontros

> Quero descrevê-lo com toda a franqueza [...] ele diz tudo o que pensa, e isso com alguma brutalidade; habituado a executar sempre a sua vontade, todos devem acomodar-se a ele; até eu sou obrigada a admitir alguns azedumes. Vendo, entretanto, que me chocou, chora comigo; apesar de toda a sua violência e de seu modo próprio de pensar, estou convencida de que me ama ternamente. [Carta de Leopoldina para Maria Luísa, de 18 de abril de 1818]

Leopoldina tinha sido orientada pelo pai a conquistar a confiança e a amizade de d. João, projeto para o qual não teria dificuldades, pois ia ao encontro dos interesses do rei português. Conta Debret que, desde a chegada da nora, d. João se empenhara em fazer-lhe a corte. Já no desembarque, diante dos repetidos vivas que se davam ao cortejo da princesa recém-chegada, "o rei galantemente fazia observar à sua nova filha que os aplausos lhe eram exclusivamente destinados".

Mais tarde, da mesma maneira elegante e afetuosa, d. João recebeu a nora em São Cristóvão.

> Um exemplo da solicitude paterna de d. João VI evidenciará sua bondade de alma. Quando os jovens esposos chegaram ao Palácio de São Cristóvão, o rei disse à princesa, conduzindo-a aos seus aposentos: "Espero que este aposento, embora mobiliado ainda simplesmente, vos seja agradável". Com efeito, a primeira coisa por ela observada foi o busto do imperador da Áustria, seu pai, que o rei mandara vir de Viena. Vendo-o, a princesa não pôde reter lágrimas de alegria [...] Cedendo aos seus sentimentos de gratidão, a princesa precipitou-se sobre a mão do rei, que lhe disse ainda: "Minha querida filha, a felicidade de meu filho está assegurada, bem como a de meus povos, pois terão um dia, como rainha, uma boa filha, que não pode deixar de ser uma boa mãe".

Muitos são os testemunhos das constantes atenções do rei para com d. Leopoldina, e até mesmo de uma certa influência desta sobre suas decisões. Um contemporâneo registra que d. João estava "como que enamorado" da nora e que teria manifestado o desejo de vê-la sempre por perto. Tais atenções eram plenamente correspondidas pela princesa, que delas falaria em sua correspondência com a família. Em 7 de dezembro de 1817, ela escrevia para o pai contando que estava frequentemente com d. João, a quem amava e apreciava como a um pai. E em 18 de agosto de 1819: "Amo e estimo meu sogro como a um segundo pai, e acho que ele se parece muito com o senhor, caríssimo pai, no que toca à bondade do coração e ao amor ao seu povo".

Vinda de uma corte conservadora, as ideias de d. Leopoldina sobre política refletiam os pontos de vista da Santa Aliança. Leopoldina considerava o ideal de liberdade como degenerador das relações estabelecidas e, consequentemente, prenunciador de conturbações revolucionárias. Formada segundo "os antigos e bons princípios" do absolutismo, não via sentido na aceitação do chamado "espírito de liberdade". E diria isso nas tantas cartas escritas ao pai.

> Infelizmente o feio fantasma do espírito de liberdade dominou completamente a alma de meu esposo; o bom e excelente rei está totalmente imbuído dos antigos e bons princípios, e eu também, pois me foram inculcados na mais tenra infância, e eu mesma amo somente a obediência à pátria, ao monarca, à religião. O senhor vê bem, meu querido pai, como é difícil a minha situação entre as obrigações que competem a uma boa e carinhosa esposa e a uma súdita proba e filha obediente. [...] por esse motivo venho solicitar, meu caro pai, seu conselho paterno e sua ordem, pois esses devem ser o meu guia.

Logo Leopoldina se daria conta de que existiam na corte do Rio de Janeiro três partidos — o do rei, o da rainha e o de d. Pedro —, que alimentavam a discórdia entre as três pessoas reais através de intrigas, mexericos e bisbilhotices. Tendo sido bem orientada pelo pai sobre a situação delicada em que se encontravam o rei e a rainha, ela, que se aproximara imediatamente de d. João, precisou até mesmo evitar o contato com as damas austríacas que a tinham acompanhado. O rei antipatizara em particular com a condessa de Künsburg, "porque ela está constantemente com a sua cara-metade, que se comporta vergonhosamente", confidenciou Leopoldina em carta a Maria Luísa, em 10 de dezembro de 1817.

Com o pai e os irmãos feitos prisioneiros de Napoleão, Carlota Joaquina sonhara em tornar-se regente da Coroa espanhola nas colônias da América. Entre intrigas palacianas, entre chantagens e cartas secretas, por meio de emissários e espiões, vivera os primeiros anos no Brasil em função desse projeto, para cujo fracasso contribuíram tanto o processo de independência das colônias hispânicas quanto os ardis de d. João e de seus ministros. Frustrada, d. Carlota tentou ainda acompanhar as duas filhas quando foram casar-se com os tios na Espanha, em 1816. D. João, com as mesmas negaças com que a tinha intrujado na questão do Prata, acabou retendo-a no Rio de Janeiro, onde Carlota se consumia de ressentimento contra o rei e seus ministros.

D. Pedro, segundo testemunhas da época, sempre guardou um profundo respeito pelo pai. Mas conhecendo-lhe o temperamento, ministros e validos trabalhavam o espírito do rei, prevenindo-o contra o filho, de modo a manter o príncipe afastado dos negócios públicos. Sabedor dessas manobras, d. Pedro alimentaria enorme aversão aos favoritos de d. João, adotando uma atitude pública de contestação ao governo. Os problemas entre pai e filho foram confidenciados por d. Leopoldina ao diplomata austríaco barão Von Neveu, que os transmitiu a Metternich em ofício datado de 4 de julho de 1818: "É certo, senhor, que as desinteligências entre Sua Majestade e o sr. príncipe real [...] continuam a existir, e que dos dois lados os mal-intencionados atiçam o fogo".

Em 19 de abril de 1820, o novo secretário da legação austríaca, o barão Wenzel de Mareschal, informava a Metternich que d. Leopoldina lhe tinha confiado o quanto era penoso para ela viver no seio de uma família em que "todo mundo intriga, todo mundo arma enredos", e o quanto era delicado estar sempre entre o pai e o filho. Apesar de saber que se precisasse recorrer a d. João seria atendida, ela evitava fazê-lo, pois toda intromissão por parte do rei em seus assuntos particulares era considerada por d. Pedro como uma traição da mulher. Mareschal registra também a completa ociosidade em que vivia d. Pedro por conta da desconfiança do rei: "O príncipe real, com um espírito natural de vivacidade, um caráter um tanto violento, não tem outra ocupação senão conduzir uma carruagem ou adestrar uma banda de negros para fazer música".

Uma das pessoas em relação às quais d. Pedro nutria grande desconfiança era sua irmã mais velha, Maria Teresa, a filha predileta de d. João. D. Pedro acreditava que ela fosse mensageira de intrigas. D. Leopoldina gostara muito da cunhada, que achava culta e interessante. Era, com exceção do rei, a única pessoa da família real com quem se identificava, como diria em carta à irmã, em 18 de abril de 1818: "Minha cunhada Maria Teresa é uma verdadeira amiga, e eu gosto muito dela. Deus sabe por quê, mas meu marido de modo algum permite que a procure".

As características mais difíceis da personalidade de d. Pedro cedo se revelaram. Apesar da aparente transparência, ele era como o pai: desconfiado, prevenido, sempre à espera de traições. Numa carta de 19 de abril de 1818, Leopoldina desabafa: "Seria perfeitamente feliz se não tivesse de sofrer às vezes o ralhar do meu violento e desconfiado esposo". A condessa de Künsburg dizia que d. Pedro era apaixonado pela mulher, mas muito ciumento e, muitas vezes, bruto. Certamente por ciúme foi que determinou a partida da ama de d. Leopoldina desde a infância, Francisca Annony, que ela esperava poder conservar no Brasil.

Os elementos da corte austríaca que haviam acompanhado Leopoldina ao Brasil não se adaptaram ao ambiente acanhado e medíocre de São Cristóvão. Por causa disso, um ano após sua chegada, só restava junto da princesa real um pintor, Frick; um médico, dr. Kammerlarcher; e o dr. Roque Schüch, que fora diretor do Gabinete de História Natural e professor de d. Leopoldina na Áustria. Os dois primeiros também logo partiriam, e Schüch, não tendo a princesa recursos com que pagar seu salário, se retirara para Minas em busca de minérios e acabaria montando, em Itabira, em 1819, a primeira fábrica de folhas de flandres do Brasil. Conta ainda Maria Graham que, em 1824, a imperatriz não tinha "damas de sua nacionalidade em torno dela, nem mesmo a mulher de um embaixador ou de um encarregado de negócios com quem falar ocasionalmente [...] sendo todas as suas servidoras portuguesas, que não falavam senão a própria língua". "Assim isolada", completa Debret, "a arquiduquesa, de gênio sossegado, sensível e generoso, custou, sem dúvida, a adaptar-se às maneiras violentas e quase selvagens de seu jovem esposo."

O ambiente moral da corte portuguesa não era de molde a agradar à impecável Leopoldina. Em 18 de abril de 1818 ela escreveria a Maria Luísa dizendo o quanto lhe custava ter de conviver todos os dias com gente cujo estilo de vida "esteve na moda na época de Henrique III, rei de França". Falando especificamente sobre o comportamento da rainha, confidenciava: "Sua conduta é vergonhosa, e desgraçadamente já se percebem as consequências tristes nas suas filhas mais novas, que têm uma educação péssima e sabem aos dez anos tanto como as outras que são casadas".

Os casos amorosos de d. Carlota Joaquina eram conhecidos em toda a corte do Rio de Janeiro. O mais rumoroso deles resultara no assassinato — a mando ou pelas mãos da própria Carlota — da mulher de um funcionário do Banco do Brasil que seria seu amante. Comentava-se igualmente que ela mantivera uma relação íntima com o almirante inglês sir Sidney Smith, que se empenharia decididamente na luta para fazer de Carlota regente da Coroa da Espanha. Esse almirante também teve um envolvimento, muito comentado na Europa, com Carolina de Brunswick, a esposa divorciada de Jorge IV.

Nessa matéria, d. Pedro puxara a mãe. Seu apetite sexual foi sempre excessivo e não conhecia limites nem diante da honra da família ou do marido da mulher desejada. Não havia mulher a quem ele não lançasse um olhar de avaliador. As que lhe agradavam, fossem mucamas, criadas, estrangeiras ou damas da corte, ele assediava. Era promíscuo e não hesitava em manter relações com mulheres da mesma família. Antes do seu célebre caso com a dançarina Noemi Thierry, envolvera-se com a irmã dela.

Conta Mello Moraes que, nos dois ou três primeiros meses de seu casamento, d. Pedro manteve a ligação com Noemi Thierry. Para encontrá-la sem que os comentários chegassem aos ouvidos do rei, usava como cortina de fumaça as visitas que fazia diariamente, em companhia de d. Leopoldina, à casa de seu guarda-roupa, Pedro José Cauper. Enquanto d. Leopoldina era entretida pelas filhas de Cauper, d. Pedro escapulia para algum canto com Noemi, que ali também se encontrava. Quando d. Leopoldina compreendeu a situação, queixou-se ao rei, que despachou Cauper e a família para Portugal. Noemi Thierry, grávida de seis meses, foi finalmente para Pernambuco, em companhia do oficial com quem a haviam casado, e lá deu à luz uma criança que morreu poucos meses depois. Esse episódio agravou ainda mais a tensão que pesava nas relações de d. João com d. Pedro.

Parte 4

De espectador a ator: a descoberta da política

1. O pai e o filho

> Nos vários dramas de que se teceu a sua vida, nenhum será talvez mais pungente do que o decorrente do dilema que se lhe deparou ao iniciar-se na ação política: seguir o pai perplexo e malograr, ou contrariá-lo e sair vitorioso. [Otávio Tarquínio de Sousa]

A circunstância em que se encontravam d. João e d. Pedro — o primeiro o titular e o segundo o herdeiro da Coroa portuguesa — alimentava o clima de inquietação que marcou a volta de d. João VI para Portugal, em abril de 1821.

A vinda de d. João e de todo o seu aparato de Estado dera força e prestígio para o Brasil. A abertura dos portos, determinada por meio de decreto assinado quase imediatamente após a chegada do rei, e a elevação da antiga colônia a reino equipararam o Brasil a Portugal. A partir de então, o progresso brasileiro fazia contraste com a situação em que mergulhou Portugal durante e após a invasão das tropas napoleônicas. A insatisfação dos portugueses com a inversão de papéis — Lisboa tornada província e o Rio de Janeiro tornado metrópole — se agravava por causa da situação de penúria, resultado da guerra com os franceses e da quebra do monopólio comercial com o Brasil. Também contribuía para ferir o orgulho lusitano a presença militar inglesa em Portugal. O crescente descontentamento dos portugueses com a situação econômica e política a que seu país fora reduzido, impulsionado pelos ideais constitucionalistas tão em voga na Europa daquele tempo, acabou provocando a Revolução Constitucionalista do Porto, em 1820. O levante foi bem recebido pelo povo, e logo os revolucionários convocaram eleições para as Cortes Gerais Extraordinárias e Constituintes da Nação Portuguesa, para que fosse elaborada uma Constituição, "cuja falta", diziam, "é a origem de todos os nossos males".

No Brasil, o despertar de uma "vontade de independência" foi produto da química que combinava ouro, progresso, vida urbana e as chamadas Luzes dos Setecentos. Era natural que, reunindo a colônia uma elite brasileira e portuguesa, quase toda formada na Europa, esta se contaminasse da febre do século, o culto à razão e à liberdade. Provocava profunda insatisfação o obscurantismo da Coroa portuguesa, limitando o desenvolvimento e o progresso da colônia, proibindo a criação de universidades e fábricas, impondo violenta censura aos livros e proibindo a imprensa. Produto desses sentimentos, a Inconfidência Mineira foi o primeiro movimento político brasileiro consciente visando à Independência e à República. Depois dela, como num efeito dominó, seguiram-se, na virada do século XVIII para o XIX, vários outros movimentos de caráter liberal: a Sociedade Literária do Rio de Janeiro, em 1794; a Revolta dos Alfaiates ou Conspiração Baiana, em 1798; e a Revolução Pernambucana, em 1817, que fecha o ciclo de conspirações e insurreições que antecederam a Independência. Quando a notícia da Revolução do Porto chegou ao Brasil, foi recebida com entusiasmo tanto pelos liberais brasileiros que secretamente se reuniam nas lojas maçônicas quanto pelas tropas portuguesas aqui estacionadas. Esses grupos iniciaram um movimento para pressionar d. João VI a se submeter aos revolucionários.

Com a Revolução Constitucionalista do Porto, colocava-se para d. João o dilema: mandar o herdeiro, ou ir ele mesmo para Lisboa? D. João era contrário à partida do filho, embora dissimulasse esse sentimento, como era do seu feitio. Porém, quando lhe foi indagado, pelo representante da Inglaterra no Brasil, por que não enviava d. Pedro a Lisboa, ele argumentou: "Mas e se, à sua chegada, o povo o aclamar rei?". Chegou a cogitar que fosse enviado no lugar do herdeiro o irmão mais novo, d. Miguel, ou a filha mais velha, a princesa d. Maria Teresa, ou ainda o filho dela.

D. João temia, além da possibilidade real de perder o trono para o filho, a ambição, a imprudência e a simpatia pelas ideias liberais que d. Pedro começava a demonstrar. Pois se a d. João VI "as novas ideias" pouco ou nada afetaram, a d. Pedro seduziram. Admirador da glória do concunhado, Napoleão Bonaparte, ele percebera antes do pai que "era vão e perigoso não seguir o espírito do século". D. Pedro conhecia o que se passava nas ruas do Rio de Janeiro; sabia, por contatos pessoais, por conversas diretas com os agitadores civis e militares, o que pretendiam.

Nesse tempo, o desejo de d. Pedro era partir para Lisboa e tornar-se vice-rei, exercendo finalmente um papel de destaque. Ele se ressentia do isolamento em que tinha sido mantido até então pelo pai e por seus ministros. Destes, apenas d. Marcos de Noronha e Brito, oitavo conde dos Arcos e último vice-rei do Brasil, fazia-lhe ostensivamente a corte. Desde menino, d. Pedro recebia do Brasil ricos presentes que lhe enviava o conde. Esperto, o nobre, que fizera carreira na grande colônia americana, cortejava no presente o rei de amanhã. Com a chegada da corte ao Brasil, as relações entre o príncipe e o conde se estreitaram ainda mais. D. Pedro se correspondia com ele, informando-se e mantendo-o informado dos passos dos principais adversários de ambos no Conselho do rei: o ministro Tomás Antônio de Vila Nova Portugal e o intendente Paulo Fernandes Viana.

> Meu conde e meu amigo, sinto infinito dar-lhe esta parte. Saiba: Tomás Antônio e o intendente maquinam por todos os modos fazerem-lhe a sua desgraça e por consequência a minha. Querem, parece-me, deitá-lo fora do ministério [...] porque dizem que eles e o conde me têm metido na cabeça uma indiferença pelas coisas sucedidas, mas que por ora não os prenderão porque têm medo que eu faça alguma tarramontana e dizem que esperam forças inglesas para então poderem fazer com segurança. Veja a que ponto a intriga pode chegar que eu sou julgado contra mim, mas não importa, o tempo e a nação me despicarão. Deste seu amigo, Pedro.

D. João, aconselhado por seu principal ministro, Tomás Antônio, típico representante das ideias do Antigo Regime e pessoa de sua total confiança, ia mantendo a política do nada fazer, de protelar sempre para ver se as coisas se ajeitavam por si mesmas. D. Pedro de Sousa Holstein, o conde de Palmela, ministro da Guerra e dos Negócios Estrangeiros, chegara de Portugal em dezembro de 1820. Palmela se esforçará para fazer o rei assumir o controle da situação, mandando para Portugal o filho e garantindo a presença da família real no centro do poder. Será derrotado pela estratégia protelatória do rei. D. João consumia-se em angústia e indecisão, com medo dos revolucionários, com medo do filho e de d. Carlota, sempre atenta a qualquer oportunidade de tomar ou reduzir o poder do marido.

A solução que d. João alvitrou para inviabilizar que o príncipe, impulsionado pelos revolucionários, o destronasse foi reter no Brasil d. Leopoldina sob o pretexto de que ela, grávida de oito meses do segundo filho, não poderia acompanhar o marido. Essa decisão foi formalmente comunicada aos ministros da Inglaterra e da Áustria no dia 7 de fevereiro, em nota onde se lia que o rei havia resolvido "enviar o príncipe sem demora para em seu nome assumir o governo provisório do Estado, conceder anistia plena às pessoas comprometidas nos últimos acontecimentos e restabelecer a ordem". Ao monarca, dizia a mesma nota, muito custava separar os dois jovens esposos, e ele só o fazia porque era forçado, para evitar os perigos a que se exporia a princesa. Contra essa disposição rebelou-se d. Leopoldina. Pela primeira vez ela se contrapunha à vontade do rei, declarando achar-se pronta para acompanhar o príncipe, apesar da gravidez, e que nenhum poder do mundo a impediria de "embarcar em qualquer calhambeque disponível, para ir encontrá-lo ou voltar à pátria".

D. Leopoldina temia ficar indefinidamente no Rio de Janeiro, como refém do sogro, enquanto durasse em Lisboa o regime constitucional. Conhecia a situação da irmã, Maria Luísa, e do duque de Reichstadt, o rei de Roma, filho de Napoleão, retido para sempre na Áustria. Quando o decreto sobre a partida imediata de d. Pedro foi promulgado, d. Leopoldina recusou-se terminantemente a obedecer, alegando que sua posição seria insustentável na ausência do marido, ficando exposta à maledicência e à intriga. Alegava ainda a princesa que os amigos da roda dele, "esposo excessivamente inclinado à desconfiança", aproveitariam qualquer ensejo para prejudicá-la.

A princesa ameaçou o embaixador de seu país, Stürmer, dizendo estar disposta a empregar todos os meios, até a insurreição, para acompanhar o marido: "Persuada-se de que, se por influência sua e do conde de Palmela você não conseguir retardar a partida de meu marido e fazer que eu o acompanhe, atrairá toda a minha cólera, todo o meu ódio, e de qualquer modo virá a pagar-me". Com o apoio de d. Pedro, d. Leopoldina pediu a Schaffer, um agente alemão que eventualmente lhe emprestava dinheiro, para providenciar uma embarcação em condições tais que permitissem fazer o parto a bordo.

> Tenha a bondade de fretar para mim sob o maior sigilo, para que nenhuma alma possa suspeitar de nada, um navio para a partida iminente a Portugal, uma vez que meu marido precisa viajar dentro de três dias e eu devo ficar aqui por tempo indeterminado por motivos que não posso mencionar. Por este motivo sou obrigada a procurar minha salvação na fuga, legitimada pelo consentimento do meu marido.

2. O dia 26 de fevereiro

D. Pedro, no entanto, já não queria embarcar. Talvez instigado pelo conde dos Arcos, mas também já articulado com as tropas portuguesas sediadas no Rio de Janeiro, ele preparava o golpe de 26 de fevereiro de 1821. Em 23 de janeiro, d. Leopoldina confidenciara ao ministro austríaco que o marido andava tão exaltado que ela receava um golpe de Estado. De todos os lados, d. Pedro vinha recebendo estímulos para pôr-se à frente dos acontecimentos. A ideia de que o príncipe, sobre o qual tinha grande influência, assumisse a Regência do reino do Brasil era cara ao conde dos Arcos, que já vivia no país havia mais de vinte anos. É possível que sobre o ânimo do herdeiro também tenha influído d. Carlota Joaquina.

    D. Leopoldina contou à sua amiga Maria Graham que d. Pedro I tinha um medo enorme da mãe, pois que, homem-feito, ainda era publicamente esbofeteado por ela. As relações desses dois personagens tão peculiares de nossa história nunca foram muito investigadas. Só há notícias de uma aproximação entre d. Carlota e o filho mais velho durante a crise do começo de 1821, no Rio de Janeiro, quando ambos tinham o mesmo interesse: a volta do rei para Portugal — ideia que encantava d. Carlota, ansiosa por ficar mais perto da Espanha e quem sabe um dia tomar o lugar do odiado marido com o apoio do irmão, Fernando VII, rei daquele país. Ela permaneceu durante toda a vida mais espanhola que portuguesa, nunca se adaptando ao país de adoção.

A rebelião dos batalhões portugueses para fazer que d. João jurasse as bases da Constituição portuguesa que se estava fazendo em Lisboa contou com a participação decisiva de d. Pedro. Consultado pelos conspiradores, o príncipe não só aceitara colaborar como garantira o juramento do pai. Avisado desde as duas da madrugada do que se passaria, d. Pedro apareceu entre a tropa às cinco horas da manhã, quando a população já tinha acordado ao som de tiros e toques de sino. Ele vinha munido de um decreto assinado por d. João no qual este declarava aderir à Constituição que estava sendo preparada pelas Cortes de Lisboa e que seria adotada no Brasil, "salvo as modificações que as circunstâncias locais tornassem necessárias". D. Pedro não pôde ler o decreto até o fim, sendo interrompido por protestos contra as modificações ressalvadas. Exigiam que o rei jurasse imediatamente a Constituição, tal qual fosse feita pelas Cortes portuguesas, e que fossem nomeados novos ministros.

Manifestações de caráter popular ou militar eram coisas a que d. João era totalmente infenso. Tímido, medroso, vivendo sobre a impressão aterrorizante que as atitudes dos revolucionários franceses deixaram nas cabeças coroadas da Europa, d. João se apavorou quando soube do pronunciamento militar que se estava fazendo. Stürmer, embaixador da Áustria, relata: "Não se pode fazer ideia do terror do rei na manhã de 26". Tinha medo até da luz do sol e mandou fechar todas as janelas, como costumava fazer durante as tempestades. Feito porta-voz da tropa, d. Pedro apresentou-lhe as exigências. D. João, aconselhado por Palmela, assinou logo o decreto, aceitando a Constituição que se estava fazendo em Portugal e nomeando ministros os doze indicados na lista. Às sete da manhã a multidão recebeu essas notícias com aplausos.

D. Pedro foi então buscar o pai. Apavorado, d. João meteu-se no velho coche, com o filho cavalgando ao lado. Eram cerca de onze horas de uma manhã de sol forte quando a carruagem chegou ao Rossio. O povo, movido pelo entusiasmo, retirou os cavalos e carregou-a nos ombros. D. João caiu em prantos e, chegando ao Paço, teve de ser apoiado para subir as escadas e custou a recuperar o ânimo. A tropa e o povo queriam ouvir o rei dizer o juramento de viva voz. E foi com os beiços trêmulos e a voz sumida, quase inaudível, que ele o fez. Com voz forte e vibrante, d. Pedro repetiu para a multidão as palavras do pai. Mais tarde, já refeito e narrando os acontecimentos a Stürmer, o rei, aludindo à Constituição ainda em projeto que o tinham forçado a jurar, perguntava com ironia: "Algum dia fez-se alguém jurar o que ainda não se conhece e talvez nem exista?".

Os acontecimentos de 26 de fevereiro de 1821 marcaram a entrada definitiva de d. Pedro na política. Daí em diante ele não só participava do Conselho como tinha voz ativa nas tomadas de decisão. Ao tornar efetiva aquela medida, d. João declarou:

> Como o príncipe toma parte nos negócios públicos, é de necessidade que a tome nas deliberações do governo. Tempo há que eu tenho pensado em chamá-lo a elas; e se não o tenho feito é porque, se bem o seu voto não coacte a minha soberana autoridade, não pode deixar de prender mais ou menos, segundo o grau de empenho que ele mostrar, a liberdade de opinar dos conselheiros. Mas esta que foi a razão até agora cessa de o ser depois da época de 26 de fevereiro.

Estava feita a transição do poder. D. Pedro seria, daí em diante, a principal figura da cena política brasileira. Ele revelara, num momento difícil, uma grande capacidade de iniciativa e de articulação. Ao mesmo tempo, enquanto o rei ficara paralisado diante da crise, ele parecia estar em seu elemento natural: sentia prazer na atividade dos comícios, nos contatos com a multidão e no jogo político, em que pela primeira vez se enfronhava. Sua imensa vontade de ação se realizaria naquele cenário agitado. Segundo o testemunho de Palmela:

> O príncipe real mostrou naquela ocasião o maior desembaraço e presença de espírito e mesmo muita fidelidade, porque a tropa quis sem dúvida aclamá-lo, e ele sempre atalhou esse último desaforo gritando "viva el-rei, nosso senhor, viva meu pai". Há, contudo, muita gente que supõe que ele estava instruído de antemão do que se meditava, e é certo que se deixa rodear e aconselhar por má gente.

3. "Execução militar em dia de ressurreição!"

Em 7 de março chegou o ofício das Cortes, datado de 15 de janeiro, que determinava a volta do rei para Lisboa e reclamava a presença dos deputados do Brasil. As Cortes determinavam ainda que toda a ação legislativa se faria em Portugal, anulando com isso a prevista reunião de Cortes especiais no Brasil. Logo foi promulgado decreto de d. João que definia a data da partida e fazia de d. Pedro regente do reino do Brasil. Pelo mesmo decreto ficavam marcadas eleições para a escolha dos deputados brasileiros que deveriam participar das Cortes Gerais Extraordinárias e Constituintes da Nação Portuguesa.

Depois do decreto de 7 de março, que lhe dava a Regência do reino do Brasil, d. Pedro ansiava pela hora em que finalmente assumiria o poder. O jogo de d. João, no entanto, continuava o mesmo: tinha esperanças de escapar da partida para Lisboa, onde não sabia o que o esperava. Os preparativos para a viagem se arrastavam, não só por falta de meios, mas também porque ninguém lhes assumia a direção. Tais delongas, segundo

Silvestre Pinheiro, "inflamaram a natural atividade do príncipe, que encontrou nos cofres do visconde do Rio Seco (Joaquim José de Azevedo, Tesoureiro da Casa Real) todos os subsídios que precisos fossem para ultimar a obra da saída de Sua Majestade". Silvestre, aliás, seguindo a política de seu antecessor, Tomás Antônio, seria o causador indireto da tragédia de 21 de abril. O ministro, pretendendo talvez influir nos ânimos no sentido de que fosse exigida a permanência de d. João no Brasil, decidira convocar as eleições de maneira bastante democrática, reunindo na praça do Comércio não só os eleitores como também a massa do povo que quisesse assistir ao pleito.

A tumultuada sessão começou na tarde do dia 20, quando já se achava reunida a maior parte dos 160 eleitores. Mas logo o povo das galerias, liderado por um jovem de vinte anos, usando óculos, filho de um alfaiate francês estabelecido em Lisboa, dominava a reunião. Aos brados, Luís Duprat — esse era o nome do moço — interrompeu a fala do presidente, que, intimidado, aquiesceu. Daí em diante, o estudante comandou totalmente a reunião, que logo tomou a forma de uma Assembleia revolucionária. O clima de agitação das galerias amedrontou de tal maneira os eleitores que eles quase não se manifestaram. Os agitadores aproveitaram-se dessa inação para aumentar o nível de suas exigências. Alegando-se que as naus em que viajariam o rei e sua corte estavam abarrotadas de riquezas retiradas do Banco do Brasil, determinou-se que uma comissão fosse à baía impedir a partida das mesmas. O mote era, como ficou registrado pela musa popular: "Olho aberto/ pé ligeiro/ vamos à nau/ buscar o dinheiro". A Assembleia se arvorava o direito de dar ordens à Força Armada.

A sessão avançou noite adentro. Foram mandadas duas deputações ao rei. A primeira exigindo que ele jurasse as bases da Constituição portuguesa. Depois que a primeira deputação saiu da praça do Comércio, os líderes da Assembleia decidiram fazer que o rei assinasse um decreto em que anuía a que ficasse valendo a Constituição espanhola desde 21 de abril até que estivesse pronta a Constituição em que trabalhavam as Cortes de Lisboa. Uma nova deputação foi escolhida para ir a São Cristóvão. Diz Otávio Tarquínio que d. João, transido de medo, teria jurado até a constituição chinesa se houvesse e se lhe pedissem. Mas d. Pedro se sentiu ofendido com aquelas deputações. Quando, na madrugada do dia 21, a segunda deputação saiu de São Cristóvão, ele teria dito: "Vocês vão ver". É certo que partiu dele a decisão de usar a força contra a Assembleia da praça do Comércio. As ordens, apesar de dadas por d. João, lhe foram arrancadas pelo filho.

Às quatro horas da madrugada, o edifício onde se reunia a Assembleia foi cercado por uma companhia de caçadores de Portugal com cerca de quarenta ou cinquenta homens. A uma primeira descarga, apenas para atemorizar, seguiu-se o ataque à baioneta calada. Foi um salve-se quem puder. Varnhagen diz que do episódio resultou apenas uma vítima fatal. Outros relatos registram um volume maior de vítimas: três mortos e vinte feridos. A *Gazeta Extraordinária do Rio de Janeiro* de três dias depois dizia que "se mataram algumas pessoas a ferro frio". Sobre essa informação, comentaria o visconde de Cairu um ano mais tarde: "Se, sendo escrita debaixo do influxo ministerial e do terror da força armada, assim relatava a *Gazeta* o acontecimento, pode-se imaginar qual seria a mortandade do povo". O atentado aconteceu no domingo de Páscoa, por isso Cairu o chamou de "Execução militar em dia de ressurreição! Ato de aleluia que findou em réquiem". O jornalista João Soares Lisboa também relembraria o episódio no ano seguinte em seu jornal, o *Correio do Rio de Janeiro*:

> Ou fosse el-rei, ou o príncipe, ou o ministério, ou algum anjo, ou diabo que desse aquela ordem, nunca podia ser concebida

nos termos da execução que teve; o governo mais tirano, mais frenético não podia apetecer um tal massacre [...] Eram cinco horas quando teve lugar a catástrofe, e mal podíamos acreditar no que estávamos vendo, e sem arredar o pé (estávamos na retaguarda dos atiradores) esperamos o resultado final, que foi: depois de matar, roubar tudo o que havia de precioso no edifício!

À vista de tão horrível atentado, cada um cidadão se deixou apoderar da mais acerba tristeza e melancolia [...], assim se passaram os dias que decorreram de 22 até o embarque d'el-rei.

A tragédia do dia 21 apressou a partida de d. João. No dia 23 de abril de 1821 foi publicado o decreto que dispunha acerca da forma e dos poderes da Regência de d. Pedro. Ficava o príncipe com o direito de conferir cargos, postos e condecorações. Estava autorizado até, em caso urgente, a fazer a guerra ou a admitir tréguas. D. Pedro deliberaria com o auxílio de quatro ministérios, do Reino e Estrangeiros, da Guerra, da Marinha e da Fazenda. O Ministério do Reino e Estrangeiros ficou com o conde dos Arcos. Em caso de morte do regente, governaria d. Leopoldina, com um Conselho de Regência.

Antecipando o poder que lhe caberia na Regência de d. Pedro, o conde procurara se poupar de envolvimento nas disputas que antecederam a partida do rei. Mesmo nos momentos dramáticos do dia 26 de fevereiro, só aparecerá às nove horas, todo perfumado, como de costume, quando a situação já estiver sob controle. A ascendência que o conde dos Arcos tinha sobre d. Pedro fizera d. João, que não gostava dele, hesitar em nomeá-lo ministro. Disso d. Pedro, já cioso da própria autoridade, lhe daria conta em uma carta, dizendo que ele não seria nomeado seu ministro de Estado "porque dizem que me há de governar". E acrescentava: "Como eu sei que o conde se interessa por mim, não me quererá fazer ter por homem que precisa ser governado". Havia concordado com a decisão, prometendo chamá-lo para junto de si quando a situação se modificasse. Logo depois, estimulado por Silvestre Pinheiro — que via o conde dos Arcos como pessoa competente e capaz, apesar de arrogante —, d. João mudou de pensar e deu-lhe o cargo que ele tanto almejava.

Na última reunião do Conselho de Estado de que participou, d. João suspirou para o conselheiro Silvestre Pinheiro, o único que votara contra a sua partida: "Que remédio, Silvestre Pinheiro! Fomos vencidos!". No dia 26 de abril de 1821, ele embarcava para a Europa. Segundo Varnhagen: "O sentimento de el-rei e da família real por deixarem o Brasil se descobria nas lágrimas de todos, exceto a rainha". Carlota Joaquina partia felicíssima. Deixou o país dizendo que quando chegasse a Portugal ia ficar cega, pois no Brasil só vira negros.

Durante a viagem, d. João, que fugia da mulher como o diabo da cruz, foi obrigado a sofrer-lhe a companhia. Chegando em Portugal, logo se separaram. Carlota, que inicialmente manifestara simpatia pelas Cortes, acreditando que elas pudessem ser úteis a seus projetos contra o marido, mudaria de opinião assim que o navio ancorasse no porto de Lisboa. Ali, toda a família real e seus vassalos se vestiram com toda a pompa imaginando que desembarcariam imediatamente. Por determinação da Assembleia, porém, o desembarque foi adiado para o dia seguinte, o que fez d. Carlota constatar na prática qual era o sistema das Cortes, onde o rei não tinha poder de fato. Se no dia da chegada ainda entreteve com os deputados que foram a bordo animada conversa, a partir do desembarque rompeu definitivamente com a Assembleia e, recolhida a Queluz, recusou-se a receber uma comissão de deputados que foi visitá-la.

Sua intransigência acabaria provocando o mais grave incidente entre um membro da família real em Lisboa e as Cortes: Carlota negou-se a jurar a Constituição portuguesa. Nem mesmo as ameaças de que deixaria de ser rainha de Portugal e seria banida a demoveram. Depois de receber a ordem de deixar o país, escreveu ao marido, dizendo:

> Serei mais livre em meu desterro do que vós em vosso palácio. Minha liberdade pelo menos me acompanhará. Minha alma nunca se escravizou nem nunca se humilhou na presença desses rebeldes vassalos, que ousaram impor-vos leis e esforçaram-se por compelir-me a prestar um juramento que a minha consciência repelia.

Alegando doença, ela no entanto permaneceria em Portugal, recolhida na Quinta do Ramalhão, distante algumas léguas de Lisboa, um lugar conveniente para que pudesse articular a reação legitimista.

Ao contrário da mulher, d. João se compôs imediatamente com a Assembleia. Os deputados, encantados com a simplicidade e docilidade do rei, bem como com a sua imensa popularidade, também se compuseram com ele. Os ministros tudo faziam em seu nome sem sequer consultá-lo. O rei, pachorrento e de ótimo humor, abria cada manhã a gazeta oficial, dizendo a quem quisesse ouvir: "Vamos a ver o que ontem ordenei". O povo de Lisboa, que gostava dele, adotou uma quadrinha que sintetizava bem a sua personalidade: "Nós temos um rei chamado João/ Faz o que lhe mandam, come o que lhe dão/ E vai para Mafra rezar cantochão".

4. Sob o domínio da tropa

A revolta de 26 de fevereiro mudou o rumo das coisas no Rio de Janeiro, trazendo a revolução para a sala de visitas. Os oficiais dos batalhões portugueses estavam totalmente solidários com o movimento que tivera em Portugal o apoio dos militares. Durante o ano de 1821, essas forças — representadas pela divisão auxiliadora — seriam os verdadeiros agentes das Cortes no Rio de Janeiro. Tanto por identidade com as ideias constitucionalistas quanto pela necessidade de apoio militar, d. Pedro procurou compor-se com elas.

A Regência de d. Pedro começara sob mau augúrio, pois os sucessos da praça do Comércio tinham levantado, sobretudo nas províncias do norte, as mais sérias desconfianças a seu respeito. Sua versatilidade de caráter e a ambição de governar a qualquer custo se revelaram nas atitudes opostas que teve em 26 de fevereiro e em 21 de abril. Seu constitucionalismo não parecia muito consistente, e ele dava mostras de que agira guiado mais pelo despeito que sentia ao ser preterido pelos ministros do pai do que por convicções políticas sérias. Desde o começo criou-se certo mal-estar entre os ministros civis — o conde dos Arcos (do Reino) e o conde de Louzã (da Fazenda) — e os ministros militares — o da Guerra, Carlos Frederico Caula, e o da Marinha, Manuel Antônio Farinha. Por inabilidade, deram-se a esses dois últimos o título de secretários e salários inferiores. A insatisfação com o que parecia tentativa de diminuir a Força Armada esteve na origem de uma nova manifestação militar.

Entre 15 e 16 de maio de 1821, realizaram-se no Brasil as eleições para deputado das Cortes de Lisboa. Poucos dias depois, chegava a notícia de que em Portugal tinham sido promulgadas as bases da nova Constituição. Valendo-se do artigo 21 dessas bases — que dizia que só entrariam em execução quaisquer medidas constitucionais relativas ao Brasil depois de votadas pelos deputados brasileiros —, o conde dos Arcos achou melhor aguardar que assim se fizesse para adotá-las. Depois de tornada pública a decisão do conde, o secretário da Guerra, Frederico Caula, mandou espalhar pela cidade proclamações e pasquins desaprovando aquela medida.

Com a conivência de Caula, na madrugada do dia 5 de junho, as tropas comandadas pelo general Jorge Avilez se puseram em armas no Rossio. D. Pedro, que seguira para Santa Cruz na véspera, onde costumava caçar, voltou, e no próprio dia 5, às cinco horas da manhã, montado a cavalo, foi inteirar-se de suas reivindicações. Em seguida convocou os eleitores de província e, certificando-se de que estavam de acordo com os militares, prestou, perante o bispo do Rio de Janeiro e a Câmara Municipal, novo juramento. Foram também exigidas a demissão do conde dos Arcos e a extinção das diferenças de categoria entre os auxiliares imediatos do regente; todos passariam a ser igualmente ministros.

A tudo se sujeitou d. Pedro, nomeando o desembargador do Paço Pedro Álvares Diniz para substituir o conde dos

Arcos. Este, militar de profissão, homem experimentado no governo, para não se expor às humilhações que o príncipe vinha sofrendo, alegou doença e não apareceu. Uma escolta foi à sua casa intimá-lo a retirar-se do Brasil. No dia 10 seu navio deixava o porto. O outro ministro civil, o conde de Louzã, chorava de forma tão vergonhosa que d. Pedro teve de sacudi-lo pelo braço perguntando se enlouquecera. Os oficiais também exigiam uma declaração do regente de que havia dado diretamente as ordens por eles executadas na praça do Comércio. Mas isso não obtiveram.

Durante todo esse episódio humilhante, que se prolongou até as cinco horas da tarde, o príncipe conservou calma e sangue-frio surpreendentes. Ele se viu reduzido a uma posição subalterna, com os oficiais impondo medidas e tratando-o sem o devido respeito. Antes de ir embora, d. Pedro disse que aquela era a última vez que atendia ao apelo da tropa, dava a sua palavra de honra, não haveria outra; disse que não tinha ambições, era jovem e forte, poderia trabalhar para manter a mulher e os filhos. Se tentassem forçá-lo de novo a idêntico sacrifício, "Deus sabe para onde iria".

A partir do dia 5 de junho foi dada uma nova forma ao governo. O comando das armas passou a ser exercido por uma comissão militar, composta por Avilez e os brigadeiros Costa Refoios e Veríssimo Cardoso. Também foi formada uma junta governativa responsável perante as Cortes de Lisboa, sem cuja aprovação nenhuma lei seria promulgada e nenhum negócio importante seria decidido. Esta de nada serviria, e foi mesmo o general Avilez quem assumiu, daí em diante, o poder de fato no Rio de Janeiro, regulando inclusive as atribuições do regente. Sem força material para resistir, d. Pedro disfarçou as mágoas e procurou compor-se com os militares portugueses participando de jantares e bailes promovidos pela oficialidade.

O prestígio de Avilez chegou ao auge; ele andava sempre cercado de oficiais, e seu séquito, quando saía a cavalo, era mais numeroso que o do próprio príncipe. Sua mesa era franca e abundante, na ópera ele tinha camarote fixo. D. Pedro ia diariamente ao quartel passar em revista os soldados e assistir às manobras. Confessava, contudo, que seu maior interesse era a visita que fazia ao comandante, general Jorge de Avilez, e sua esposa, d. Joaquina. O príncipe fazia uma corte mais ou menos ostensiva à bela mulher de Avilez. Amargurada, d. Leopoldina escrevia nessa época para a irmã:

> Já começo a acreditar que solteira se é mais feliz, pois agora só tenho desgostos [...] vejo agora que não estou sendo amada [...] meu coração sempre procurou um objeto a que gostaria de comunicar o seu amor e amizade [...] meu esposo tem o belo costume de se divertir de toda forma; os outros, porém, nunca devem dar risadas e devem viver como eremitas, rodeados sempre da polícia secreta [...]

5. A reação brasileira

Aos poucos ia ficando claro para os brasileiros que a ação das Cortes portuguesas no que dizia respeito ao Brasil estava voltada para o projeto de reduzir o país às condições anteriores à vinda do rei. Uma das disposições das bases constitucionais aprovadas e juradas em 7 de março de 1821, em Lisboa, estabelecia que, enquanto estivessem ausentes os deputados brasileiros, a Constituição só passaria a ter validade no continente americano quando os seus representantes manifestassem ser essa a sua vontade. Mas antes mesmo que os deputados chegassem a Portugal, as Cortes começaram a se envolver nos assuntos do Brasil.

Quando, poucos dias depois do juramento das bases da Constituição, chegaram a Lisboa dois emissários do Grão-Pará com a notícia de sua adesão à causa constitucional, foi a referida capitania, em sinal de reconhecimento, transformada em província. Logo as Cortes aprovariam, sob o pretexto de manter a ordem, a remessa de tropas para a Bahia, o Rio de

Janeiro e Pernambuco. Os deputados de Pernambuco que tomaram assento no dia 30 de agosto de 1821 queixaram-se contra o governador daquela província. Foi então aprovado um decreto que determinava sua substituição por uma junta.

Em 30 de setembro, esse decreto foi convertido em lei, através da qual se criavam juntas provisórias, compostas de cinco ou seis membros, para cada província. Ficariam as tropas de cada uma sujeitas a um governador de armas. Tanto o governador de armas quanto a junta, por sua vez, ficavam diretamente subordinados às Cortes de Lisboa. O decreto promovia, na prática, a fragmentação territorial do Brasil e tirava atribuições da Regência de d. Pedro. Ele passava a ser apenas o governador do Rio de Janeiro, com menos poderes que qualquer dos vice-reis que governaram o Brasil antes de 1808.

Sentindo-se diminuído, d. Pedro queixava-se em carta ao pai: "Vossa honra, senhor, exige que o vosso herdeiro presuntivo seja algo mais que simples governador de província". Ele queria ir para Portugal e escrevia a d. João dizendo o quanto desejava ver-se "aos pés de V. M., porque só assim ficarei contente e terei a felicidade que desejo, que é de perto obedecer a V. M.". Seu desespero chega ao auge no final de setembro: "Suplico a Vossa Majestade, por tudo o que há de mais sagrado no mundo, queira dispensar-me destas penosas funções, as quais acabarão por matar-me".

Os primeiros sinais de insatisfação dos brasileiros encontraram o príncipe ainda decidido pelo lado português. O cenário começara a se agitar em setembro, com o aparecimento do vibrante *Revérbero Constitucional Fluminense*, folha maçônica publicada por Joaquim Gonçalves Ledo e Januário da Cunha Barbosa, à qual os ideais de liberdade de opinião e direitos do homem davam a tônica. Desde setembro de 1821, corriam no Rio de Janeiro rumores de que os brasileiros queriam declarar a Independência e aclamar d. Pedro imperador.

Dizia-se que no dia 12 de outubro, dia de seu aniversário, d. Pedro seria proclamado rei ou imperador do Brasil, e que quase toda a tropa estava a favor desse projeto. Em 4 de outubro apareceram nas ruas panfletos declarando o Brasil independente e anunciando que d. Pedro seria aclamado imperador no dia 12 de outubro, dia de seu aniversário.

Pressionado novamente pelos militares portugueses, d. Pedro publicou declaração de fidelidade às Cortes, afirmando confiar na tropa e assumindo o compromisso de proceder sem condescendência contra os perturbadores da ordem. Na proclamação aos fluminenses ele indagava: "Que delírio é o vosso?". Em nome da tropa e dos "filhos legítimos da Constituição", pregava a unidade dos dois reinos e afirmava estar pronto para morrer pela religião, pelo rei e pela Constituição. D. Pedro também escreveria ao pai negando qualquer envolvimento com o projeto dos brasileiros, pois sua honra de regente e a dos seus soldados eram maiores que o Brasil inteiro.

> Queriam e dizem que me querem aclamar imperador. Protesto a Vossa Majestade que nunca serei perjuro, que nunca lhe serei falso; e que eles farão essa loucura, mas será depois de eu e todos os portugueses estarem feitos em postas, o que juro a Vossa Majestade, escrevendo nesta com o meu sangue estas palavras: — Juro sempre ser fiel a Vossa Majestade, à nação e à Constituição portuguesa.

Essa carta, assinada com sangue ou tinta vermelha, segundo Mello Moraes, provocou grande hilaridade nas Cortes de Lisboa.

Apesar dos tantos anos de vida no Brasil e de ter se tornado talvez o mais brasileiro dos membros da família real, d. Pedro era, segundo Stürmer, "português no fundo da alma", e o abandono em que via Portugal lhe inspirava, segundo

Mareschal, "o desprezo manifestado sem nenhuma precaução contra o Brasil e os seus habitantes". Mas os episódios do dia 5 de junho haviam abalado muitas de suas já pouco sólidas convicções. Ele, que tanto desejara e se empenhara para fazer sair o rei do Brasil, via seus sonhos de poder desfeitos por obra dos portugueses que haviam ficado no Rio de Janeiro.

Os decretos das Cortes de 29 de setembro de 1821 dariam o estímulo que faltava para a organização dos brasileiros. Um deles determinava que d. Pedro voltasse a Portugal, de onde passaria a viajar incógnito pela Espanha, França e Inglaterra, acompanhado por pessoas "dotadas de luzes, virtudes e adesão ao sistema constitucional, que para este fim S. M. houver por bem de nomear". Outro decreto ordenava a extinção dos tribunais criados por d. João VI no Brasil desde 1808, o que significava o desemprego para cerca de 2 mil funcionários públicos. A Casa da Suplicação do Rio de Janeiro ficava reduzida a simples Casa de Relação Provincial.

Os novos decretos chegaram em 9 de dezembro de 1821 e foram publicados na *Gazeta Extraordinária do Rio de Janeiro* de 11 de dezembro. No dia seguinte, apareceu impresso pela Tipografia Nacional um folheto anônimo intitulado *O Despertador Brasiliense*. Dizia-se ali que a resolução das Cortes era "ilegal, injuriosa e impolítica" e que os portugueses estavam "a fomentar o cisma". Sugeria-se aos brasileiros que se dirigissem a d. Pedro expondo-lhe que o país não poderia perder as vantagens e a representação de que já gozava. Se as Cortes reconheciam que a força da nação reside na união de todas as suas partes constitutivas, não deveriam dividir o Brasil e impedir a permanência do príncipe no país. No mesmo dia em que circulou o *Despertador*, foi dirigida uma representação a d. Pedro pedindo que não partisse.

O decreto que determinava que d. Pedro voltasse a Portugal foi o principal motor da campanha para impedir sua partida. Com o fito de, atingindo seu amor-próprio, fazê-lo desobedecer à determinação das Cortes, jornais e panfletos circularam pela cidade lamentando a situação do regente, chefe de família, lugar-tenente do rei, reduzido à condição de viajar acompanhado de aios, como se fosse uma criança.

    Um deputado português teria dito em tom de deboche que d. Pedro haveria de "aprender línguas nas quatro primeiras estalagens que frequentasse", fazendo alusão naturalmente ao estilo de vida do príncipe, que já era conhecido na Europa. O *Revérbero*, na edição de 1º de janeiro de 1822, tachou esse comentário de indecorosa provocação e exclamou com exagero: "É assim que se fala do jurado herdeiro presuntivo da monarquia!". Na edição de 22 de janeiro, o mesmo jornal exalta a adesão de d. Pedro à causa do Brasil, aproveitando para relembrar a determinação injuriosa das Cortes: "O que não quis reconhecer o Congresso composto dos sábios portugueses reconheceu um jovem príncipe que eles queriam mandar instruir em quatro estalagens!!!".

6. A atuação de d. Leopoldina e o Fico

Apesar da humilhação que lhe era imposta, d. Pedro estava decidido a partir. Outros, no entanto, eram os sentimentos da princesa. Talvez porque interessasse mais à Casa da Áustria firmar-se no Novo Mundo do que em Portugal, tão tradicionalmente preso à Inglaterra. Talvez porque vislumbrasse a possibilidade de que se estabelecesse aqui uma monarquia de caráter mais monárquico que constitucional, tal como a que se estabelecera na França pós-Napoleão. Mas também porque, entre portugueses e brasileiros, as simpatias de Leopoldina tenderiam sempre para os últimos. Em 9 de junho, na carta que escreveu ao pai relatando os fatos do dia 5, ela diz:

> Aqui vive-se uma verdadeira miséria, todos os dias cenas revolucionárias, os verdadeiros brasileiros são boas cabeças e calmos, mas as tropas portuguesas estão cheias de maldade, e meu esposo, infelizmente, gosta dos novos princípios e não parte para corretivos disciplinares como seria necessário, pois

incutir medo é o único meio, de uma forma ou de outra, de fazer parar o levante. Receio que — em seu próprio prejuízo — só tardiamente enxergará a realidade, e eu só posso ver um futuro negro. Deus sabe o que ainda nos acontecerá [...]

Maria de Lourdes Viana Lyra destaca o importante papel desempenhado por d. Leopoldina na defesa dos princípios de uma "liberdade justa e sensata", regulada por uma Constituição monárquica não "demagógica" nem "anárquica" — como aquela que estava sendo elaborada em Lisboa. No entanto, segundo a mesma autora, a participação ativa de Leopoldina nos acontecimentos de 1821 e 1822 significou uma luta não contra Portugal, mas em prol da unidade luso-brasileira e do consequente fortalecimento da monarquia. D. Leopoldina revelou-se

> uma exímia articulista quanto ao tino da política adotada e, sobretudo, quanto aos encargos assumidos na tarefa de convencer a corte de Viena do acerto das novas resoluções da Casa de Bragança, em prol da preservação do sistema monárquico instalado no Brasil.

Foi hábil igualmente na tarefa de discutir com o pai sobre a política do Brasil, reafirmando sempre o seu credo contrarrevolucionário.

Leopoldina acreditava, tal como escreveu a Marialva, que a continuidade da existência de uma corte no Brasil seria "o único meio de preservar a monarquia portuguesa de seu total colapso". A princesa se dedicaria intensamente a convencer d. Pedro a ficar no país. Tanto ela quanto Mareschal acreditavam que, com a permanência de d. Pedro, assegurada a união das províncias à corte do Rio de Janeiro, e com ela a unidade do Estado monárquico, abria-se a possibilidade da adoção de um sistema constitucional que preservasse a autoridade real. Durante os dias que antecederam o Fico, a expectativa de d. Leopoldina era enorme. Em 2 de janeiro de 1822 ela escrevia a Schaffer:

> Ele está mais disposto do que eu esperava; porém, para os brasileiros, é necessário que maior número de pessoas influa sobre ele, pois não está tão seguramente decidido como eu o queria. Aqui se diz: o Exército português quer obrigá-lo a partir — então tudo estaria perdido. Impedir isso é absolutamente necessário.

E em outra carta, de 8 de janeiro, véspera do Fico, ela indagava:

> Receiam-se aqui muitos distúrbios para o dia de amanhã. Terá v. ouvido alguma coisa? O príncipe está decidido, mas não tanto quanto eu desejava. Os ministros vão ser substituídos por filhos do país que sejam capazes. O governo será administrado de modo análogo aos Estados Unidos da América. Muito me tem custado alcançar isto tudo: só desejava insuflar uma decisão mais firme.

A movimentação para fazer que d. Pedro não partisse agitou o Rio de Janeiro. Um grupo liderado por José Joaquim da Rocha, amigo dos Andrada, organizou em sua casa, na rua da Ajuda, o chamado Clube da Resistência, com o objetivo de trabalhar para que d. Pedro ficasse no Brasil. Foram enviados emissários a São Paulo e Minas para garantir a adesão daquelas províncias ao movimento. De São Paulo chegou carta, datada de 24 de dezembro, assinada pela junta governativa, mas redigida por José Bonifácio, na qual se dizia a d. Pedro que, caso partisse, "além de perder para o mundo a dignidade de homem e de príncipe, tornando-se escravo de um pequeno número de desorganizadores", teria também de responder, "perante o céu, pelo rio de sangue que decerto vai correr pelo Brasil com a sua ausência". Pediam-lhe ainda que não partisse sem ouvir a comissão de representantes de São Paulo, que se encaminhava para o Rio de Janeiro a fim de insistir para que ele ficasse. Esse mesmo documento, recebido por d. Pedro no dia 1º de janeiro de 1822, foi enviado a d. João no dia seguinte.

Um manifesto datado de 29 de dezembro pedindo a d. Pedro que ficasse recebeu, entre os dias 8 e 9 de janeiro, 8 mil assinaturas, e foi entregue ao príncipe pelo presidente do Senado da Câmara do Rio de Janeiro no próprio dia 9. Na ocasião, José Clemente Pereira pronunciou discurso redigido por Gonçalves Ledo, pedindo que o príncipe suspendesse a partida, caso contrário antevia grandes males para o Brasil e para a monarquia. Como atestam os jornais da época, a resposta de d. Pedro, naquele que ficou conhecido como o dia do Fico, foi ainda paliativa.

> Convencido de que a presença da minha pessoa no Brasil interessa ao bem de toda a nação portuguesa e conhecendo que a vontade de algumas províncias assim o requer, demorarei a minha saída, até que as Cortes e meu augusto pai e senhor deliberem a este respeito com perfeito conhecimento das circunstâncias que têm ocorrido. [*O Espelho*, 11 de janeiro de 1822]

Só no dia seguinte foi publicado novo edital com a retificação do texto anterior feita pelo Senado e assinada por José Clemente Pereira: "Como é para o bem de todos e felicidade geral da nação, estou pronto: diga ao povo que fico".

7. A jovem imprensa brasileira

Os impressos que circularam no Rio de Janeiro na segunda metade de 1821 foram decisivos para o sucesso da campanha do Fico. Ao leitor de hoje impressiona a vitalidade de uma imprensa tão recentemente liberada. Pois até o começo daquele ano o único jornal que se imprimia no Rio de Janeiro era a *Gazeta do Rio de Janeiro*, que circulou entre 10 de setembro de 1808 e 31 de dezembro de 1822. Impressa na recém-inaugurada Impressão Régia, a *Gazeta* era uma mera reedição da *Gazeta de Lisboa* e não correspondia ao padrão de qualidade que a imprensa já alcançara nos países mais adiantados. Limitava-se a publicar listas de atos oficiais do governo, resumos previamente censurados das folhas europeias e louvores à família real.

A grande influência sobre o jornalismo político que se faria aqui no período da Independência viria de Londres, desde 1808, através do *Correio Braziliense*, de Hipólito da Costa. Liberado de qualquer censura, o jornal criticava abertamente aspectos da política portuguesa relativos ao Brasil. Lido no

Brasil e em Portugal, o *Correio Braziliense* se bateu pela permanência de d. João VI no Rio de Janeiro, contra as políticas retrógradas propugnadas pelas Cortes de Lisboa e, finalmente, em defesa da nossa Independência.

Seria mesmo a partir de 1821 que o panorama da imprensa brasileira se alteraria radicalmente. A Revolução do Porto foi saudada nos três jornais que primeiro surgiram naquele ano: *O Amigo do Rei e da Nação*, de Ovídio Saraiva de Carvalho e Silva; *O Bem da Ordem*, do cônego Francisco Vieira Goulart; e *O Conciliador do Reino Unido*, de José da Silva Lisboa. Todos visavam à continuidade da união luso-brasileira e à permanência de d. João VI no Brasil. Nesses jornais, ao lado do texto laudatório característico dos periódicos da época, esboçavam-se considerações de natureza política, previsões sobre o futuro do Reino Unido e da família real, exaltações ao regime liberal até então ausentes das publicações conhecidas. Durante o segundo semestre de 1821 outros três jornais vieram somar-se a esses: o *Revérbero*, o *Espelho* e a *Malagueta*. Diferiam totalmente dos anteriores, porque, apesar de ainda se desmancharem em reverências diante do príncipe, eram publicados por conta e risco de seus redatores e representavam opiniões divergentes sobre a condução do processo político.

O *Revérbero Constitucional Fluminense* era publicado pelo conhecido líder maçônico Joaquim Gonçalves Ledo e por Januário da Cunha Barbosa, grande orador sacro, cônego da capela real. Depois que estouraram no Rio de Janeiro os decretos de 29 de setembro e 1º de outubro, o *Revérbero* se somou aos demais brasileiros que se manifestavam contra aquelas medidas, e seus redatores se distinguiram na campanha pelo Fico. Quinze dias depois do lançamento do *Revérbero*, em 1º de outubro, Ferreira de Araújo, ex-redator da *Gazeta do Rio de Janeiro*, lançava *O Espelho*, jornal onde d. Pedro publicou, sob pseudônimo, seus primeiros artigos. Ferreira de Araújo vinha de quase dez anos de atuação na imprensa, período durante o qual, além da *Gazeta*, publicara a revista *O Patriota*. Em 18 de dezembro de 1821, quando repercutiam os decretos portugueses, surgia A *Malagueta*, publicada por um personagem controverso e que muito ia dar no que falar: Luís Augusto May.

Os jornais desse período costumavam publicar anúncio dando o preço do exemplar avulso e da assinatura, que poderia ser mensal, trimestral ou semestral. Os valores iam de quatrocentos réis a assinatura mensal, entre 1600 réis e quatro mil-réis a trimestral, e entre quatro mil-réis e dez mil-réis a anual. O exemplar avulso era vendido nas lojas dos livreiros estabelecidos na praça geralmente a oitenta réis, exceção feita apenas ao mais popular, alienado e longevo de todos, o *Diário do Rio de Janeiro*. Este ficaria também conhecido como "o diário da manteiga", pois seu valor unitário, vinte réis, correspondia a uma porção de manteiga. Para ter uma ideia do valor de uma assinatura, basta que se diga, como nos informa Lúcia Bastos Neves, citando Maria Beatriz Nizza, que "uma empada de recheio de ave custava cem réis; um arrátel [medida antiga, correspondente a 459 gramas] de linguiça, 280 réis; e um quartilho [0,6655 litro] de tinta para escrever, 320 réis". As tiragens eram pequenas, entre duzentos e quinhentos exemplares (a dos mais bem-sucedidos), e a maior parte ia mesmo para os assinantes. Deles dependia a sobrevivência do jornal e do jornalista. Num tempo em que o analfabetismo era imenso, muito do que dizia o jornal chegava à população através da leitura coletiva em praça pública ou em tavernas.

8. D. Pedro, abolicionista

Logo um novo jornalista entraria em cena. Hélio Vianna encontrou na divisão de obras raras da Biblioteca Nacional, entre os avulsos impressos em 1822, texto apócrifo intitulado "Carta escrita pelo sacristão da freguesia de São João de Itaboraí ao reverendo vigário da mesma freguesia, narrando os acontecimentos dos dias 9 e 12 de janeiro deste ano", cujo original, escrito com a letra de d. Pedro, encontra-se no arquivo do Museu Imperial de Petrópolis. Trata-se de uma versão muito pitoresca dos episódios que sucederam ao Fico. Conta-se, entre outras coisas, que depois do ato do dia 9 o general Avilez comparecera ao beija-mão "mui amarelo, com semblante carrancudo pelo que se tinha praticado, e não por mais nada, porque ele no seu particular é um *bon vivant et sans façon*". Em seguida, segundo o mesmo relato, d. Pedro teria mandado buscar o cavalo para voltar à Quinta da Boa Vista, pois não queria ir no coche por saber que o povo queria retirar os cavalos. Ele teria dito que afligia-se de ver os "semelhantes dando, a um homem, tributos próprios à divindade" e concluía: "Eu sei que o meu sangue é da mesma cor que o dos negros", atitude que o próprio, escudado pelo anonimato, exaltou: "Grande resposta, meu vigário!!!".

D. Pedro, talvez influenciado por José Bonifácio, talvez por conta das novas ideias que viria a abraçar, talvez ainda como um traço de sua singular personalidade, se manifestaria nesse artigo claramente contra a escravidão. Supõe Hélio Vianna que ele pretendia com isso fazer sugestões para os debates sobre o tema na Assembleia Constituinte. D. Pedro propunha a extinção gradual da escravidão e sua substituição pelo trabalho livre a partir da imigração de trabalhadores europeus, tal como fora proposto por Hipólito da Costa no *Correio Braziliense*.

Poucos foram os intelectuais brasileiros da Independência que se dedicaram a um estudo crítico e sistemático da escravidão: José Bonifácio, João Severiano Maciel da Costa e Hipólito da Costa. Esses primeiros abolicionistas apontavam os danos que a escravidão causava à sociedade brasileira. Hipólito lembrava que "a maior parte de nossos sentimentos e de nossas ações depende da educação que tivemos, e um homem educado com escravos não pode deixar de olhar o despotismo como uma ordem de coisas natural". D. Pedro, no já citado artigo, considerava como um dos maiores males da escravidão a "alteração dos juízos morais" da sociedade.

> Os escravos nos inoculam todos os seus vícios, e nos fazem os corações cruéis, inconstitucionais e amigos do despotismo. Todo senhor de escravo desde pequeno começa a olhar o seu semelhante com desprezo, acostuma-se a proceder a seu alvedrio, sem lei nem roca, às duas por três julga-se, por seu dinheiro e pelo hábito contraído, superior a todos os mais homens, espezinha-os quando empregado público, e quando súdito em qualquer repartição não tolera nem sequer a menor

admoestação, que logo o seu coração, pelo hábito de vingar-se e de satisfazer as suas paixões, lhe não esteja dizendo: "Se tu foras meu escravo...".

Para Hipólito da Costa parecia contraditória a continuidade da escravidão em um sistema constitucional. Como podia o Brasil querer ser uma nação livre mantendo, ao mesmo tempo, o regime de escravidão? Como era possível que o homem branco proferisse os seus desejos de gozar de liberdade tendo ao pé de si o negro escravo?, indagava. Mas suas reflexões eram produzidas no estrangeiro e, como ele mesmo previa, provocaram reações pouco simpáticas por parte das elites brasileiras, dependentes do trabalho escravo para a manutenção de seu status.

> Quando pois falamos a favor desta abolição, contamos de ter contra nós toda a massa da população do Brasil. Porém, se em nossos escritos nunca temeros encontrar-nos com o poder do governo, menos deveríamos hesitar em combater o prejuízo do povo; na certeza de que quem se opõe a algum abuso de sua nação faz-se odioso, porém está certo que as idades imparciais sempre lhe farão justiça.

Escravidão e propriedade foram questões que se entrelaçaram de maneira quase indissolúvel no Brasil durante todo o século XIX. Os chamados liberais brasileiros, muitos deles grandes proprietários, acreditavam que era possível criar em um país escravocrata uma sociedade liberal semelhante à inglesa e à americana. Para tanto, importaram os princípios e fórmulas políticas daquelas, mas ajustaram-nos às suas próprias necessidades. Afastaram-se, na prática, de Rousseau, cuja retórica imitavam, para procurar no liberalismo inglês e no modelo político americano uma fórmula que conciliasse o palavreado que aprendiam nas lojas maçônicas com os seus interesses. O seu liberalismo era retórico no que tangia às liberdades civis e políticas e era prático no que tangia aos interesses econômicos das elites escravocratas. A dificuldade enfrentada tanto por d. Pedro I quanto por seu filho, segundo Wanderley Guilherme dos Santos, consistiu não apenas em promover, na lei, a existência de instituições liberais, mas também em impô-las à ordem escravista existente.

Dentro dessa perspectiva, d. Pedro I foi um governante muito à frente da elite brasileira do seu tempo. Ele afrontou os valores da escravidão, combatendo com vigor o hábito de alguns funcionários públicos de mandar escravos para trabalhar em seu lugar; concedendo lotes aos escravos que libertou na Fazenda de Santa Cruz; no Rio de Janeiro e na Bahia, onde os ricos circulavam em liteiras e qualquer pessoa que pudesse ter dois escravos tinha condições de se fazer transportar pelas ruas numa rede amarrada num pau que os escravos sustentavam nos ombros, lembra Macaulay, d. Pedro andava a cavalo ou circulava numa carruagem puxada por cavalos ou mulas e dirigida por ele mesmo; e, como foi visto, não permitiu que seus súditos lhe prestassem a homenagem tradicional de carregar sua carruagem nas costas por ocasião do Fico.

9. A revolta de Avilez e a morte do príncipe da Beira

A oficialidade portuguesa não se conformara com a decisão tomada por d. Pedro de permanecer no Brasil, e prometia fazê-lo embarcar à força para Portugal. A cidade entrou em ebulição. As tropas portuguesas saíram dos quartéis na tarde de 11 de janeiro, posicionando-se no morro do Castelo. Grupos de vinte e trinta soldados portugueses, armados de cacetes, percorreriam as ruas quebrando vidraças, insultando os transeuntes e praticando outros desacatos contra as casas que tinham posto luminárias por causa do Fico. A notícia dessa agitação deixou em pânico o público do Teatro São João, onde estava d. Pedro, que procurou tranquilizar o povo. No saguão do mesmo teatro, o episódio envolvendo um oficial português embriagado e o oficial brasileiro José Joaquim de Lima e Silva contribuiu para acirrar ainda mais os ânimos. Diz Oliveira Lima que o militar português jurou ao outro que o Brasil continuaria escravo de Portugal e que o príncipe embarcaria, mesmo que para isto tivesse sua espada de servir-lhe de prancha. Na excitação da briga saíram os dois para o largo, e Lima e Silva, voltando para o teatro, contou o ocorrido a vários camaradas, dos quais um, o cirurgião ajudante Soares de Meireles, acompanhou o tenente-coronel José Maria até conhecer que havia um plano de insubordinação e ver mesmo, à sua voz, a divisão começar a pegar em armas e formar no largo do Moura.

No dia 12, o clima era de guerra, com toda a tropa de linha e miliciana do país, incluindo os regimentos dos Henriques e dos Pardos reunidos no Campo de Santana. A estes se juntavam cidadãos de todas as classes, armados como podiam. Entre eles marchavam roceiros, agregados, negros forros, escravos, frades, eclesiásticos e muitos portugueses, empunhando facas, cacetes, clavinotes, dispostos a enfrentar a divisão portuguesa. Mais tarde, em Portugal, Avilez relatava como se chegara àquela situação:

> Na noite de 11 para 12, logo que consegui sossegar os corpos amotinados, fui a São Cristóvão dar parte de tudo a S. A. e pedir-lhe que ordenasse que as outras tropas, milícias e povo, que se achavam no Campo de Santana, fossem para os seus quartéis, porque os de Portugal estavam sossegados. S. A. declarou-me que tudo era por ordem sua, que no outro dia me pusesse com eles pela Barra fora.

A versão contada no já citado artigo de d. Pedro para *O Espelho* corresponde — com a fanfarronice e as cores que o narrador costumava dar aos seus textos — ao relato de Avilez. No mencionado encontro, o príncipe teria indagado ao general diante das outras pessoas que ali se encontravam:

"É isto é que é disciplina?". Respondeu: "Senhor...". E Sua Alteza Real: "Qual senhor, nem meio senhor!". Ele, outra vez: "Está tudo sossegado, mas é necessário que a tropa de terra se desarme". Ao que Sua Alteza Real respondeu: "Eu é que a mandei armar, e não se há de desarmar sem que os outros se desarmem, e vou já tratar de os mandar pela barra fora, e a vossa mercê também, porque eu não estou para aturar maroteiras a ninguém, muito menos ao general e a outros dessa laia".

Ele voltou e veio continuar a desordem.

Avilez pedira demissão e assumira o comando das tropas rebeldes. As tropas da divisão auxiliadora tomaram então o morro do Castelo. Estavam com Avilez menos de 2 mil homens, enquanto, no Campo de Santana, se concentravam mais de 10 mil. Sobre a mistura colorida de povo brasileiro apaixonado, mas desorganizado, que se preparava para enfrentá-lo, teria dito Avilez: "Essa cabrada se leva a pau". Na madrugada do dia 12, o príncipe mandara d. Leopoldina com os dois filhos para Santa Cruz e pedira asilo ao comandante da fragata inglesa *Doris*, capitão Graham, marido de Maria Graham, caso fosse necessário fugir. Na noite do mesmo dia, ele enviou um correio para São Paulo pedindo tropas. Este lá chegou no dia 17, e as tropas paulistas marchavam para o Rio de Janeiro no dia 23. Esperava também tropas de Minas.

Avilez enviou a d. Pedro, no dia 13, um emissário com a proposta de passar suas tropas para a Praia Grande, em Niterói. O príncipe concordou. Na Praia Grande, as tropas de Avilez ficaram sitiadas, cercadas por mar e por terra por tropas fiéis ao príncipe. No dia 14, a *Gazeta do Rio de Janeiro* publicava mensagem de Avilez ao povo da cidade. O ministro da Guerra enviou portaria ao brigadeiro Carretti, imediato de Avilez, no sentido de que embarcasse a divisão nos dias 4 e 5 de fevereiro. Na manhã do dia 9 de fevereiro, tendo constado ao príncipe que ainda não haviam tomado nenhuma providência, este passou para bordo de uma das canhoeiras postadas para prevenir a comunicação das tropas sitiadas com o Rio de Janeiro e ameaçou-os de que, se no dia seguinte, ao amanhecer, não tivessem começado o embarque, não lhes daria mais "quartel em parte nenhuma" e mandaria "abrir fogo". Partiu finalmente a divisão auxiliadora portuguesa no dia 15 de fevereiro. Relatando depois esse desfecho, disse Avilez:

> O sr. d. Pedro não se poupou nem a despesas, nem a fadigas, para fazer sair do Brasil a tropa portuguesa; ele aparecia por toda parte, nos arsenais, a bordo das embarcações, a bordo de um vapor, fazendo rebocar as embarcações de guerra para pôr à frente das tropas portuguesas, com uma atividade frenética que às vezes o levava a cometer excessos que não pareciam de um príncipe.

É possível que a divisão auxiliadora tenha sido estimulada a partir também pela sensação que causara no Rio de Janeiro a morte, na manhã do dia 4 de fevereiro, do príncipe da Beira, João Carlos, filho de d. Pedro e de d. Leopoldina. O príncipe, então com onze meses, teria adoecido em virtude da fuga precipitada da princesa no dia 12. A viagem de doze léguas de São Cristóvão até Santa Cruz, num dia de sol escaldante, agravara males congênitos e vinha, mais uma vez, confirmar a maldição da Casa de Bragança, impedindo que o primogênito viesse a herdar a Coroa de seus antepassados. O sofrimento de d. Pedro, naturalmente sentimental e emotivo, foi imenso. Ele escreveu a d. João dando a notícia e registrando a dor que essa morte lhe causara naquelas circunstâncias: "No meio da tristeza, cercado de horrores, vou, como é meu dever sagrado, participar a V. Majestade, o golpe que minha alma e meu coração dilacerado sofreram". Escrevendo a José Bonifácio para transferir o despacho do

Paço da cidade para São Cristóvão, diria não poder ir visto que "o meu querido filho está exalando o último suspiro, e assim não durará uma hora. Nunca tive (e Deus permita que não tenha) outra ocasião igual a esta, como foi o dar-lhe o último beijo e deitar-lhe a derradeira bênção paterna".

Parte 5

O movimento da Independência

1. José Bonifácio

No dia 18 de janeiro, José Bonifácio de Andrada e Silva — recém-chegado de São Paulo, de onde saíra liderando a delegação que ia pedir ao príncipe que ficasse no Brasil — assumiu o Ministério do Reino e Estrangeiros. José Bonifácio chegava em meio à campanha contra a divisão auxiliadora portuguesa, e sua chegada era aguardada com ansiedade. Tanto que d. Leopoldina, que estava com os filhos em Santa Cruz, foi nos dias 16 e 17 até o porto de Sepetiba esperá-lo. O encontro do cientista com a princesa foi dos mais amáveis, e os dois conversaram longamente. Leopoldina estava radiante de ter ao pé de si e do marido alguém com as qualidades de José Bonifácio: um homem maduro que tinha como especialidade justamente a mineralogia, e que falava perfeitamente o alemão. Talvez José Bonifácio, mais identificado com as ideias políticas dela e que tinha um projeto claro para estabelecer as bases políticas, sociais e culturais da nação brasileira, pudesse influir sobre o príncipe, romanticamente enfeitiçado pelo constitucionalismo retórico.

O encontro de José Bonifácio com d. Pedro também se revestiria de um significado especial. A despeito da diferença de idade — ele com 23 anos, e Andrada chegando aos sessenta —, os dois tinham muito em comum. O ministro, consciente do próprio valor, era pouco inclinado à modéstia; o príncipe, cheio de ambição, era igualmente presunçoso. Apesar da idade, José Bonifácio era alegre, conversador, franco e zombeteiro, usava as palavras de maneira direta, valendo-se mesmo de termos chulos. De temperamentos parecidos, ambos passavam da cólera à alegria, dos negócios de Estado para os casos picarescos com igual facilidade.

José Bonifácio também tivera suas aventuras, e certamente não condenaria o gosto do príncipe pelas mulheres. Este, que abria sua intimidade e seu coração muito facilmente, fascinado pela inteligência, vivacidade e desenvoltura de seu novo ministro, não economizava demonstrações de afeto. Precisando conversar com José Bonifácio, não o mandava chamar: montava em seu cavalo e ia até a casa dele no largo do Rossio, de onde muitas vezes despachava ou recebia visitas importantes. Conta Cochrane que seu primeiro encontro com d. Pedro se deu na casa de José Bonifácio. Nas cartas que escrevia ao ministro, d. Pedro se derramava em declarações, chegando mesmo a tratá-lo como pai: "Se todos os príncipes que quisessem obrar precipitadamente (assim como pelo diabo eu ia fazendo) tivessem um amigo como eu me prezo de ter, eles nunca se deslustrariam, e a sua glória seria multiplicada todos os dias. Graças a Deus que tal me concedeu".

Segundo o historiador anglo-americano Kenneth Maxwell, José Bonifácio é um estadista de porte comparável ao de um Franklin, com quem, aliás, gostava de ser medido. Apesar de sua forte ligação com Portugal — para onde fora aos vinte anos e de onde só retornara 36 anos depois —, ele foi sempre um defensor dos interesses brasileiros. Era de sua lavra o projeto apresentado nas Cortes de Lisboa por seu irmão, Antônio Carlos Ribeiro de Andrada, sob o título "Lembranças e apontamentos do governo provisório para os senhores deputados da província de São Paulo".

Já em seu preâmbulo o projeto deixava claro que era prioridade a conservação da "integridade e indivisibilidade do Reino Unido". Além de preservar todas as conquistas e melhoramentos implementados durante o tempo em que o Brasil foi sede da monarquia, o projeto propunha a criação de um governo geral executivo no Brasil, ao qual estivessem sujeitas as províncias e que se determinassem de imediato os limites dessa subordinação, de forma que ficasse preservado o direito de cada província "tratar exclusiva e livremente dos negócios internos". Propunha ainda que se fizesse logo a demarcação das fronteiras do Brasil com os países vizinhos e das províncias entre si; que todas as terras doadas por sesmaria que não se achassem cultivadas fossem reintegradas à massa dos bens nacionais; que a capital fosse transferida para o interior do país, com o fim de desenvolver o povoamento. O projeto previa igualmente a criação de colégios e universidades e a modernização das técnicas agrícolas e de mineração, além de subsídios para ajudar o trabalhador rural. Recomendava ainda a incorporação dos índios à sociedade. José Bonifácio era favorável à miscigenação natural, pois acreditava que através dela se formaria no Brasil, pela mistura dos vários grupos étnicos, uma nação homogênea sem conflitos raciais. Mais importante que tudo, no entanto, é que seu projeto já incluía a abolição do tráfico de escravos e aconselhava que fosse extinta, o quanto antes, a escravidão.

Primeiro brasileiro a ascender ao ministério, José Bonifácio foi nomeado com amplos poderes. Em 21 de janeiro, ele ordenava que as leis decretadas em Lisboa só teriam validade no Brasil depois de referendadas por d. Pedro. Ele e as demais lideranças políticas que emergiram no processo da Independência estavam convencidos de que a permanência de d. Pedro era indispensável para a integridade do Brasil. O decreto de 26 de janeiro de 1822, que criou o Conselho de Procuradores, dispunha que todas as províncias se uniriam sob a autoridade do príncipe regente. Aquele Conselho de Estado funcionaria no Rio de Janeiro orientando o príncipe e tomando as "medidas mais urgentes e necessárias, a bem do Brasil, e de cada uma de suas províncias, que não podem esperar por decisões longínquas e demoradas". Além disso, atento à necessidade de consolidar a união do país, José Bonifácio alertou d. Pedro sobre a importância de ir o príncipe pessoalmente a Minas Gerais para apaziguar os ânimos e garantir a adesão daquela rica parte do território brasileiro.

Na manhã de 25 de fevereiro, d. Pedro pôs-se a caminho, levando em sua companhia pequena comitiva composta de três auxiliares, dois criados particulares, um moço de estribeira e três soldados. Não quis levar cozinheiro, dizendo-se disposto a comer o que encontrasse pelo caminho. Também não quis programar a viagem, avisando com antecedência onde ia pousar a fim de que preparassem a hospedagem. Preferia dormir sobre uma esteira e fazer da mala travesseiro. A viagem foi um sucesso, alcançando plenamente seus objetivos. D. Pedro saiu-se muito bem nessa primeira prova de ação política fora da corte. Ele chegou de volta ao Rio de Janeiro no dia 25 de abril, depois de uma viagem de oitenta léguas feita a cavalo em menos de cinco dias.

2. Ledo e Bonifácio

Kenneth Maxwell atribui o fato de o Brasil ter sido poupado das agonias por que passou a América espanhola durante o século XIX à perspicácia da geração de 1790. As elites brasileiras dividiram-se, ao longo dos anos de 1821 e 1822, em várias tendências, das quais as mais importantes foram identificadas por Lúcia Bastos Neves como elite coimbrã e elite brasiliense. A elite coimbrã seria aquela parte da elite brasileira ilustrada que frequentara a Universidade de Coimbra entre o fim do século XVI e o início do século XVII e se formara sob a influência do projeto do Império luso-brasileiro. Dela seriam membros influentes, dentre outros, José Bonifácio, Hipólito da Costa e José da Silva Lisboa. Essa parte da elite desejava sinceramente fazer do Brasil a sede do Império luso-brasileiro, e em defesa desse projeto desenvolveria intensa ação nas Cortes de Lisboa. Em contrapartida, seriam também os que combateriam, no front interno, e num primeiro momento, atitudes mais radicais que pudessem levar a um rompimento com Portugal. A elite brasiliense, de vocação republicana e da qual a liderança intelectual mais significativa era Joaquim Gonçalves Ledo, aceitou a monarquia como solução definitiva para a realidade do Brasil, mas não mediria esforços para dar a essa monarquia uma feição republicana.

A questão que se colocaria logo após a posse de José Bonifácio seria a da convocação de uma Assembleia Constituinte brasileira. José Bonifácio era claramente contra. Seu esforço no sentido de criar um conselho de procuradores teria como objetivo último adiar ou mesmo anular o empenho dos que a desejavam. José Bonifácio passara os dez últimos anos do século XVIII viajando pelas universidades europeias com uma bolsa do governo português. Estava na França durante os primeiros anos da Revolução. Escaldado pelo espetáculo do assembleísmo que vira levar a Revolução Francesa ao estágio a que chegou, ele preferia que d. Pedro desse uma Carta para o Brasil, tal como Luís XVIII dera para a França.

A amizade do príncipe e sua irrestrita confiança em José Bonifácio despertaram o ciúme do grupo liderado por Ledo, do qual funcionava como uma espécie de porta-voz o presidente do Senado da Câmara do Rio de Janeiro, José Clemente Pereira. Esse grupo, formado todo ele por maçons, tomou a iniciativa de oferecer a d. Pedro, no dia 13 de maio de 1822, o título de protetor e defensor perpétuo do Brasil. Alegando que o Brasil era capaz de proteger a si mesmo, d. Pedro aceitou apenas o título do "defensor perpétuo", do qual aliás sempre se orgulharia. Desconfiados do constitucionalismo volátil de d. Pedro e da vocação autoritária de José Bonifácio, e também insatisfeitos com os rumos que as Cortes de Lisboa vinham dando às políticas para o Brasil, os maçons iniciaram um movimento para colher assinaturas no sentido de que fosse convocada uma Constituinte brasileira. Essa iniciativa irritou profundamente José Bonifácio. Consta que quando tomou conhecimento dela teria exclamado: "Hei de dar um pontapé nesses constitucionais", e ainda: "Hei de enforcar esses constitucionais na praça da Constituição".

De que lado estava d. Pedro nessa peleja? De São João Del-Rei ele escrevera a José Bonifácio em 3 de abril de 1822: "Uma das coisas de que se há de tratar depois de sabermos como foi recebido Antônio Carlos é a convocação de Cortes no Rio de Janeiro, que me parece de absoluta necessidade e ser o único açude que possa conter uma torrente tão forte". Ciente de que a opinião brasileira queria as Cortes, voltaria à carga, dizendo: ou "nos concedem de bom grado as nossas particulares, ou então eu as convoco". D. Leopoldina, no entanto, continuava a temer o "terrível turbilhão do espírito constitucional", considerando-o tão contagioso a ponto de ela própria se confessar "culpada de sentimentos liberais". Em 23 de junho de 1822, a princesa demonstrava estar apreensiva com toda a movimentação ensejada pela campanha por uma Constituinte brasileira e com a atitude do marido naquele contexto.

> Aqui vive-se uma verdadeira confusão, em todos os lugares reinam princípios modernos, novos e populares [...] trabalha-se na criação de uma Assembleia popular, idealizada à moda democrática como nos estados livres da América do Norte; meu esposo, que infelizmente gosta de todas as novidades, está entusiasmado [...].

Talvez por influência da mulher, de José Bonifácio ou por conta de suas próprias dúvidas, ou ainda por não gostar de ser pressionado, o fato é que a opinião de d. Pedro não ficaria muito clara até a metade de 1822. Apesar de ser grande a influência de d. Leopoldina e de Andrada sobre d. Pedro, ele também era sensível à ideia de dar uma lição nas Cortes portuguesas, que tanto o vinham humilhando, e se empolgara com o ambiente "constitucional" que dominava os debates políticos.

Logo após o Fico, o grupo de Ledo fizera circular no Rio de Janeiro uma representação, sob a forma de abaixo-assinado, em que se pedia ao príncipe regente que convocasse uma Constituinte brasileira. A pressão pela Constituinte ganhou corpo, e o documento conseguiu reunir 6 mil assinaturas. A esse respeito d. Pedro escrevera ao pai, em 23 de maio, dizendo saber que lhe seria entregue naquele dia uma representação do povo brasileiro pedindo a convocação de uma Constituinte e que não poderia recusar isso, pois "o povo tem razão [...] sem Cortes o Brasil não pode ser feliz". Argumentava ainda que: "Leis feitas tão longe de nós por homens que não são brasileiros e que não conhecem as necessidades do Brasil não podem ser boas". Dessa vez, Ledo levou a melhor na disputa com José Bonifácio, e em 3 de junho de 1822 foi expedido o decreto convocando eleições para a Assembleia Geral Legislativa e Constituinte do Brasil.

3. Jornalismo de insultos

Durante o ano de 1822, d. Pedro foi absolutamente brasileiro. Suas cartas ao pai seguiam recheadas de ataques às Cortes e aos portugueses em geral. Seus sentimentos e ideias políticas oscilavam entre os dois grupos que se digladiavam em volta dele, mas que eram ambos brasileiros. Para além da vida pública, no entanto, continuava a gravitar em torno de d. Pedro o mesmo grupo de amigos e validos mais ou menos degenerados que faziam parte de seu círculo íntimo.

Um desses elementos era o militar de carreira José Egídio Gordilho Veloso de Barbuda (primeiro visconde de Camamu), mais conhecido então simplesmente como Gordilho. Nos episódios menos nobres em que d. Pedro se envolveu entre os anos de 1822 e 1823, Gordilho esteve a seu lado. Na descrição de Mareschal, Gordilho era "um homem degenerado, ávido de dinheiro e conhecido por exações inauditas, praticadas após a revolução de Pernambuco, em 1817, quando vendeu a acusados documentos que os comprometiam. O fato tornou-se notório a ponto de terem-no apelidado de 'Quanto vale?'. Todos os possuidores de meios para comprar-lhe a impunidade escaparam ao rigor da lei".

Quando teve início a campanha pela Constituinte, da qual foi o principal veículo o jornal *Correio do Rio de Janeiro*, de Soares Lisboa, correu na cidade o boato de que fora d. Pedro, através de seus validos, que inspirara os impressos que circulavam contra aquele movimento. Para esclarecer a questão, em 30 de maio de 1822 Soares Lisboa mandou a d. Pedro uma carta em que indagava de forma direta: "Senhor, falemos claro, ou V. A. R. quer representação nacional no Brasil, ou não quer?". Enviada a d. Pedro como confidencial, a carta foi usada por Gordilho para abrir processo por crime de injúria atroz contra o jornalista. Quando recebeu a notificação, Soares Lisboa procurou o ministro José Bonifácio em casa e lhe ponderou que parecia desairoso que uma carta confidencial dirigida diretamente a S. A. R. servisse para sobre ela se formar corpo de delito em um tribunal de justiça. Soares Lisboa foi tratado com muita consideração por Andrada e por d. Pedro, que ali se encontrava, e autorizado a publicar nota dizendo que o príncipe "não tem amigos, nem validos, quando se trata da causa da nação".

Soares Lisboa se tornou, desde então, o alvo preferencial dos artigos que d. Pedro publicou, sob pseudônimo, no jornal *O Espelho*. O primeiro deles, de 19 de julho de 1822, assinado pelo "Inimigo dos Marotos", tinha o formato de uma carta endereçada ao "Senhor redator, suposto do *Correio do Rio* e intrépido constitucional, porque lhe faz conta". Dizia que Soares Lisboa, antes do dia 26 de fevereiro, nunca soubera o que era Constituição, e que repetia a palavra sem conhecer-lhe o sentido. Para esclarecê-lo, informava que a Constituição "é aquela lei fundamental feita pelos legítimos representantes do povo à qual todos ficam sujeitos". Mas acrescentava: "Para o sr., que marcha fora das leis, deve ser o azorrague que o há de zurzir e a todos os seus apaniguados". A Constituição, continuava o Inimigo dos Marotos, "não é para montar o despotismo, mas sim para montar e ferrar as esporas no sr., nos do seu partido faccioso e nos traidores do Brasil". Concluía, prometendo: "O sr. há de ferver em pulgas", e lançava uma série de insultos contra Soares Lisboa: "Testa de ferro dos atrapalhadores da causa brasílica", pedante, pedaço d'asno, maroto, pé de chumbo, inchado, bazófio...

D. Pedro voltaria à carga em outro texto, publicado em *O Espelho* em 26 de julho de 1822 — desta vez assinando como "Duende" —, em que faz um divertido relato das eleições de 21 de julho à Assembleia Nacional Constituinte em duas freguesias: São José e Candelária. Um dos amigos de Soares Lisboa teria sido expulso da freguesia da Candelária aos gritos de: "Fora bicudo, fora maroto, fora patife", e segundo o Duende não tivera este outro remédio senão "sair pelo seu pé", para não sair "carregado às costas depois de ter as costas carregadas de lenha".

Em agosto, sob o pseudônimo de "Aristarco" e fazendo um trocadilho entre o nome do cardeal italiano Testa Ferrata e a expressão "testa de ferro", ele continua a campanha contra o jornalista. Diz que, se não soubesse pelos últimos correios da Europa que aquele cardeal ainda vivia, juraria que João Soares Lisboa era herdeiro do seu nome, pois não seria fácil encontrar no gênero humano uma testa mais ferrada que a do referido "Suado Lisboa".

> Houve quem lembrasse entre nós se o sr. Soares descenderia em linha reta do incomparável sargento Aníbal Antônio Quebrantador, um dos heróis que Lesage introduz no seu *Diabo Coxo*, porque ninguém é mais estrondoso em arrotar, mais forte em espumar, nem mais pequeno em argumentar. Como aquele sargento, o sr. Soares desafia as almas do outro mundo, mas

há quem diga pela boca pequena que para se não avistar com as deste corre o ferrolho todas as noites entre elas e a sua pessoa.

O uso da expressão "quem lembrasse entre nós" leva a crer que o artigo foi escrito sob a inspiração do grupo de amigos mais chegados ao imperador. Aristarco também tomava a defesa de seus camaradas, dentre eles Gordilho, cuja reputação seria "invulnerável", cuja "adesão à causa" seria "firmíssima" e "cujo zelo por S. A. R." era "público". Gordilho tinha sido acusado por Soares Lisboa de receber trinta mil-réis anuais como remuneração pela função de guarda-joias do príncipe. Quando lhe foram exigir explicações, Soares Lisboa

> disparou a chorar como um coitado, pensando que lhe viriam sobre as costas todos os armazéns de lenha da Prainha, ou que lhe pretenderiam pôr as tripas ao sol. Não seja tolo, ninguém quer manchar as mãos; como os ministros da justiça não lhe querem mandar correr os banhos, para se casar com a viúva da Prainha, vá guardando o fogo sagrado com as vestais da rua da Vala [atual rua Uruguaiana] e não mude de casa; porque mesmo o senhor é uma vala, onde se lançam todas as imundícies da imoralidade pública.

Teria o grupo de d. Pedro partido para a ameaça direta de agressão física, tal como sugere o trecho acima? Não é improvável.

4. A Independência e a Bonifácia

No dia 14 de agosto de 1822, d. Pedro partiu à frente de uma comitiva com destino a São Paulo. Ia apaziguar os ânimos que sucederam àquela que ficou conhecida como a bernarda de Francisco Inácio. O episódio paulista dizia respeito à política interna daquela província, mas atingia diretamente José Bonifácio, pois fora consequência da divisão que se dera na junta que governava São Paulo, da qual fazia parte seu irmão, Martim Francisco. Em 23 de maio de 1822, os partidários de outro membro da junta, o coronel Francisco Inácio, depuseram Martim Francisco e o fizeram seguir para o Rio de Janeiro. Em seguida, representaram a d. Pedro, contra "o orgulho, o despotismo e as arbitrariedades do coronel Martim Francisco Ribeiro de Andrada". D. Pedro encarou a bernarda de Francisco Inácio como um desafio à sua autoridade, deu a Martim Francisco o Ministério da Fazenda, em 4 de julho, e resolveu visitar a província para aquietá-la em favor dos Andrada.

Na véspera da partida, d. Pedro instituiu d. Leopoldina regente provisória. Por esse ato a princesa se tornou a primeira mulher a ocupar no Brasil a direção do governo. No dia 20 de agosto de 1822, ela escreveu ao pai:

> Já que meu esposo foi obrigado a ir a São Paulo para apaziguar as agitações lá existentes, eu nesse momento fiquei sufocada com todos os negócios; o Todo-Poderoso sabe que nunca tive ambição pelo poder, nunca gostei de reinar, muito menos nas condições atuais; por este motivo, certamente este é o sacrifício mais pesado e maior que eu faço.

Antes de partir para São Paulo, d. Pedro tivera notícias das ofensas que lhe faziam deputados portugueses nas Cortes de Lisboa. Um deles dissera ser necessário pôr embargos ao príncipe na sua "carreira tão criminosamente encetada". O deputado Xavier Monteiro, em discurso pronunciado em 1º de julho, assim descrevia d. Pedro:

> Um mancebo vazio de experiência, arrebatado pelo amor da novidade e por um insaciável desejo de figurar, vacilante em princípio, incoerente em ação, contraditório em palavras, a quem rebelião e obediência, prevaricação e interesse, inteligência e impostura, Constituição e despotismo, pela facilidade com que alternadamente os aprova e rejeita, são coisas ou indiferentes, ou distintas, ou desconhecidas.

No dia 25 de agosto, d. Pedro foi recebido em São Paulo com grandes solenidades. Permaneceu na capital paulista até 5 de setembro, quando seguiu para Santos. Às quatro horas da tarde do dia 7, quando se encontrava na colina do Ipiranga, chegou a toda a pressa o correio da corte, Paulo Bregaro, que lhe vinha trazer documentos e mensagens urgentes de José Bonifácio e de d. Leopoldina. Novas resoluções das Cortes com relação ao Brasil tinham chegado ao Rio de Janeiro no dia 28 de agosto, anulando todas as medidas implementadas pelo gabinete de José Bonifácio e determinando, entre outras coisas, que d. Pedro substituísse os ministros por outros nomeados pelo rei; que fossem eleitas e instaladas juntas governativas nas províncias onde ainda não existissem, e que fosse investigada a responsabilidade do Ministério do Rio de Janeiro em todos os atos de sua administração considerados subversivos.

D. Pedro recebeu esses documentos às margens do riacho Ipiranga. Junto, vinha também uma carta de Antônio Carlos Ribeiro de Andrada relatando que estavam reunidos nas Cortes "inimigos de toda ordem e que não poupavam a real pessoa de V. A. R. de envolta com os ataques ao Brasil". A carta de d. Leopoldina lhe pedia:

> É preciso que voltes com a maior brevidade; esteja persuadido de que não é só o amor, a amizade que me faz desejar, mais que nunca, a sua pronta presença, mas sim as críticas circunstâncias em que se acha o amado Brasil; só a sua presença, muita energia e rigor, para salvá-lo da ruína. As notícias de Lisboa são péssimas.

A estas palavras da futura imperatriz, seguiam-se as de José Bonifácio: "Senhor, o dado está lançado, e de Portugal não temos a esperar senão escravidão e horrores. Venha V. A. R. o quanto antes e decida-se". Quando recebeu esses documentos, às margens do riacho Ipiranga, d. Pedro, tomado de fúria, amarrotou-os e pisou-os. Segundo conta o padre Belchior — um dos membros da comitiva que o acompanhava —, o príncipe estava afetado "por uma disenteria que o obrigava a todo momento a apear-se para prover". Depois, "abotoando-se e compondo a fardeta", ele se reuniu com sua guarda e declarou: "Amigos, as Cortes portuguesas querem escravizar-nos e perseguem-nos. De hoje em diante nossas relações estão quebradas. Nenhum laço nos une mais". Arrancou do chapéu o laço azul e branco, símbolo da nação portuguesa, dizendo: "Laços fora, soldados. Viva a Independência, a liberdade e a separação do Brasil!". Em seguida, desembainhou a espada, no que foi acompanhado pelos militares, e jurou: "Pelo meu sangue, pela minha honra, pelo meu Deus, juro fazer a liberdade do Brasil". Na mesma ocasião, segundo o padre Belchior, de pé nos estribos ele teria afirmado que a divisa do Brasil seria "Independência ou morte!".

Eram quatro e meia da tarde do dia 7 de setembro de 1822. D. Pedro entrou em São Paulo escoltado por sua guarda e dando vivas à Independência. À noite, na Casa da Ópera, ele tocava ao piano o Hino da Independência, de sua autoria, com letra de Evaristo da Veiga. Na noite de sábado, dia 14, d. Pedro estava de volta ao Rio de Janeiro. No dia 17, o presidente do Senado da Câmara do Rio de Janeiro, José Clemente Pereira, mandou espalhar pela cidade cópias da circular dirigida às outras câmaras, determinando que se preparassem as solenidades da aclamação para o dia 12 de outubro, aniversário de d. Pedro. Na sessão do Grande Oriente do dia 7 de outubro, já fora sugerido que o título de d. Pedro devia ser o de "Primeiro imperador e defensor perpétuo do Brasil".

Por trás do cenário de confraternização, porém, crescia a rivalidade entre José Bonifácio e os maçons. Em meio às manifestações pela Independência, o jornalista João Soares Lisboa levou seu entusiasmo longe demais e publicou artigo atribuindo a d. Pedro a declaração de que se o povo brasileiro quisesse a República ele também quereria. A atitude do jornalista foi considerada subversiva, a publicação de seu jornal foi suspensa, e Soares Lisboa recebeu ordem de deixar o Rio de Janeiro no prazo de oito dias. No dia 21 de setembro, d. Pedro, por inspiração de José Bonifácio, mandava suspender os trabalhos das lojas maçônicas enquanto durassem as averiguações acerca de uma suposta conspiração de caráter republicano.

Mas diante das queixas e clamores dos maçons, o imperador recuou, e já no dia 25 escrevia a Ledo dizendo que, tendo sido concluídas as averiguações, os trabalhos das lojas maçônicas deveriam retomar o seu antigo vigor. D. Pedro também reconsiderou a deportação de Soares Lisboa. O jornalista contaria mais tarde que, findo o exíguo prazo que lhe dera o intendente, fora ao imperador pedir a revogação da ordem. D. Pedro lhe teria dito: "É necessário cumprirem-se as ordens do governo. Nada lhe custa fazer uma pequena viagem. Vá e volte, e continue a escrever".

É provável que tenham influído no ânimo de d. Pedro as oitocentas assinaturas e as demais manifestações da maçonaria contra o ministro paulista. No dia 27 de outubro, José Bonifácio pedia demissão. Seu prestígio junto ao imperador continuava tão grande que este se consultou com o próprio José Bonifácio, indo várias vezes à sua casa, para compor o novo ministério, que não chegou a ser nomeado. Entre os dias 29 e 30, tinha curso a campanha no sentido de promover a reintegração do gabinete Andrada. No dia 30, foi feita manifestação popular em frente à casa de José Bonifácio, no Rossio, pedindo sua volta. Sensível a esse movimento, o próprio imperador, junto com d. Leopoldina, foi procurar Andrada. Encontrou-o por volta das cinco e meia da tarde, na altura da Glória, cercado pelos simpatizantes. Abraçando o ministro, d. Pedro lhe disse: "Não tinha eu previsto que o povo se oporia?".

A reintegração de José Bonifácio ao ministério, com todas as honras e ainda maiores poderes, selou o destino dos adversários. Em 2 de novembro foi aberta a devassa que passou à história com o nome de Bonifácia. Acusava de crime de "inconfidência ou conjuração, ou demagogia" o grupo liderado por Gonçalves Ledo. No dia 4 de novembro, o intendente de polícia publicava edital "convocando todos os cidadãos honrados e zelosos da tranquilidade pública" a irem a sua casa "delatar quanto soubessem". A portaria de 11 de novembro, que estendia a devassa a outras províncias, dizia que ela fora motivada pela descoberta, no dia 30 de outubro, da existência de uma "facção oculta e tenebrosa de furiosos demagogos e anarquistas". Os supostos conspiradores — todos os que haviam promovido o abaixo-assinado pedindo a Constituinte — foram presos ou deportados. João Soares Lisboa e Gonçalves Ledo fugiram para Buenos Aires.

5. Outros insultos

Em maio de 1823, já em pleno curso da Bonifácia, d. Pedro voltara à carga contra Soares Lisboa, que se encontrava foragido em Buenos Aires. Sob o pseudônimo de "O Espreita" — em texto muito divertido e repleto de expressões populares —, ele diz que Soares Lisboa tinha ido para Buenos Aires "para estar às sopas de Ledo". Joaquim Gonçalves Ledo, segundo "O Espreita", mal tinha onde dormir e, por ser "mais constitucional e democrata do que" Soares Lisboa, não consentira em manter em sua companhia um "carcunda" que no Brasil passava por republicano.

> Posto isto, [Ledo] disse, com o seu ar de sabedoria congressual: Ó João, vai à tábua, que me não podes servir por tolo e carcunda. O pobre Soares meteu a viola no saco e engoliu pela goela de pato a pírula; mas sendo arquivelhaco, espalhou que o imperador o mandara chamar e assim partiu de Buenos Aires para aqui, onde jaz na cadeia pelo pecado adamítico, segundo ele

diz, porque sustenta a sua inocência. [Suplemento à edição 141 do *Espelho*, de 25 de março de 1823]

No começo de 1823, Luís Augusto May, redator da *Malagueta*, foi alvo do artigo mais violento já publicado no Brasil até então. May, que fizera muito sucesso com a *Malagueta*, parara de publicá-la em julho de 1822 porque fora convidado a assumir o cargo de secretário dos Negócios do Brasil nos Estados Unidos, nomeação que não se concretizara em virtude da insatisfação do neodiplomata com o salário que José Bonifácio estava disposto a pagar. Em dezembro de 1822, May fizera correr o boato de que voltaria a publicar a *Malagueta* para combater o governo. Antes que o fizesse, foi publicado no *Espelho* de 10 de janeiro de 1823 o "Calmante da *Malagueta*". Segundo o artigo, May teria recusado o emprego pensando que assim conseguiria obter uma remuneração maior.

Sem meias-palavras, o autor da carta diz que sua intenção é patentear ao público o caráter do "esturdíssimo, esturradíssimo, constipadíssimo, matoníssimo, politiquíssimo e cacholíssimo" autor de um periódico, cujo nome é de uma pimenta, malagueta, "ou por outra p. que o pariu (a ele)". Referindo-se aos eternos pleitos de May junto ao governo, revela que, no tempo de Tomás Antônio (chamado no artigo de "Estrompador-mor da nação"), ele ia todos os dias à chácara de São Cristóvão beijar a mão de d. João VI, "fazendo mil cortesias de cabeça abaixo, a ponto de lhe poderem chamar o 'Doutor Côncavo'". O "Calmante" também alude ao "papel" que May ameaçara publicar, onde denunciaria as medidas despóticas do ministério, como, por exemplo, as que causaram a saída de "Ledo e Cia.". Lembra o autor do "Calmante", em tom ameaçador, que o mesmo poderia ter acontecido a ele.

Os ataques se alternam em torno dos mesmos temas: a ambição, a incompetência, a cupidez, a bajulação e outras falhas de caráter atribuídas ao redator da *Malagueta*. A parte mais forte vem com a descrição detalhada dos aspectos físicos e morais do jornalista. O "Malagueta" não seria alto nem baixo:

> Os joelhos furam as calças e são alguma coisa metidos para dentro; as coxas por fora não parecem más, se são macias haja vista ao conde das Galveias; [...] a língua é um radical badalo; os beiços acompanham a sobredita; o nariz mostra bem a razão do amor que lhe teve o conde das Galveias.

Essa notável peça jornalística, talvez a única do gênero publicada no Brasil, é atribuída por muitos historiadores a d. Pedro I. E, de fato, quem ousaria escrever de maneira tão desabrida num cenário onde as leis ainda estavam por se fazer e onde jornalistas estavam sendo julgados por abuso da liberdade de imprensa? Quem já pesara a mão em outros artigos contra os adversários? Só o príncipe se abalançaria a tanto. É bem o seu estilo, presente em suas cartas, nos outros artigos que publicou e no anedotário que se criou em torno dele.

O "Calmante do Malagueta" é um texto grosseiríssimo, mas tem seus momentos de grande humor: a descrição do dia de trabalho do burocrata May, de suas pequenas espertezas, é impagável. Mesmo a primeira menção a um possível caso dele com o conde das Galveias tem a sua graça. É de um total desrespeito à memória do admirável diplomata, amigo do conde da Barca, ambos cultíssimos, de maneiras afrancesadas que certamente não agradavam a um príncipe que, como descreveria mais tarde um estrangeiro, tinha os modos de moço de estrebaria.

6. A Constituinte de 1823

A Assembleia Geral Constituinte e Legislativa do Império do Brasil inaugurou seus trabalhos em 3 de maio de 1823. Na noite daquele dia, d. Pedro leu discurso onde José Bonifácio achara por bem inserir a polêmica frase já pronunciada na coroação: "Aceitarei e defenderei a Constituição, se for digna do Brasil e de mim". Logo no início dos debates, o padre Andrade Lima, deputado por Pernambuco, manifestou estranheza diante dessas palavras, que classificou de ambíguas. Elas pareciam dizer que a Assembleia podia prestar-se a elaborar um código que não fosse digno do imperador e do Brasil. Era só o começo dos enfrentamentos que marcariam as relações de d. Pedro com a Assembleia. Logo na inauguração dos trabalhos, estabeleceu o regimento interno que o imperador "entrasse descoberto no salão de sessões". Depois de intensos debates, no dia 10 de junho ficou finalmente resolvido que o imperador, "vindo à Casa das sessões, entre com todas as insígnias próprias da realeza e com toda a pompa".

A Assembleia de 1823 reunia o que havia de melhor e de mais representativo no Brasil. Mareschal, escrevendo a Metternich, informava que a Assembleia era "composta de homens sábios, moderados. Eu mesmo conheço vários que parecem sê-lo". Dentre os noventa constituintes eleitos por catorze províncias, e que de fato assumiram suas cadeiras, constavam: 23 bacharéis em direito, sete doutores em direito canônico, três médicos, dezenove padres (entre os quais um bispo), três marechais de campo e dois brigadeiros, além de alguns proprietários rurais e funcionários públicos. Eram, na maioria, liberais moderados, representantes da ordem e do centro, os espíritos esclarecidos das classes dominantes. Não pertenciam a partidos definidos, pois estes ainda não existiam como tal. Eleitos de forma indireta e através de voto censitário, não representavam certamente a massa de excluídos por aquele sistema. Representavam, na verdade, em grande parte, os interesses da aristocracia rural.

Em um país cuja unidade territorial ainda seria objeto de disputa por muitos anos, contudo, representavam suas diversas partes pela primeira vez reunidas. A primeira Constituinte foi, nesse sentido, um laboratório em que se formularam políticas e se desenvolveram atitudes que marcariam a vida do Império que se estava fundando. Mesmo sendo a maioria de seus componentes de natureza conciliadora, a consequência de sua reunião era imprevisível. Só a experiência, acrescentava Mareschal, poderia provar o que seriam esses homens numa posição inteiramente nova: "Indivíduos eleitos em pontos tão afastados uns de outros, num país em que a civilização está muito atrasada [...] podem muito bem trazer consigo muitas ideias falsas, princípios errôneos e pretensões exageradas".

A questão dos limites do poder do soberano do novo Império, que estivera sempre na pauta de todos os que participaram do processo da Independência, seria tema de acalorados

Ao lado:
Retrato de d. Pedro (criança).
Pintura pela princesa Maria Francisca
Benedita, tia-avó de d. Pedro, 1804.

Retrato de d. Pedro. Gravura por Jean
François Badoureau, segundo desenho
de Jules Antoine Vautier, s.d.

D. Pedro. Litografia por Charles
Etienne Pierre Motte, Paris, 1832.

D. Pedro em 1832. Litografia a partir
de desenho de Henri Petit, 1833.

Acima:
D. Pedro, duque de Bragança.
Litografia de Heaton de Rensburg, s.d.

D. Pedro. Litografia de
Pierre Louis Henri Grevedon, s.d.

[BIBLIOTECA DO INSTITUTO DE ESTUDOS BRASILEIROS — USP.
REPRODUÇÃO: LUCILA WROBLEWSKI]

Partida da família real para o Brasil, em 1807. Litografia.
[FUNDAÇÃO BIBLIOTECA NACIONAL]

O príncipe d. João, que chega ao
Brasil com a corte portuguesa.
Aquarela de Debret.
[BIBLIOTECA MÁRIO DE ANDRADE]

D. Maria I, ainda em Portugal.
[PALÁCIO NACIONAL DE QUELUZ]

Vista panorâmica do Rio de Janeiro com o morro do Corcovado ao fundo. Litografia de Rugendas.
[ACERVO ICONOGRAPHIA]

Carlota Joaquina. Aquarela de Debret.
[FUNDAÇÃO CASTRO MAIA]

"Desembarque de S. A. a Princeza Real do Reino Unido, Portugal, Brazil e Algarves, na cidade do Rio de Janeiro, no Arsenal Real da Marinha." Litografia por Thomas Marie Hipollythe Taunay, s.d.
[BIBLIOTECA DO INSTITUTO DE ESTUDOS BRASILEIROS — USP. REPRODUÇÃO: LUCILA WROBLEWSKI]

Retrato de d. Leopoldina. Gravura por Jean François Badoureau, segundo desenho de Jules Antoine Vautier, s.d.
[BIBLIOTECA DO INSTITUTO DE ESTUDOS BRASILEIROS — USP. REPRODUÇÃO: LUCILA WROBLEWSKI]

Marquesa de Santos. Óleo de Francisco Pedro do Amaral.
[AGÊNCIA ESTADO]

José Bonifácio.
Litografia de Sisson.
[ACERVO ICONOGRAPHIA]

José Clemente Pereira.
Litografia de Sisson.
[ACERVO ICONOGRAPHIA]

Chalaça.
[ACERVO ICONOGRAPHIA]

Marquês de Barbacena.
Litografia de Sisson
[ACERVO ICONOGRAPHIA]

Marquês de Pombal.
[ACERVO ICONOGRAPHIA]

Gonçalves Ledo,
por Oscar Pereira da Silva.
[INSTITUTO HISTÓRICO
E GEOGRÁFICO BRASILEIRO]

Pedro de Menezes,
marquês de Marialva.
[AGÊNCIA ESTADO]

Hippolyto Joseph da
Costa Pereira Furtado
de Mendonça, fundador
do *Correio Braziliense*,
em gravura de H. R. Cook,
baseada em pintura
de G. H. Harlow, 1811.
[ACERVO ICONOGRAPHIA]

Líbero Badaró em seu
leito de morte,
por Hercule Florence.
[ACERVO ICONOGRAPHIA]

Franscisco Vilela Barbosa, marquês de Paranaguá. Desenho de Sisson.
[IN *GALERIA DOS BRASILEIROS ILUSTRES*, EDITADA EM 1859, PELO AUTOR. EDIÇÃO DE 1948 PELA LIVRARIA MARTINS EDITORA S.A., SÃO PAULO.]

Evaristo Ferreira da Silva. Desenho de Sisson.
[IN *GALERIA DOS BRASILEIROS ILUSTRES*, EDITADA EM 1859, PELO AUTOR. EDIÇÃO DE 1948 PELA LIVRARIA MARTINS EDITORA S.A., SÃO PAULO.]

Frei Antonio de Arábida, bispo de Anemoria. Desenho de Sisson.
[IN *GALERIA DOS BRASILEIROS ILUSTRES*, EDITADA EM 1859, PELO AUTOR. EDIÇÃO DE 1948 PELA LIVRARIA MARTINS EDITORA S.A., SÃO PAULO.]

Bernardo Pereira de Vasconcellos. Desenho de Sisson.
[IN *GALERIA DOS BRASILEIROS ILUSTRES*, EDITADA EM 1859, PELO AUTOR. EDIÇÃO DE 1948 PELA LIVRARIA MARTINS EDITORA S.A., SÃO PAULO.]

"Cerimônia da Faustíssima Acclamação de S.M. Senhor d. João VI, Rei do Reino Unido de Portugal e do Brazil, e Algarves, Celebrada no Rio de Janeiro em 6 de fevereiro de 1818." Aquaforte de Debret, 1818.
[BIBLIOTECA DO INSTITUTO DE ESTUDOS BRASILEIROS — USP. REPRODUÇÃO: LUCILA WROBLEWSKI]

A aclamação de d. João VI, retratada por Taunay.
[FUNDAÇÃO BIBLIOTECA NACIONAL]

Leque da Independência.
[MUSEU IMPERIAL DE PETRÓPOLIS]

Coroa e cetro de d. Pedro.
[MUSEU IMPERIAL DE PETRÓPOLIS]

"O Grito do Ypiranga." Litografia anônima, s.d.
[BIBLIOTECA DO INSTITUTO DE ESTUDOS BRASILEIROS — USP. REPRODUÇÃO: LUCILA WROBLEWSKI]

O imperador d. Pedro I. Litografia de Debret, s.d.
[BIBLIOTECA DO INSTITUTO DE ESTUDOS BRASILEIROS — USP. REPRODUÇÃO: LUCILA WROBLEWSKI]

Largo do Rocio, com o Teatro São João ao fundo.
Nas telas dos viajantes, a corte surge como uma cidade
escrava. Rio de Janeiro, c. 1820. Desenho de Arago.
[ACERVO ICONOGRAPHIA]

"Colônia Portuguêsa" e "Constituição Império do Brazil".
Charges em litografia por Angelo Agostini, 1883.
[IN *REVISTA ILUSTRADA*, ANO VIII, Nº 354 — BIBLIOTECA DO INSTITUTO DE ESTUDOS BRASILEIROS — USP.
REPRODUÇÃO: LUCILA WROBLEWSKI]

"Alegoria ao juramento da Constituição". Litografia de Gianni, s.d.
[BIBLIOTECA DO INSTITUTO DE ESTUDOS BRASILEIROS — USP. REPRODUÇÃO: LUCILA WROBLEWSKI]

Constituição de 1824 (alegoria em que aparece
a princesa Maria da Glória). Litografia s.leg., s.assin. e s.d.,
baseada em desenho de Domingos Antonio de Siqueira.
[BIBLIOTECA DO INSTITUTO DE ESTUDOS BRASILEIROS — USP.
REPRODUÇÃO: LUCILA WROBLEWSKI]

D. Pedro I e d. Maria da Glória, alegoria. Litografia de Julein.
[FUNDAÇÃO BIBLIOTECA NACIONAL]

Painel alegórico ao nascimento de d. Maria da Glória, em 4 de abril de 1819. Óleo sobre madeira por Manuel Dias de Oliveira, O Brasiliense, s.d.
[BIBLIOTECA DO INSTITUTO DE ESTUDOS BRASILEIROS — USP. REPRODUÇÃO: LUCILA WROBLEWSKI]

D. Pedro e d. Leopoldina.
Óleo sobre tela por Simplício Rodrigues de Sá, 1826.
[BIBLIOTECA DO INSTITUTO DE ESTUDOS BRASILEIROS — USP.
REPRODUÇÃO: LUCILA WROBLEWSKI]

Acima:
D. Maria da Glória, Maria II
de Portugal. Gravura anônima s.d.
[BIBLIOTECA DO INSTITUTO DE ESTUDOS BRASILEIROS — USP.
REPRODUÇÃO: LUCILA WROBLEWSKI]

Ao lado:
D. Isabel Maria de Alcantara
Brasileira, duquesa de Goiás.
[AGÊNCIA ESTADO]

D. Amélia. Litografia por
Pierre Louis Henri Grevedon, 1830.
[BIBLIOTECA DO INSTITUTO DE ESTUDOS BRASILEIROS — USP.
REPRODUÇÃO: LUCILA WROBLEWSKI]

O marquês de Barbacena pede a mão da princesa Amélia Eugênia Napoleona de Leuchtenberg em nome de d. Pedro.
[BIBLIOTECA DO INSTITUTO DE ESTUDOS BRASILEIROS — USP. REPRODUÇÃO: LUCILA WROBLEWSKI]

O casamento de d. Pedro e d. Amélia.
[BIBLIOTECA DO INSTITUTO DE ESTUDOS BRASILEIROS — USP.
REPRODUÇÃO: LUCILA WROBLEWSKI]

Os três filhos de d. Pedro I que ficaram no Brasil: d. Pedro de Alcântara, d. Francisca e d. Januária. Imagem de 1839.
[MUSEU IMPERIAL DE PETRÓPOLIS]

Partida de d. Pedro I, d. Maria da Glória e d. Amélia para Portugal.

Porto, 8 de julho de 1832. Gravura de Wunder,
com base em desenho de Johann Michael Voltz, s.d.
[BIBLIOTECA DO INSTITUTO DE ESTUDOS BRASILEIROS — USP. REPRODUÇÃO: LUCILA WROBLEWSKI]

D. Pedro IV na Serra do Pilar.
Litografia de Francisco de Paula Graça, s.d.
[BIBLIOTECA DO INSTITUTO DE ESTUDOS BRASILEIROS — USP.
REPRODUÇÃO: LUCILA WROBLEWSKI]

D. Pedro e d. Miguel em caricatura de Daumier,
publicada no número 140 de *La Caricature*,
11 de junho de 1833.
[IN COTRIM, ÁLVARO (ALVARUS). *DAUMIER E D. PEDRO*, RIO DE JANEIRO:
MINISTÉRIO DA EDUCAÇÃO E CULTURA / DEPARTAMENTO DE IMPRENSA
NACIONAL, 1961]

Morte de d. Pedro, 24 de setembro de 1834.
Litografia de Nicolas Eustache Maurin, s.d.
[BIBLIOTECA DO INSTITUTO DE ESTUDOS BRASILEIROS — USP.
REPRODUÇÃO: LUCILA WROBLEWSKI]

debates desde a inauguração dos trabalhos. Por trás da discussão em torno de coisas aparentemente banais — quando vier à Assembleia, deve o imperador se apresentar coberto, ou descoberto; deve ter um assento mais alto, ou igual ao do presidente? —, estava em jogo a definição de quem era a maior autoridade: o imperador, ou os deputados reunidos. Dali se seguiriam os temas mais cruciais: se as leis feitas pela Constituinte dependeriam da sanção do imperador para ser implementadas; se o imperador teria o direito de propor leis; se teria o direito de vetá-las; se teria o poder sobre as armas, ou se este ficaria submetido à Assembleia.

Em uma longa carta d. Leopoldina procurou explicar a Francisco I qual era o modelo de Legislativo que, a seu ver, seria definido pela Constituinte.

> A Assembleia é formada de duas câmaras, o imperador dispõe do veto absoluto, cabe-lhe a escolha do conselho privado e dos ministros, sem que deva existir a mínima oposição ou intromissão [...] o imperador possuirá todos os atributos que fortalecem o bom sucesso do seu poder; assim é o chefe principal do Poder Executivo e da máquina política.

Era um projeto diametralmente oposto ao que propunham os constituintes liberais, e esse debate incendiaria as páginas da jovem imprensa brasileira. Leopoldina garante, em suas cartas, que a constitucionalidade da monarquia pouco alteraria o âmbito das prerrogativas do poder e da autoridade imperial. Frei Caneca, no veto da Câmara do Recife ao projeto da Constituição, chamará a atenção justamente para a excessiva concentração de poderes atribuída ao Executivo, o que tornaria o imperador chefe absoluto da máquina do Estado, como Leopoldina assegurara ao pai que seria.

Desde o começo, d. Pedro demonstrara seu desagrado

com as tentativas da Assembleia de limitar seu poder. Fora estimulado a isso por José Bonifácio, que temia que a autonomia das províncias proposta pelos partidários do modelo federativo levasse à fragmentação do país e que a continuidade das disputas na Assembleia acabasse por reproduzir os excessos a que assistira na França. Mais de uma vez ele insinuou que, se os rumos da votação indicassem a redução dos poderes do imperador, era muito provável que D. Pedro viesse a dissolver a Constituinte.

7. A queda do gabinete Andrada e a dissolução da Constituinte

Depois da publicação do "Calmante", Luís Augusto May foi ao imperador solicitar uma reparação e obteve dele a promessa de que faria publicar no *Diário do Governo* uma nota de repúdio ao artigo. O jornalista também foi promovido — "em atenção à sua probidade, inteligência e bons serviços" — a oficial-maior. Imaginaram talvez, o imperador e seus amigos, que assim calariam o jornalista, tão sensível a esse tipo de graça. Mas depois de aguardar sem sucesso, por três meses, que d. Pedro se manifestasse contra "a publicação suja do *Espelho*", May resolveu lançar a *Malagueta Extraordinária* nº 2. Nela lembrava a nota prometida pelo imperador, onde ficaria demonstrado que o governo não tinha tomado parte naquela ofensa que a "todos pareceu ter saído de baixo dos auspícios de alta proteção". Agradecia certa mercê reparadora do "mal que outros haviam feito", certamente referindo-se à promoção, e acusava diretamente os Andrada, relembrando "os excessos que se seguiram à derrota de Ledo". Na noite do dia seguinte, 6 de junho, um bando de embuçados — quatro, cinco ou mais, diferem os relatos — armados de cacetes e de espadas apareceu em sua casa e perpetrou no Malagueta aquilo que na linguagem da época se chamava "assassínio".

> Eles levavam espadas nuas e paus grossos, que eu vi e com os quais perpetraram em minha pessoa o massacre que constou de grande primeiro golpe de espada que foi aparado no castiçal, e na mão esquerda, e do qual resultou o aleijão e ferida aberta que ainda hoje conservo, de mais cinco golpes ou cutiladas, maiores e menores, na cabeça, que se me deram enquanto as luzes se não apagaram, além de dez ou doze contusões violentas no pescoço e corpo, de que resultou também o aleijão do dedo índex da mão direita. [Trecho do protesto feito à face do Brasil inteiro por Luís Augusto May em 31 de março de 1824]

A repercussão do atentado contra o Malagueta foi imediata, sendo logo denunciado na Assembleia como exemplo da intolerância e do desrespeito à liberdade de imprensa. O atentado foi atribuído aos Andrada, e contribuiu para o seu enfraquecimento. João Soares Lisboa diria a propósito: "Não digo que José Bonifácio foi o autor de tão negro crime, porém tanto peca o ladrão como o consentidor" (*Correio do Rio de Janeiro* de 6 de novembro de 1823). A verdade é que ninguém ousava pronunciar o nome do principal suspeito: o próprio d. Pedro. Na Câmara, o deputado Antônio Carlos Ribeiro de Andrada, irmão de José Bonifácio, discursaria depois sobre o episódio, dizendo: "É público e todo mundo sabe quem foram os assassinos do Malagueta". Mas apesar de desafiado por Soares Lisboa, o deputado não os denunciou.

Otávio Tarquínio de Sousa acha que o mais provável é que a ideia do atentado tenha partido mesmo de d. Pedro. Em carta a Metternich, Mareschal é positivo a esse respeito:

o atentado contra o Malagueta fora obra do imperador. Diz Varnhagen que José Bonifácio só soube do atentado dois dias depois e que, além de Pais Leme, de cujo bolso caíra uma carta, tinham tomado parte na agressão Berquó e Gordilho, amigos inseparáveis de d. Pedro. A tal não se aventurariam sem a anuência dele. May, no protesto publicado em março de 1824, desmentiu o boato de haver sido desafiado ou ameaçado por José Bonifácio na tarde do dia da agressão. E finalmente, em 1832, inocentou os Andrada na Câmara dos Deputados. Do exílio, Bonifácio falaria com amargura sobre o episódio:

> Com que fingimento me não quis o imperador assegurar que não aprovava o dirigir a imprensa, que era justo e constitucional deixar reclamar contra os ministros. É prova de que já então projetava derribar o ministério e aviltar os homens que lhe tinham posto a coroa na cabeça: mas quando o doido do May escreveu contra ele, prorrompeu na atrocidade que todos sabem.

Se o ano de 1822 foi o ano da glória para José Bonifácio, 1823 foi o ano da sua desgraça. Não chegaria ao segundo semestre como ministro. No começo de sua relação, sempre que precisasse, d. Pedro não hesitaria em pegar seu cavalo e ir à casa de José Bonifácio, dando ensejo a comentários do tipo: "Ali está o príncipe, ajudante de ordens do ministro". A natureza complicada de d. Pedro fazia que fosse, por um lado, extremamente receptivo e, por outro, igualmente desconfiado e sensível a fofocas e intrigas. Ao mesmo tempo, era como o pai: ciumento do trono, não admitia que outro homem se considerasse acima dele. Vendo-o tão chegado ao ministro, não faltou quem lhe soprasse aos ouvidos que José Bonifácio se julgava superior a ele.

Na manhã de 16 de julho de 1823, pouco mais de um mês depois do espancamento do Malagueta, caiu o gabinete

Andrada. Contribuiu certamente para a sua queda o rigor com que José Bonifácio perseguira seus adversários. Some-se a isso também o início das atividades da Assembleia, em maio de 1823, restabelecendo uma atmosfera mais democrática, que minaria gradualmente sua autoridade. Tendo silenciado temporariamente os democratas, José Bonifácio viu aprofundar-se, em meio aos que inicialmente o apoiaram, a divisão de interesses entre os nascidos no Brasil e os portugueses.

Verificou-se que a Independência contribuíra para deixar mais clara a diferença entre uns e outros. Os portugueses formavam a classe mais abastada e socialmente representativa do país. Num tempo de convulsão política e de exacerbação do nacionalismo, tornava-se flagrante a insatisfação dos brasileiros contra os seus privilégios econômicos e sociais. Os comerciantes e demais portugueses atingidos pelo decreto de 12 de novembro de 1822, que declarava sem efeito as graças concedidas a pessoas residentes em Portugal, e pelo decreto de 11 de dezembro do mesmo ano, que mandava sequestrar as mercadorias, prédios e bens pertencentes a vassalos de Portugal, somaram sua força à dos liberais perseguidos pelo ministro.

Com a instalação da Assembleia, os democratas que tinham sido vítimas da Bonifácia elegeram como prioridade derrubar o gabinete Andrada e, para tanto, acabaram por se aliar aos absolutistas e aos neutros. É preciso lembrar que entre os democratas contavam-se grandes senhores de terra e comerciantes portugueses, e que de sua agenda de reivindicações políticas nunca constou a libertação dos escravos. Os arrojados projetos de José Bonifácio de abolição do tráfico de escravos e até da própria escravidão, sua proposta de reforma agrária e o rigor de sua política econômica, que descartava empréstimos internacionais, não agradavam a esse pessoal.

Um acidente contribuiu para precipitar o declínio de sua estrela. D. Pedro sofreu uma queda do cavalo na noite de 30 de junho. Passou todo o mês de julho preso ao leito, recuperando-se da fratura de duas costelas. Toda a cidade foi ao palácio para ver o imperador. Dos deputados, apenas três, os mais radicais, deixaram de ir visitá-lo. Aproveitavam todos para levar-lhe queixas contra o ministério. Certamente a surra no May, que muitos acreditavam ter sido obra de amigos de José Bonifácio, contribuiu para a queda do ministério. Era típico de d. Pedro deixar que outros levassem a culpa por seus malfeitos. Assim já ocorrera no episódio de 21 de abril de 1821.

Desde o dia em que foram demitidos do ministério, os Andrada começaram a atuar como oposição ao governo, e poucas semanas depois lançavam o seu próprio jornal. O *Tamoio* era, já pelo nome — o da tribo indígena que foi, no Rio de Janeiro do início da colonização, a grande inimiga dos portugueses —, uma provocação contra os lusitanos, dentre os quais se incluía o próprio imperador. Um definidor dos campos em que se dividia a imprensa de oposição no Rio de Janeiro, nos três meses anteriores à dissolução da Constituinte, foi a atitude dos periódicos com relação aos amigos de d. Pedro, francamente identificados com os interesses portugueses. A segunda edição do jornal andradista criticava o fato de, no teatro, Gordilho e outros validos ocuparem a mesma linha dos ministros de Estado, e dizia que muitos brasileiros reclamavam contra a amplamente conhecida influência dos criados sobre d. Pedro. Ao defender o direito do imperador de escolher seus criados particulares, outro jornal, o *Silfo*, identificado com o grupo de Gonçalves Ledo e de Soares Lisboa, dá mais pistas da mudança que se verificara.

> Que influência pode ter em um sistema constitucional o imperante ter criados à vontade? Será isto liberalismo, privá-lo até de vontades familiares? Não o acredito. Declamam mais: que Gordilho influíra na nomeação do ministro da Fazenda. Quem nomearia S. M. naquela crise senão o atual, pelos co-

nhecimentos que tem de finanças e já ali ter servido? Gritam que este ministro em atenção a isto conservava Gordilho em uma casa por menos do seu valor, quando dizem que foi resolução do ex-ministro.

A disputa entre os jornais era sintoma do combate ao elemento português, cuja influência sobre o imperador ia aumentando, justo no momento em que mais se exaltava o sentimento antilusitano dos brasileiros. Gordilho era então tido como um dos líderes de um grupo clandestino interessado em promover a reunião do Brasil a Portugal.

Ao lado do *Tamoio*, outros periódicos atacavam a política do novo ministério. Deles, o mais significativo era a *Sentinela da Praia Grande*, onde Francisco Antônio Soares escrevia sob o pseudônimo de "Brasileiro Resoluto". Seu primeiro artigo, publicado na edição número 14 da *Sentinela*, causou grande comoção ao aconselhar que fossem despedidos e expulsos todos os ministros, governadores e comandantes portugueses. Correu no Rio de Janeiro o boato de que o "Brasileiro Resoluto" era o boticário Davi Pamplona Corte Real. Dois militares portugueses foram até a sua botica, no largo da Carioca, na noite de 5 de novembro, e deram-lhe umas bengaladas. Pamplona encaminhou um requerimento à Assembleia denunciando a agressão e pedindo providências.

Antônio Carlos e Martim Francisco, irmãos de José Bonifácio, fizeram-se imediatamente advogados da vítima e esforçaram-se para que aquela agressão fosse tomada como uma ofensa à honra e à dignidade da nação. O apelo surtiu efeito sobre o público, e, no final da sessão do dia 10 de novembro, Antônio Carlos e Martim Francisco foram carregados nos braços pela multidão. D. Pedro assistiu a tudo da janela do Paço que ficava do lado da Cadeia Velha, e mandou toda a tropa e parte da milícia pegarem em armas.

No dia seguinte, ao se reunirem os deputados, souberam que todos os corpos da guarnição se achavam em armas em São Cristóvão. Começou então aquela que seria a última sessão da primeira Assembleia Geral Constituinte e Legislativa do Império do Brasil, com os protestos dos deputados, liderados por Antônio Carlos, contra a reunião das tropas. Logo chegava ofício do novo ministro do Império, Vilela Barbosa, participando que os oficiais tinham representado a d. Pedro I contra os insultos feitos à sua honra e à pessoa do próprio imperador por certos redatores de periódicos. Ele concluía aquele ofício com o pedido de que a Assembleia tomasse as providências cabíveis, punindo os responsáveis pelo *Tamoio* e pela *Sentinela*, que eram os irmãos Andrada. Liderados por Antônio Carlos e Martim Francisco, os deputados decidiram continuar em Assembleia permanente até que o governo dispersasse a tropa. Ao longo da tarde e da noite do dia 11 e da madrugada do dia 12, os deputados discutiram a proposta do governo.

Pouco depois das dez horas da manhã do dia 12, compareceu o ministro do Reino, Vilela Barbosa, para dar esclarecimentos. Enquanto falava, levantaram-se algumas vozes exigindo que se declarasse o imperador fora da lei. Segundo Varnhagen, d. Pedro soube disso e, antes que Vilela voltasse, já estava lavrado e referendado o decreto de dissolução da Assembleia. Logo foram presos e deportados os três irmãos Andrada, e com eles seus seguidores mais chegados. Poucos dias depois, edital do intendente de polícia, Estevão Ribeiro de Resende, datado do último dia 20, prometia que qualquer pessoa que lhe viesse denunciar quem eram os autores das proclamações que circulavam na cidade contra o fechamento da Assembleia receberia imediatamente 400 mil-réis.

No decreto que dissolveu a Assembleia Constituinte, d. Pedro dizia que, tendo-a convocado e havendo esta faltado ao juramento de defender a integridade e a independência do Império e sua dinastia, a dissolvia e convocava uma outra, à qual seria por ele apresentado um projeto mais liberal que aquele que fora elaborado. Em 16 de novembro de 1823, d. Pedro I publicou documento onde dava ao povo a versão dos fatos que o levaram a dissolver a Assembleia. Dizia que agira por ver "a pátria em perigo e por acreditar que males extraordinários exigem medidas extraordinárias". Mas afirmava que desejava e queria restabelecer o sistema constitucional.

Parte 6

Entre brasileiros e portugueses, liberais e absolutistas

1. Mudança dos ventos na política de cá e de lá

É homem de ação, ativo e zeloso; mas infelizmente não observa sistema algum, nem tem plano fixo de governo; seus ministros são meros executores, absolutamente passivos, da sua vontade e não têm bastante independência para ousar dizer-lhe a verdade. Ele os conhece e não lhes dá a menor importância; trata-os com muito atrevimento. Nenhum goza de sua completa confiança. [Mareschal]

Os nove anos de reinado de d. Pedro I foram anos de divisão: divisão do país, entre os portugueses aqui estabelecidos e os naturais; divisão de ideais, entre os que apostavam num modelo mais liberal (com suas numerosas variações) e os que preferiam a forma absolutista. D. Pedro viveu aqueles anos também dividido. Ora sua pouca cultura, que era basicamente liberal, o atraía para o lado daqueles, ora seu temperamento autoritário e a tradição de sua dinastia o impulsionavam no sentido do absolutismo. Ora o seu amor à terra em que crescera e que o adotara o fazia brasileiro, ora a sua fidelidade à pátria onde nascera e à história à qual estava relacionada a da sua dinastia o fazia português. Lembra Marco Morel que, quando se iniciou na maçonaria, em 1822, d. Pedro adotou o pseudônimo de "Guatimozim", o último imperador do México, morto pelos conquistadores espanhóis. Ensaiava-se desse modo uma legitimidade americana, como se o futuro imperador do Brasil fosse um sucessor moral ou político dos índios. Amálgama logo abandonado por d. Pedro, que se proclamaria sucessor dos seus verdadeiros ancestrais, os reis de Portugal.

Durante o primeiro ano de sua Regência ele foi franca e sinceramente português. No ano seguinte, depois do Fico e da Independência, foi franca e sinceramente brasileiro. Depois da dissolução da Constituinte, era novamente português, e eram portugueses seus ministros e as pessoas que o cercavam e, apesar do liberalismo da Carta que outorgou, a maior parte de suas ações, de 1824 a 1826, foram as de um déspota. No fundo, diz Tobias Monteiro, ele era um déspota liberal que queria outorgar por suas próprias mãos a liberdade, mas que não admitia partilhar essa magnanimidade com outro poder.

A saída de José Bonifácio do ministério foi seguida por uma onda de radicalismo antilusitano que atingiu seu ápice nos episódios que resultaram na dissolução da Constituinte. A campanha andradista através dos jornais e da Assembleia empurrou d. Pedro ainda mais para os braços dos portugueses. Pode-se dizer que a política dos irmãos, principalmente dos dois mais novos, ajudou a radicalizar a posição de d. Pedro. A insatisfação dos ricos comerciantes e proprietários portugueses e dos políticos liberais, também portugueses, que tinham permanecido no Brasil com o governo de José Bonifácio, encontrou apoio nos interesses das pessoas próximas ao imperador e que sobre ele tinham grande influência.

Em Portugal, a volta do rei, a conspiração liderada por

d. Carlota, a declaração da Independência do Brasil provocada pelas trapalhadas dos deputados portugueses, além da profunda crise econômica em que o país se via mergulhado desde as invasões napoleônicas, provocaram a queda da Assembleia e o sucesso da Vilafrancada (27 de maio de 1823). O golpe preparado por d. Carlota visava ao fim do constitucionalismo e à volta do absolutismo, pretendendo levar de cambulhada o rei, que deveria abdicar em favor de d. Miguel. Mas sempre amparado por bons conselheiros e dono de uma ótima estrela, d. João mais uma vez inverteu o jogo, aderindo prontamente ao movimento e marchando à frente das tropas ao encontro de d. Miguel, que não teve outro remédio senão aclamar o pai junto com o povo.

Feito novamente rei absoluto, d. João preferiu manter-se fiel a alguns princípios constitucionais. Afinal, a Constituição lhe servia para proteger-se da mulher e do filho caçula. D. João também não se conformava com a Independência do Brasil e pretendia reverter o quadro se reaproximando de d. Pedro. De modo que sua primeira providência foi mandar uma comitiva ao Brasil para restabelecer a ligação entre os dois reinos. Essa deputação, bem como as cartas enviadas a d. Pedro, não foi recebida. O imperador vivia naquele momento a crise que resultaria na dissolução da Constituinte e enfrentava as desconfianças dos brasileiros acerca da suposta intenção de voltar a unir os dois reinos sob a sua coroa. Para provar o contrário, ele declarou publicamente que só restabeleceria a comunicação com Portugal quando fosse reconhecida a Independência do Brasil.

Em 20 de dezembro de 1823, o projeto da Constituição foi apresentado. A Câmara do Rio de Janeiro encaminhou uma petição ao imperador para que prescindisse da convocação de uma nova Assembleia Constituinte e o promulgasse como a Constituição do Império. Feita consulta às câmaras das vilas e cidades, depois que metade dos governos municipais concordou com a iniciativa da Câmara do Rio de Janeiro, o projeto foi proclamado pelo imperador em 25 de março como a Constituição do Brasil.

D. Pedro prometera dar ao país uma Constituição duas vezes mais liberal do que a que estava sendo feita. De fato, segundo Macaulay, ele proporcionou uma Carta invulgar, sob a qual o Brasil salvaguardou por mais de 65 anos os direitos básicos dos cidadãos de maneira melhor "do que qualquer outra nação do hemisfério ocidental, com a possível exceção dos Estados Unidos". A carta era extremamente liberal em matéria de religião, pois permitia às congregações de judeus e outras comunidades não cristãs manter seus locais de culto. Para debelar os temores de que d. Pedro pudesse assinar algum tratado que prejudicasse a Independência do país, a Constituição proibia especificamente a união do Brasil com qualquer outra nação. Adepto de Benjamin Constant, d. Pedro achava que o sistema de separação de poderes requeria um árbitro. Esse quarto poder, o Poder Moderador, seria exercido pelo imperador para resolver impasses e assegurar o funcionamento do governo. O monarca podia dissolver discricionariamente a Câmara dos Deputados antes do término de seu mandato e convocar novas eleições parlamentares. Para assessorá-lo, a Constituição previa a criação de um conselho de Estado composto de dez membros com mandato vitalício nomeados pelo imperador.

A dissolução da Assembleia Constituinte, em novembro de 1823, aumentou ainda mais a tensão entre brasileiros e portugueses, aos quais se atribuía influência na decisão do imperador de praticar aquele golpe de Estado. Apesar da Constituição outorgada em março de 1824 ser bastante liberal, os atos do governo eram orientados por princípios retrógrados. Só circulavam os jornais da situação, nos quais se identificava uma tendência francamente favorável aos interesses portugueses. Os absolutistas, que nos primeiros tempos tinham se mantido discretos em suas pretensões, agora alegavam que os princípios constitucionais eram inaplicáveis e, nas colunas do *Diário Fluminense*, exaltavam a legitimidade de d. Pedro em detrimento de sua aclamação pelo povo. A Constituição permanecia de fato letra morta, e os acontecimentos políticos do Brasil e de Portugal continuavam repercutindo uns sobre os outros.

Nas províncias do norte, as reações à dissolução da Assembleia foram bastante vigorosas. A Câmara da Bahia, em 18 de dezembro, demonstrou "profundo pesar". Logo em janeiro, a vila cearense Campo Maior de Quixeramobim não apenas se recusou a ratificar a Constituição como declarou o imperante e sua dinastia excluídos do trono e convidou o general José Pereira Filgueiras para organizar um governo republicano. Os principais governos municipais de Pernambuco, as câmaras de Olinda e do Recife, rejeitaram a Constituição e o presidente nomeado por d. Pedro para aquela província. O imperador retirou a primeira indicação e nomeou José Carlos Mayrink, mas Olinda e o Recife queriam que o lugar fosse de Manuel de Carvalho Pais de Andrade. Diante da resistência pernambucana, d. Pedro determinou o bloqueio do porto do Recife pelo capitão John Taylor, com o objetivo de impor o nome de Mayrink.

Os pernambucanos se mantiveram firmes, Mayrink renunciou no final de maio, e Taylor levantou o bloqueio. Pais de Andrade proclamou a independência de Pernambuco em 2 de julho e conclamou as províncias do Nordeste a constituírem uma nova nação: a Confederação do Equador. D. Pedro, em proclamação datada de 27 de julho, indagava: "O que estavam a exigir os insultos de Pernambuco? Certamente um castigo, e um castigo tal que sirva de exemplo para o futuro".

2. Um golpe contra lorde Cochrane: a Confederação do Equador e a Abrilada

O ministério que sucedeu ao de José Bonifácio era partidário dos interesses dos portugueses. Sintoma dessa mudança foi a situação em que se viu envolvido lorde Cochrane. Contratado pelo governo de José Bonifácio para promover a pacificação das províncias do norte, Cochrane realizou essa missão tendo como perspectiva, além do pagamento, as presas de guerra, tal como era prática no tempo e fora acertado com o imperador antes da partida da esquadra. No entanto, quando Cochrane voltou ao Rio de Janeiro, no final de 1823, encontrou a cena política totalmente mudada. José Bonifácio tinha caído, e em seu lugar assumira um governo mais identificado com os interesses dos portugueses estabelecidos no Brasil ou que tinham negócios aqui. Aos projetos dessas pessoas — diz lorde Cochrane na memória que depois escreveu de sua aventura brasileira — era necessariamente fatal a anexação das províncias do norte. As presas de guerra, já que a guerra fora feita contra os que se opunham à Independência — a maioria comerciantes e proprietários portugueses —, eram propriedade dos portugueses. Esses eram os aliados e membros do novo governo.

D. Pedro, livre da tutela de José Bonifácio, passou a sofrer influência desse grupo e mostrava pouca disposição para cumprir o que fora acertado pelo ex-ministro. Para facilitar a conclusão da paz com Portugal (ou até mesmo o projeto não verbalizado de reunificação das duas Coroas), o novo ministério resolveu prolongar a negociação criando um tribunal de presas composto de treze vogais dos quais nove eram portugueses. A comissão de presas votou contra qualquer confisco dos navios portugueses tomados na última campanha. Um navio foi entregue ao seu reclamante português com o conteúdo que não lhe pertencia. Taylor, que havia participado da missão ao lado de Cochrane, foi condenado à perda do dobro de sua parte da presa em benefício dos proprietários da embarcação apresada e sentenciado a seis meses de prisão na ilha das Cobras por destruir navios portugueses que lhe fugiram, ordem que tinha sido dada pelo imperador. Enquanto durou o processo, os navios detidos no porto foram saqueados com a conivência das autoridades portuárias. O tribunal de presas também declarou Cochrane obrigado a restituir as somas que havia recebido pelo resgate da propriedade tomada no Maranhão e na Bahia, decisão que ele se recusou a cumprir.

Cochrane escapou por pouco de ser preso, pois foi informado a tempo de que estava em curso uma conspiração contra ele. D. Pedro havia sido convencido de que, além da quantia que se recusava a entregar, Cochrane escondera a bordo soma muito maior de dinheiro. Sugeriu-se então que, visto estar o almirante vivendo em terra, fosse dada busca no navio durante a sua ausência. Informado, tarde da noite, de que sua casa estava cercada de soldados que pretendiam detê-lo enquanto a nau capitânia era esquadrinhada, Cochrane saltou por cima do muro de seu quintal e partiu para São Cristóvão, onde exigiu ser recebido pelo imperador.

A recusa do camarista a atendê-lo confirmou suas suspeitas. Seguiram-se algumas ameaças, que foram ouvidas por d. Pedro. Este, saindo às pressas do quarto, indagou o que se passava, ao que Cochrane requereu que fossem nomeadas pessoas de confiança para acompanhá-lo numa visita de inspeção, mas ameaçou: "Se alguém de sua administração antibrasileira" se aventurasse a bordo, seria "olhado como pirata e tratado como tal". D. Pedro respondeu: "Pareceis estar informado de tudo, mas a trama não é minha. [...] A dificuldade é como há de a revista dispensar-se". E sugeriu ele mesmo o subterfúgio com que adiaria a medida: "Estarei doente pela manhã". De fato, na manhã seguinte correu a notícia de que o imperador tinha passado mal a noite. Todas as pessoas foram a São Cristóvão se inteirar do estado de d. Pedro, Cochrane inclusive. Ele conta o desfecho desse curioso episódio: "Entrando no salão, onde o imperador [...] estava no ato de explicar a natureza da sua doença [...] dando com os olhos em mim, desatou Sua Majestade, sem poder se conter, numa risada, em que eu mui à vontade o acompanhei".

A Confederação do Equador e o projeto de se estabelecer uma república independente no Nordeste tornaram Cochrane novamente necessário. Ele, que deveria receber 2 milhões de dólares em recompensas, conseguiu receber 200 mil dólares como parte do pagamento que lhe era devido e foi enviado para aquela província. Em 2 de agosto, levando 1200 soldados sob o comando de Francisco de Lima e Silva, ele partiu para o Recife. As tropas de Lima e Silva desembarcaram em Alagoas e iniciaram sua marcha para a capital pernambucana, unindo-se no caminho às milícias leais ao imperador. Cochrane bloqueou o porto e tentou persuadir Pais de Andrade a se entregar.

A revolução foi sufocada no Recife em 17 de setembro

de 1824. Alguns revolucionários liderados por frei Caneca tentaram atravessar os sertões para unir-se aos seus camaradas no Ceará. Em Fortaleza, para onde seguiu Cochrane, um pequeno contingente de fuzileiros navais desembarcado em 17 de outubro assegurou o controle da cidade. Poucas semanas mais tarde, os rebeldes que continuavam lutando no interior do Ceará foram derrotados pelas tropas imperiais. Dezesseis deles foram enforcados ou fuzilados.

Cumprida a tarefa, Cochrane partiu para o Maranhão, onde também restabeleceu o poder imperial. Durante o tempo em que esteve no Nordeste, ele prosseguiu em suas gestões junto ao governo do Rio de Janeiro para receber o que achava que lhe era devido. Maria Graham conta que nos primeiros dias de novembro de 1824, quando Cochrane se encontrava no Maranhão, d. Leopoldina lhe confidenciou que muitas das propriedades confiscadas como presas de guerra que os portugueses reivindicavam para si eram de brasileiros, e que os ministros, todos portugueses, tinham interesses comerciais idênticos aos de Portugal. Para atendê-los, pretendiam que os chefes da esquadra fossem declarados traidores por terem atacado os súditos do rei, d. João VI, alegando-se que a ordem dada era para apenas vigiar a costa. As propriedades confiscadas aos portugueses, munições de guerra ou mercadorias deveriam ser devolvidas, e os que as confiscaram seriam presos e teriam seus próprios bens confiscados.

Com isso se pretendia também livrar o Brasil de dar a Cochrane e aos estrangeiros o pagamento prometido. D. Leopoldina pediu a Maria Graham que transmitisse essas informações ao almirante e lhe dissesse também que, se ele "prezava sua liberdade ou sua dignidade, não entrasse no porto do Rio de Janeiro enquanto estivesse no poder o atual ministério". Maria Graham parece que se desincumbiu bem da missão, pois no dia 1º de março de 1825 a imperatriz escrevia para a amiga dizendo que ficava sossegada e tirava um peso do coração por saber que a outra fizera chegar o recado "ao vosso insuperável e respeitável compatriota, o qual creio que infelizmente só tarde demais será estimado como merece".

De fato, Cochrane, depois de ter permanecido no Maranhão durante longo período tentando receber por bem o que lhe devia o governo brasileiro, acabou levando o que lhe foi possível arrancar daquela província e seguiu rumo aos Açores na fragata *Piranga*. Dali, alegando problemas com o mastro e falta de suprimentos, seguiu para a Inglaterra, de onde continuou trocando correspondência com o Império brasileiro, insistindo em receber o que este ainda lhe devia. Sua ação fora fundamental para, assim como previra e desejara José Bonifácio, promover a unificação do Brasil. Em 1825, quando foi firmado com Portugal o tratado de reconhecimento da Independência, todo o território nacional, do Amazonas ao Prata, estava submetido ao imperador.

A Confederação do Equador, que além de Pernambuco se estendeu a outras três províncias vizinhas, foi o pretexto para o adiamento da reunião da Assembleia. Para punir os implicados naquela revolta, o governo instituiu, em 25 de julho de 1824, o sistema das comissões militares, procedendo ao julgamento sumário dos rebeldes. A execução de frei Caneca e de outros réus da Confederação aumentou as suspeitas sobre a sinceridade constitucional do imperador.

Um episódio sombrio que faz parte do repertório de lendas que cercam de uma aura tenebrosa a rainha Carlota Joaquina diz respeito à cabeça de Ratcliff. Esse português de origem irlandesa, que foi executado no Rio de Janeiro por seu envolvimento com a Confederação do Equador, depois da execução teve a cabeça separada do corpo e conservada em salmoura para ser enviada a Portugal. O presente macabro destinava-se à mãe de d. Pedro. Carlota odiava Ratcliff por ter sido ele quem, como oficial de secretaria em Lisboa, lavrou o decreto de seu banimento quando ela se recusou a jurar a Constituição portuguesa. Depois da vitória absolutista, em 1824, Ratcliff fugira para o Brasil e se aliara aos partidários da Confederação do Equador.

Por decreto de 10 de setembro de 1824, o imperador ordenou que Ratcliff e seus companheiros fossem sentenciados rapidamente. O processo foi iniciado em outubro de 1824, e depois de ouvidas as testemunhas foi proferida a sentença de condenação à morte, em 12 de março de 1825. A maçonaria se mobilizou para tentar obter o perdão. Apesar dos recursos interpostos, cinco dias após a sentença Ratcliff subia ao patíbulo. A intransigência do imperador era incompatível com o seu declarado espírito constitucional, e o enforcamento do réu consternou o Rio de Janeiro. D. Pedro — chamado por Ratcliff de *despote jeune et vindicatif* — resistiu a todos os apelos para poupar um personagem cuja importância para os acontecimentos pernambucanos era irrelevante.

A Constituição outorgada assegurava aos cidadãos o direito ao julgamento regular. Temia-se que d. Pedro, estimulado pela recomendação que lhe fizera o pai no dia de sua partida, de que se apoderasse da Coroa do Brasil, promovesse uma reforma na Constituição com o fim de torná-la menos democrática. Mas de fato, com a redução de Pernambuco, d. Pedro se viu enfeixando todos os poderes. A partir de então seu governo adquiriu feição francamente autoritária.

Em Portugal, d. Carlota continuava a tramar contra o marido, em favor de d. Miguel. Após a atuação decisiva que tivera no movimento da Vilafrancada, tal como acontecera com d. Pedro no Rio de Janeiro, em fevereiro de 1821, d. Miguel começou a tomar parte ativa nos negócios do governo, assumindo o comando militar. Títere da mãe, aproveitou o poder que lhe coube para perseguir, contra a vontade do pai, os constitucionalistas e liberais. Em abril de 1824 ele tentaria novo golpe para assenhorar-se da Coroa. Sob o pretexto de que d. João estava sendo ameaçado pelos liberais, ele manteve o rei prisioneiro no palácio e, durante nove dias, junto com seus partidários, promoveu grandes agitações na cidade. Quem salvou d. João do aperto dessa vez foi o embaixador da França, o barão Hyde de Neuville. Informado do que se tramava, esse diplomata reuniu-se com os colegas da Inglaterra, da Rússia e da Áustria para garantir a segurança de d. João. Destemido, o barão de Neuville foi ao palácio e exigiu em nome de seu governo ser recebido pelo rei que se achava "protegido" por guardas fiéis a d. Miguel e à rainha. D. João deixou o palácio escoltado pelos diplomatas e foi abrigar-se em navio de bandeira inglesa, que, ostentando o pavilhão português, passou a ser a sede da Coroa. De lá d. Miguel foi convocado a se apresentar.

O príncipe pediu perdão ao pai, mas foi imediatamente preso. Segundo os relatos, enquanto esteve detido no porto comportou-se como um louco, gritando para os barcos e jogando objetos e papéis pela escotilha do navio. Deportado para a Áustria sob o pretexto de completar ali a sua educação, d. Miguel foi fazer companhia ao malogrado rei de Roma, o duque de Reichstadt, filho de Napoleão e Maria Luísa, que vivia sob a tutela de Metternich. Remoendo seus ressentimentos, sofrendo com a separação do filho, d. Carlota isolou-se completamente no Ramalhão, e d. João VI pôde se dedicar ao seu projeto de recompor o Império. Depois da frustrada missão de 1823, tiveram início as longas negociações do reconhecimento da Independência do Brasil por Portugal, intermediadas pela Inglaterra. D. João fez pé firme em manter para si o título de imperador nominal do Brasil, na esperança talvez de que um dia d. Pedro voltasse a unir os dois reinos.

3. A bela Domitila e seu marido, Felício

Quando d. Pedro assumiu a Regência, Silvestre Pinheiro manifestou o receio de que ele viesse a fazer ministros "alguns dos muitos depravados que o rodeavam e mais de uma vez tinham surpreendido a sua inexperta boa-fé". Referia-se certamente a pessoas como Gordilho, o barbeiro Plácido e o Chalaça.

    O mais célebre valido de d. Pedro foi Francisco Gomes da Silva, que passou à história como "o Chalaça". Nascido em Lisboa, em 22 de setembro de 1791, o Chalaça era filho de Maria da Conceição Alves, empregada doméstica, e de seu patrão, o visconde de Vila Nova da Rainha. Ele esteve interno no seminário de Santarém até 1807, de onde saiu para acompanhar a família real em sua fuga para o Brasil. No Rio de Janeiro, em 1810, foi feito faxineiro do Palácio de São Cristóvão, sendo expulso de lá em 1816 por ter se envolvido com uma dama do Paço. Estabeleceu-se então com uma barbearia na rua do Piolho (hoje rua da Carioca), onde exercia também as funções de dentista e sangrador.

Amancebou-se depois com Maria Pulquéria, a famosa "Maricota Corneta", dona de uma hospedaria na rua das Violas (hoje Teófilo Otoni). Em 1818 já o vamos encontrar sócio de Sebastião Cauler em um botequim no Arco do Teles, ambiente festivo, marcado pela presença de boêmios, jogadores e cantores populares e que era também frequentado por d. Pedro. Após a partida do rei, o Chalaça voltou ao serviço do Paço.

Segundo Armitage, o Chalaça "tinha um caráter bulhento, extravagante, insolente e dissipado; mas era franco em suas maneiras, gracioso na conversação, incansável em qualquer serviço a seu cargo e amigo sincero de d. Pedro". Estava também sempre pronto a servir ao seu amo em todas as circunstâncias, sem escrúpulos, inclusive como pombo-correio das conquistas femininas. Grande gozador, conquistando com esse talento as graças do seu amo, Francisco Gomes bem merecia o apelido que lhe deu d. Pedro: Chalaça.

A tensão do primeiro ano da Regência e do ano seguinte, após o Fico, em que de alguma forma o poder esteve nas mãos de gente como o conde dos Arcos, o general Avilez e José Bonifácio, impediu que aquilo que Silvestre Pinheiro temia se tornasse realidade. Mas depois da dissolução da Assembleia Constituinte, d. Pedro havia finalmente, segundo Armitage, "obtido o gozo da autoridade livre e suprema, pela qual tanto anelara". Essa aquisição, no entanto, diz o mesmo autor, tirara-lhe todo o estímulo para exercitar seus talentos ou para encobrir as suas imperfeições.

A permanente desconfiança que tinha de homens mais cultos ou educados que ele levou-o, gradativamente, a cercar-se de aduladores, afastando de si os homens probos. Diz Armitage que, depois de 1824, d. Pedro continuou "a frequentar cordial e familiarmente indivíduos de todas as classes [...] sua conversação era imprópria para o fazer respeitar quer pelo lado da moralidade, quer pelo dos talentos". Do grupo que cercava o imperador fazia parte o alferes Francisco de Castro Canto e Melo, que o acompanhou na viagem a São Paulo. Na véspera de entrar naquela cidade, em 24 de agosto de 1822, d. Pedro visitou a Chácara dos Ingleses, no bairro da Glória, onde moravam os pais de Chico de Castro, numa casa próxima ao Ipiranga. Foi nessa ocasião que encontrou Domitila pela primeira vez.

Em 1822, Domitila de Castro tinha 25 anos incompletos e morava com os pais. Era irmã de Chico de Castro e filha de João de Castro e Melo, coronel reformado que fora nomeado inspetor das repartições de estradas da cidade de São Paulo e que vivia modestamente do soldo, mantendo família numerosa. Possuía umas tantas bestas, uma dúzia de escravos e completava sua renda fazendo transporte de cargas entre o planalto e o litoral. Tinha o apelido de "Quebra-vinténs", segundo Alberto Rangel por ser capaz de quebrar entre os dedos da mão uma moeda de cobre. O biógrafo de d. Leopoldina, Oberacker, acha porém mais provável que "vinténs", nesse apelido, era uma gíria da época que significava virgindade.

Casada em 13 de janeiro de 1813 com o alferes Felício Pinto Coelho, Domitila se separara do marido no começo de 1819. "Pasquins impressos babujando de aleives a honra da paulista", nas palavras de Rangel, haviam sido o motivo que levara o marido a esfaquear a esposa no dia 7 de março daquele ano. Segundo os autos do processo, ele a encontrara "resvalada aos pés de um fauno" na bica de Santa Luzia. O pivô desse crime fora o belo coronel d. Francisco de Assis Lorena, de quem, em janeiro do ano seguinte, o marido ultrajado se queixava ao governo ao pedir a guarda dos três filhos. No processo que moveu contra d. Francisco e Domitila, Felício acusava o "fauno" de lhe ter violado a honra. Ao que tudo indica, depois de expulsa de casa, Domitila continuou o relacionamento com Francisco de Assis Lorena.

Conta Alberto Rangel que durante a temporada em São Paulo d. Pedro e sua escolta encontraram Domitila uma vez no caminho, sendo transportada em sua cadeirinha por dois negros. O príncipe, que já a conhecera na casa dos pais — aonde ela fora pedir proteção no caso de divórcio que lhe movia o marido —, apeou-se, abriu a cortina da cadeirinha e ficou conversando com ela. Logo depois, conta Rangel,

> viram-no tomar os varais e experimentar o peso reunido do continente e do conteúdo. A dama ensaiava protestar, mas preferiu mostrar-se admirada da força e destreza de tão nobre e galante cavalheiro: "Como é forte Vossa Alteza!". Toda a guarda de honra apressou-se a ajudar e imitar d. Pedro, que já montado dava guarda à beldade, transportada pelos guapos homens da escolta cavalgando ao seu lado. Os negros, espantados, seguiam a comitiva, e o príncipe dizia que nunca ela tivera negrinhos de tal jaez.

Aquele encontro que mudaria a vida dos dois foi logo um encontro íntimo. Em 29 de agosto de 1822, numa noite chuvosa, cortada por relâmpagos, Domitila era recebida por d. Pedro reservadamente em seus aposentos na rua do Ouvidor, em São Paulo. Durante sete anos a paixão não teve limites; as cartas de d. Pedro para a marquesa dão testemunho da intensidade erótica e também do profundo sentimento que uniu d. Pedro a Domitila. Mas de Domitila, quais eram os sentimentos? Desta não há cartas, ou há muito poucas, apenas aquelas em que ela, já no fim de sua ligação, responde com maus modos e muitos erros de português aos apelos de d. Pedro para que deixe a corte do Rio de Janeiro, pois a nova imperatriz estava para chegar.

O que mais impressiona na trajetória dessa personagem singular é o seu incrível poder de sedução. Sobre sua aparência física, divergem os contemporâneos. Condy Raguet, representante diplomático dos Estados Unidos, diz que ela conseguira fascinar d. Pedro "sem possuir grande beleza que a recomendasse". Para Carl Seidler, admirador das graças da imperatriz, "a marquesa absolutamente não era bonita, e era de uma corpulência fora do comum". Outro alemão, Schlichthorst, também diz que "não lhe falta bastante gordura, o que corresponde ao gosto geral", mas a considera francamente bela e destaca o rosto regular e formoso e a desusada alvura da tez. O conde de Gestas afirma que Domitila tinha "um exterior agradável, que pode passar por beleza num país onde ela é rara". Segundo o visconde de Barbacena, ela era "mediocremente bonita". Isabel Burton, que a conheceu já idosa, diz que a marquesa "tinha belos olhos negros, cheios de simpatia e conhecimento do mundo". Schlichthorst, ao final de um encontro de negócios, comenta que ela "agradeceu o champanhe com aquela condescendente amabilidade que encanta a todos os que dela se aproximam", o que sugere que talvez o encanto de Domitila estivesse mais na sua simpatia e no seu charme.

A ligação com d. Pedro era já estreita em novembro de 1822, quando ele escrevia para sua "cara Titília", insistindo para que ela e a família fossem se estabelecer no Rio de Janeiro, que ela não haveria "cá de morrer de fome", e declarava estar pronto a fazer sacrifícios pelo seu amor. No começo do ano seguinte Domitila já estava na corte e, sob a proteção de d. Pedro, obteve o divórcio, acusando o marido de sevícias e infidelidade. Felício, aliás, deixou correr à revelia o processo, porque em 10 de março de 1824 fora nomeado administrador da feitoria imperial do Periperi e para lá se mudara, "insuficientemente resignado com os emolumentos e mais vantagens do novo cargo".

Em 23 de maio de 1824, dois dias após a sentença separativa do tribunal eclesiástico, que deu ganho de causa a Domitila, nasceu sua primeira filha com o imperador. Mais tarde, Felício, já divorciado e devidamente empregado por d. Pedro, receberia uns bofetões dos punhos imperiais por causa de uma carta ofensiva à honra da ex-mulher. Mareschal, que tudo sabia e de tudo dava conta em seus relatórios a Metternich, escreveu em 25 de outubro de 1825 sobre o episódio:

> Este homem parece estar não pouco disposto a aproveitar-se da boa sorte da mulher [...] faz alguns meses, escreveu uma carta a seu cunhado Boaventura, camarista e diretor-geral das fazendas da Coroa, onde se queixava do comportamento desregrado de sua esposa. D. Domitila, a quem ele a mostrou, teve o cuidado de fazer uma cena diante do seu augusto amante; S. A. R. enfureceu-se tanto que partiu na mesma noite durante uma chuva torrencial, acompanhado por um dos seus confidentes, e, chegado a Piripiri, esbofeteou o pobre marido e fê-lo assinar uma declaração pela qual se obrigou, sob sua honra e o castigo de receber uma surra, uma boa sova, a jamais se permitir o menor ato ou a menor observação contra a ilma. e exma. sra. d. Domitila de Castro etc. S. A. R. escarneceu o pobre homem, o que eu sei de seu próprio companheiro de aventura, dizendo-lhe que era insolente ter ainda pretensões, e que sua mulher agora lhe pertencia e que se serviria dela quando e como quisesse, ao que o outro lhe respondeu que ela sempre fora *une catin* e que disso ele um dia também se convenceria, ficando dela tão farto como ele mesmo.

Parece que os bofetões e a declaração assinada não lhe afetaram os brios. Em 5 de setembro de 1826, Felício escrevia a Domitila rogando-lhe humildemente que ela interviesse junto ao imperador a fim de que ele fosse elevado a sargento-mor do corpo em que servia em Pilar da Serra. Segundo consta na correspondência de d. Pedro para Domitila, procurara até mesmo o imperador pedindo vantagens: "O Felício foi me pedir o ser meu criado, e eu lhe disse que não, quanto antes fosse para o distrito, o que passa a executar logo que tire a patente" (sic).

4. Ascensão de Domitila e de sua família

Chegando ao Rio de Janeiro em fins de 1822 ou começo de 1823, Domitila instalou-se de início modestamente no bairro de Mata Porcos (atual bairro do Estácio). Nem o seu nome nem o de seus pais e irmãos aparecem em relações de subscrições do começo de 1823. Os primeiros sinais de sua aproximação pública do trono foram, segundo Alberto Rangel, a elevação dela e da irmã Ana Cândida a damas do Paço, em 1824. A ascensão de Domitila, aliás, se daria a partir da reparação de desfeitas públicas que lhe fizessem.

Após o incêndio criminoso que destruiu o Teatro Imperial, em março de 1824 — na noite da sessão solene pelo juramento da Constituição — vários grupos amadores encenavam, por conta própria, óperas e peças teatrais em pequenos auditórios improvisados. Um deles foi o pequeno Teatrinho Constitucional de São Pedro, onde o ingresso só era permitido por convite. Em setembro de 1824, Domitila foi barrada na entrada daquele teatro. Quando d. Pedro chegou e soube que ela não pudera entrar, retirou-se imediatamente, muito aborrecido. Logo depois, o intendente-geral de polícia, Francisco Alberto Teixeira de Aragão, que fora nomeado, aliás, por influência de Domitila, mandava suspender as representações, e a companhia Apolo e suas Bambolinas, responsável pelo teatro, era despejada do edifício. Seus petrechos foram conduzidos, sob vaias, para arder numa fogueira em frente à igreja de Sant'Anna. Segundo Armitage, o diretor do teatro, quando interrogado acerca do incidente, respondeu com bom humor que ele fora fechado por não querer admitir a "Nova Castro". Esse apelido, dado a Domitila em alusão à célebre Inês de Castro, era também o título de uma tragédia em moda.

Outro escândalo daria finalmente a Domitila a oportunidade de se projetar no próprio Paço. Na Semana Santa do ano de 1825, pretendendo assistir às cerimônias religiosas na tribuna reservada às damas do Paço, ela foi, por ordem do imperador, introduzida nesse recinto. As damas presentes, em expressivo protesto, deixaram a tribuna. O escândalo foi vivamente comentado em toda a cidade. Para reparar a ofensa, no dia do aniversário de d. Maria da Glória, 4 de abril de 1825, d. Pedro nomeou Domitila primeira-dama da imperatriz.

Houve no Paço uma grande recepção para a nova primeira-dama da corte. Vestida de branco, trazendo uma grinalda de botões de rosa nos cabelos, Domitila foi oficialmente recebida por d. Leopoldina. O posto conferia a Domitila o direito de estar presente a todas as reuniões e acompanhar a imperatriz a todas as excursões, além de assumir o lugar de honra logo após Sua Majestade em todas as ocasiões públicas. Em suma, como diz Maria Graham, "de infligir à imperatriz o mais odioso dos incômodos, isto é, a sua presença, desde o momento em que saía de seus apartamentos privados". Em 12 de outubro do mesmo ano, aniversário do imperador, Domitila tornou-se viscondessa de Santos, "pelos serviços que prestara à imperatriz", conforme o decreto.

Sua família mais próxima era constituída dos pais, seus filhos legítimos e ilegítimos, seus sete irmãos, dos quais quatro homens que foram todos militares do Exército. Havia também o tio materno Manuel Alves, a tia-avó Flávia e as primas Santana Lopes, todos mencionados nas cartas de d. Pedro para a amante. Grupo que aumentaria, segundo Mareschal, a partir de 1827: "A família aflui de todos os cantos: uma avó, uma irmã e uns primos acabam de chegar". D. Pedro sentia-se perfeitamente à vontade com a família da amante e escrevia à mãe de Domitila, d. Escolástica, tratando-a prosaica e familiarmente de "minha velha". Com Domitila também se beneficiava das graças imperiais a sua enorme parentela. Seus irmãos foram promovidos na carreira militar; um tio obteve reforma com documentos falsos; e até o antigo amante de Domitila em São Paulo, d. Francisco de Assis Lorena, progrediu rapidamente, de posto em posto.

Mal se iniciara o romance com Domitila, o "insaciável estroina", como o chama um biógrafo, já se metia sob os lençóis de Maria Benedita, irmã mais velha da amante e casada com Boaventura Delfim Pereira. D. Pedro precisaria a data de pelo menos um dos encontros que manteve com Benedita em carta a um amigo. Falando de seus filhos bastardos, refere-se àquele "que foi feito naquela noite de 27 de janeiro de 1823 e nasceu em 5 de novembro do mesmo ano, por um motivo bem simples, que a mãe não era burra".

De fato, em reconhecimento à "inteligência" da mulher — que, segundo Mareschal, era uma simplória —, Boaventura foi nomeado, em abril de 1824, superintendente da Fazenda de Santa Cruz. Tornando-se amigo íntimo do imperador, ele foi nomeado depois para o lucrativo posto de superintendente das quintas e fazendas imperiais. Finalmente, em 12 de outubro de 1826, quando Domitila foi elevada a marquesa de Santos, Boaventura foi feito barão de Sorocaba. Naquela mesma ocasião, os pais de Domitila tornaram-se viscondes de Castro, seus irmãos e cunhados se tornaram barões e viscondes, guarda-roupas, gentis-homens e moços da câmara imperial, e até uma filha do casamento com o alferes mineiro, menina de doze anos, foi feita dama da imperatriz.

Para que d. Pedro assumisse publicamente a relação, empenharam-se os validos do Paço no sentido de convencê-lo de que nada de mal havia na sua conduta. Em ofício datado de 24 de outubro de 1825, Mareschal acusa o padre Boiret de tal iniciativa, sendo esse seu procedimento o motivo da aversão de d. Leopoldina para com o padre: "Têm-se procurado ultimamente com cuidado todos os livros que se referiam ao século de Luís xiv e às suas *maitresses*, e eles foram entregues às mãos de S. A. R. e de sua amante; foi o padre Boiret quem se encarregou desse trabalho". O fato é confirmado por Debret, em relato segundo o qual alguns cortesãos teriam colocado debaixo dos olhos de d. Pedro "as crônicas secretas e escandalosas de fins do reinado de Luís xv e Luís xiv" para demonstrar que seu comportamento estava de acordo com a história de alguns de seus ascendentes e com a vida de não poucos dos grandes monarcas.

D. Pedro dava presentes luxuosos à amante. Só um manto bordado, possivelmente para ser usado em 12 de outubro de 1826, dia do aniversário do imperador, custou 294 mil-réis. Talvez ele acreditasse, baseado nas mesmas leituras sobre seus antepassados, que a amante de um homem poderoso deveria ostentar grande luxo. É o que sugere este trecho de carta, em que diz: "Convindo ao meu decoro que mecê sempre apareça diferente no teatro todos estes três dias, aí vai o colar de ametistas".

Em abril de 1826, o imperador comprou para Domitila uma chácara e um sobrado. D. Pedro era também generoso para com os parentes dela, como se constata nesta carta em que se refere a depósito feito em nome da filha mais velha da amante com Felício Coelho, a mesma que fora nomeada dama da imperatriz:

> Amanhã vão entrar no banco os quatro contos da Chiquinha para que tudo quanto render até ela se casar vá lá ficando em depósito, para que logo que complete o total de uma ação fique com cinco ações, e assim progressivamente até casar-se.

Quando morreu o pai de Domitila, em 2 de novembro de 1826, aos 85 anos, as despesas do pomposo funeral foram totalmente pagas por d. Pedro.

5. A canalha

> Mas confesso, e somente a vós, que cantarei um louvor ao Onipotente quando me tiver livrado de certa canalha. [Carta de d. Leopoldina para Maria Graham, de 6 de novembro de 1824]

O ano de 1822 foi o grande momento de d. Leopoldina na vida pública brasileira. Nos anos seguintes, ela continuaria a trabalhar, discretamente como sempre, pela Casa da Áustria e pelos ideais da Santa Aliança. Mas a queda do gabinete Andrada, em julho de 1823, o estreitamento das relações de d. Pedro com Domitila de Castro e a emergência de um ministério francamente voltado para os interesses portugueses marcam o início do declínio da boa estrela da imperatriz.

Desde o começo de seu matrimônio, d. Leopoldina fora convencida pelo marido a abrir mão dos recursos que lhe cabiam por direito para auxiliar as despesas da casa. Com a partida do rei, d. Pedro nomeou o barbeiro Plácido Pereira de Abreu tesoureiro da imperatriz, encarregado de administrar sua mesada. Plácido e o Chalaça eram muito ligados entre si, e logo tornaram-se cúmplices de Domitila. Esse trio, com a grande influência que lhes concedia o imperador, criou um ambiente hostil em torno de d. Leopoldina. Uma das causas de maior sofrimento para ela foi a gestão de suas despesas por Plácido. Tendo um marido tão avarento e brutal, não foram poucas as vezes que sofreu humilhações por conta das intrigas do tesoureiro. Um viajante, Mansfeldt, conta que a imperatriz teria sido maltratada "pelo seu esposo quando o seu *chargé d'affaires*, que tomava conta de suas pequenas despesas, apresentou ao imperador a conta das mesmas". Armitage também se refere à diferença no tratamento que d. Pedro dava à imperatriz e à amante:

> Ao mesmo tempo o seu tratamento para com a infeliz imperatriz era o mais insensível. Enquanto prodigalizava de graças à nova marquesa, e ela distribuía mercês por suas mãos, aquela que era filha da augusta descendência da casa de Habsburgo, apesar de ser pouco dispendiosa em seus hábitos, estava reduzida a solicitar de seus fâmulos empréstimos e dinheiro.

São inúmeras as cartas de d. Leopoldina para comerciantes e agiotas pedindo empréstimos para fazer face às suas despesas e às obras sociais que se considerava obrigada a empreender em virtude de sua posição. Escrevendo para um afilhado, ela se desculpava: "Perdoai o mau papel, mas a miséria chegou a esse ponto". Conta ainda Maria Graham que, depois que saiu do serviço do Paço, enfrentou um período de dureza em que teve de vender até mesmo a louça da casa para poder se manter. Uma pessoa conhecida da imperatriz, tendo visto a inglesa comer em um prato usado geralmente pelos escravos, deu-lhe notícia desse fato. Pouco depois, em 1º de março de 1825, ela receberia estas linhas de d. Leopoldina:

Minha cara e muito amada amiga, jamais, crede-me, ousaria ofender vossa delicadeza. Mas, como amiga que partilha sinceramente vossos prazeres e tristezas, podendo imaginar que sofreis privações, ouso rogar-vos que aceiteis como um presente de amizade esta pequena ninharia em dinheiro que me vem do patrimônio da minha cara pátria.

Isso num tempo em que seus recursos, controlados com mão de ferro pelo imperador, eram muito escassos. Schlichthorst conta que certa vez a imperatriz, encantada com uma poesia que ele fizera em sua homenagem, dera ordens para que lhe dessem 200 mil-réis por conta de seu caixa particular. No dia seguinte, ele foi à casa de Plácido, o camarista, que lhe falou sobre as dificuldades em que se encontrava a caixa imperial etc. Schlichthorst conclui assim sua narrativa: "Sabia perfeitamente aonde ele queria chegar, e dei logo um recibo de 200 mil-réis, recebendo apenas 150 mil em dinheiro contado".

Maria Graham dá testemunho do ambiente da Quinta da Boa Vista no final de 1824, quando ali reinava Plácido com sua corte de criadas e damas intrigantes, quase todos espiões e inimigos de d. Leopoldina. Ela conta que, na noite em que foi despedida por d. Pedro, devendo partir no dia seguinte, foi procurada pela imperatriz. D. Leopoldina recomendou-lhe que não comesse coisa alguma que lhe fosse mandada pelas vias do costume, porque, "ainda que esperasse não existir havia muito no palácio pessoas tão malvadas, era certo que ela havia perdido o seu secretário alemão no qual tinha muito grande confiança por envenenamento".

Diz Maria Graham que a parte em que a imperatriz e d. Maria moravam com todo o seu séquito devia se fechar cada noite muito cedo e não abrir senão pouco depois do nascer do sol. O resto do palácio, onde habitavam Plácido e as demais damas, continuava aberto por quase toda a noite, onde eram constantes os jogos de cartas e as risadas. Em carta para a irmã, d. Leopoldina se queixava: "De noite, às oito horas, na cama, pois é mais fácil um rochedo se transformar em leite do que conseguir permissão para frequentar o querido teatro".

Leopoldina fazia suas refeições numa espécie de quarto de passagem mobiliado com as malas fechadas que ela havia trazido de Viena. Essas malas fechadas simbolizavam um pouco a sua frustração. Elas continham, segundo Graham, vestidos que a sociedade do Brasil não exigia; livros que a imperatriz não tinha oportunidade nem espaço para arrumar; e "instrumentos para prosseguir no estudo de filosofia natural e experimental, que ela muito apreciava, mas que ninguém naquela terra entendia senão ela".

Mesmo no que dizia respeito à educação das filhas, d. Leopoldina não tinha nenhuma autonomia. Querendo educá-las à moda europeia, havia encomendado pequenos jogos de ferramentas para jardinagem, mas, diz Graham, "estes haviam sido mantidos escrupulosamente em desuso, porque, como diziam as damas, não ficava bem a princesas estarem revolvendo a terra suja como negros, e as ferramentas eram consideradas uma pilhéria europeia da imperatriz, que não sabia o que convinha nem ao clima do Brasil nem à dignidade dos Bragança". A própria imperatriz, ao noticiar seu prazer pela contratação de Maria Graham, se queixa de que não lhe era permitido cuidar da educação das filhas.

> Acho que encontrei na senhora Graham uma boa educadora para as crianças [...] Permita Deus que esta mentalidade estranha e política da corte não crie problemas que afastem essa mulher. Imagina, minha cara Louise, que não me permitem sequer o direito de orientar a educação de minhas filhas.

6. O bom negócio do amor

Durante os sete anos em que durou sua ligação com d. Pedro, Domitila de Castro acumulou considerável fortuna. Os contemporâneos testemunham o elevado padrão em que ela vivia em sua residência: criados irrepreensivelmente fardados com vistosas librés, salas ornamentadas com belas tapeçarias, móveis de jacarandá bem talhados, porcelanas finas e uma enorme quantidade de escravos e mucamas. Em um só banquete ela gastou 16 contos de réis, uma verdadeira fortuna para a época.

Segundo muitos testemunhos daquele tempo, o seu prodigioso enriquecimento não se deveu tanto à generosidade do amante quanto à sua capacidade de obter propinas e vantagens intermediando pedidos ao imperador. José Bonifácio teria dito ao próprio d. Pedro quando este concedeu anistia aos inimigos dos Andrada, em São Paulo, no começo de 1823, que "não ignorava o empenho de d. Domitila de Castro na questão, para cujo desfecho favorável recebia dinheiro". Ele também viu nas circunstâncias que cercaram a sua demissão do ministério, em julho de 1823, influência dos "mexericos e interesses pecuniários das Castro".

Debret afirma que havia uma engenhosa combinação entre Domitila e d. Pedro para garantir o pagamento de propina a cada nova nomeação que se fazia no Paço. O disfarce para vender esses favores era apostar com o candidato ao cargo ou promoção que ele ia conseguir. Fingindo não acreditar ser possível, o mesmo topava a aposta, aceitando o risco de perder a soma em jogo. Após o almoço, ainda segundo Debret, o imperador ia comunicar à amante as nomeações e promoções feitas. Os pretendentes ficavam nas vizinhanças até a saída de d. Pedro, para ir depois submeter-se à extorsão, da qual ele seria cúmplice.

> D. Pedro, cujos rendimentos eram tão extremamente reduzidos, não hesitou em criar para essa mulher, que precisava de figuração, uma renda baseada na autorização secreta de retirar uma retribuição voluntária de cada uma das promoções realizadas pelo governo. Constituiu-lhe assim uma corte numerosa de pedintes assíduos, aos quais ela impunha uma taxa arbitrária.

Mareschal, em seu relatório de 28 de setembro de 1825 a Metternich, informa que "todos que têm pretensões a graças e favores fazem corte assídua à favorita, que é o canal das promoções". Em ofício datado de 12 de agosto do ano seguinte, repete: "Todas as graças, ofícios, empregos que vêm a tornar-se vagos são dados ou aos amigos e parentes da favorita, ou por intermédio de sua recomendação, e como S. M. não é muito generoso, e como é preciso que todo mundo viva, a casa de sua *maitresse* transformou-se num verdadeiro escritório de negócios, onde tudo tem o seu preço". Segundo o diplomata americano Condy Raguet, "nenhum despacho era obtido sem a intercessão positiva, franca e indisputável da marquesa".

Em 19 de agosto de 1826, o diplomata sueco Westin escrevia: "A paixão do imperador por essa pessoa é tão extrema que ele parece fechar os olhos sobre tudo o que exigem a moral e os bons costumes. Ela tudo dirige e não se incomoda, para enriquecer, de tirar partido de sua influência". O naturalista e diplomata alemão Ignaz von Olfers observa, em 4 de janeiro de 1827, que a marquesa "não procura mais que tirar todas as vantagens possíveis da sua inclinação e nada fez até agora para encobrir a mais que equívoca posição que ocupa na sociedade por meio de uma conduta nobre".

O ministro do Interior, Estevão Ribeiro de Resende, depois marquês de Valença, foi — segundo informa Mareschal em ofício datado de 15 de abril de 1826 — nomeado devido à influência de d. Domitila. Também se dizia que d. Romualdo Seixas, marquês de Santa Cruz, teria conseguido o arcebispado da Bahia mediante o pagamento de elevada soma à amante imperial. D. Pedro prometera a frei Sampaio que o faria bispo diocesano de São Paulo. Frei Sampaio foi, porém, preterido, em 1826, por ser amigo dos Andrada e da imperatriz. Por empenho da marquesa de Santos, outro fora nomeado para o lugar. José Bonifácio, aliás, comentaria com acrimônia, em carta do exílio, essa nomeação: "O que mais me deu gosto foi o despacho bispal do arcediago de São Paulo [arcipreste Manuel Joaquim Gonçalves de Andrade], antigo amigo da nova marquesa". Teria o reverendo também em outros tempos frequentado o leito de Domitila?

Qualquer comerciante sabia que, para liberar do porto determinadas mercadorias, bastava molhar a mão da marquesa de Santos. Conta o oficial alemão Schlichthorst que o capitão de um navio, aconselhado pelo cônsul francês, conde de Gestas, pediu-lhe que o acompanhasse à casa da marquesa de Santos a fim de conseguir sua intervenção num processo. Esse era então, segundo ele diz, um caminho bem conhecido para obter justiça na corte do Rio de Janeiro. Schlichthorst, que falava bem o português, expôs o problema à marquesa. Ela mandou que aguardassem na antessala, e seu mordomo lhes comunicaria a resposta. Este logo veio informar que "Sua Excelência dispunha-se a tomar a peito a causa do capitão mediante a soma de um conto de réis, sem todavia garantir êxito certo". O francês não achou exagerada a quantia, visto que estava em risco de perder o navio junto com a carga, e aceitou sem pestanejar.

Voltaram na manhã seguinte com o dinheiro e uma caixa de champanhe. "A condessa [sic] recebeu o dinheiro pessoalmente, sem passar recibo." O melhor para Schlichthorst foi que, na saída, o mordomo o chamou à parte e lhe deu cinquenta mil-réis, declarando que era praxe da casa pagar 5% aos intermediários de qualquer transação. "Respondi-lhe que, com as melhores disposições, me recomendava à sua amizade e às boas graças de sua ama. Ele acrescentou que Sua Excelência sempre teria prazer em me ver com semelhantes negócios."

Parte 7

O Brasil
e o mundo

1. O reconhecimento da Independência

Prova máxima da enorme influência de Domitila sobre d. Pedro está no papel que ela desempenhou por ocasião das negociações levadas a cabo no Rio de Janeiro por sir Charles Stuart e da qual resultou o tratado de reconhecimento da Independência. As negociações para o reconhecimento da Independência, que já vinham sendo feitas desde o tempo de José Bonifácio, tinham como principal obstáculo a resistência de Portugal.

Através de Caldeira Brant, o governo brasileiro dera sinais de que estaria disposto a aceitar o fim do tráfico em troca do reconhecimento diplomático e da abertura do mercado britânico ao açúcar brasileiro. O acordo não foi adiante: a Inglaterra não podia abandonar os produtores de açúcar da Índia e não estava disposta a reconhecer o Brasil sem que Portugal, seu tradicional aliado, o fizesse antes. No entanto, os ingleses queriam manter os privilégios do tratado que haviam assinado em 1810 com Portugal e que tantas vantagens lhes trouxera. O tratado expiraria em 1825, e o governo britânico não poderia renová-lo no que dizia respeito aos seus negócios com o Brasil, ou seja, tratando-o como nação soberana, enquanto não reconhecesse a sua Independência.

D. João sonhava com a volta ao antigo sistema, com todo o seu imenso Império novamente reunido. Ideia que, a d. Pedro, seu sucessor, não desagradava. Faltava apenas convencer os brasileiros. Estes, que viviam sempre desconfiados do imperador e de suas ligações com os portugueses residentes no Brasil, estavam atentos a qualquer movimento que apontasse no sentido da reunificação. D. Pedro não queria correr riscos. A negociação se arrastava, atrapalhando importantes transações comerciais particularmente interessantes à Inglaterra. A Inglaterra, por sua vez, havia emprestado a Portugal 1,4 milhão de libras, que Portugal, sem o Brasil, dificilmente conseguiria pagar.

Os plenipotenciários brasileiros e portugueses reuniram-se em Londres durante o ano de 1824. As conferências eram presididas por Canning, primeiro-ministro inglês, e a Áustria fora admitida às sessões no caráter de amiga e conselheira do Brasil. Mas os portugueses fizeram exigências impossíveis. As condições propostas para o acordo foram que o rei, d. João VI, assumisse o título de imperador do Brasil e que, nessa categoria, e na de rei de Portugal e Algarves, declarasse d. Pedro seu adjunto no título imperial. Em seguida, lhe cederia a soberania do Brasil e o direito eventual de sucessão ao trono de Portugal. As outras condições eram: a restituição das presas; o levantamento do sequestro dos navios; o encargo por parte do Brasil de uma parte da dívida pública; e o estabelecimento de um vantajoso tratado de comércio entre os dois países.

Condições que — depois do 7 de Setembro; da vitória sobre as tropas portuguesas na Bahia, em 2 de julho de 1823; da coroação de d. Pedro; do reconhecimento da Independência pelos Estados Unidos — eram impossíveis de aceitar. Diante do impasse, as reuniões foram interrompidas em fevereiro de 1825, e Canning resolveu entender-se diretamente com d. João VI, mandando para Lisboa sir Charles Stuart com uma mensagem que dizia, entre outras coisas:

> A Inglaterra está resolvida a reconhecer as repúblicas americanas e não pode excetuar o Brasil. Este tem direito de tomar assento entre as nações livres, e já os Estados Unidos trocaram com d. Pedro diplomatas para representarem os respectivos países. Não pode a Inglaterra sacrificar as suas conveniências e deixar a grande república tomar a dianteira nos negócios políticos e comerciais. O governo inglês, portanto, considera terminada a questão do reconhecimento do Brasil. Seguirá para o Rio de Janeiro sir Charles Stuart, em caráter diplomático, a fim de negociar com d. Pedro um tratado amistoso que muito interessa à Inglaterra. Aproveite Sua Majestade a perícia do negociador para um entendimento com o filho, de modo a finalizar a guerra. Se o rei de Portugal não ouvir estes conselhos, o governo inglês o abandonará na luta: e, sem mais considerações, declara que reconhece a Independência do Brasil.

Cedendo à pressão dos ingleses, d. João nomeou sir Charles Stuart seu ministro plenipotenciário para ir ao Rio de Janeiro, com autonomia para encontrar a melhor solução possível. Ele chegou em 18 de julho, e imediatamente seguiu-se uma série de reuniões com o ministro do Exterior, Carvalho e Melo, o da Marinha, Vilela Barbosa, e o conselheiro de Estado, Egídio Álvares de Almeida, que mantiveram-se firmes em não reconhecer a soberania de d. João. Mas finalmente acordaram em incluir um preâmbulo no qual o reconhecimento da Independência do Brasil e de d. Pedro, como imperador, precedia a declaração de se haver resolvido Sua Majestade Fidelíssima a assumir o título de imperador. No dia 29 de agosto, firmou-se o tratado de Paz e Aliança, que entrou em vigência com a ratificação de d. João, em 15 de novembro. Em seguida, houve o reconhecimento pela Inglaterra e demais cortes da Europa.

Os absurdos desse tratado seriam denunciados por um jornalista francês estabelecido no Rio de Janeiro através de um folheto intitulado "Reflexões sobre o Tratado da Independência, e carta de lei promulgada por Sua Majestade Fidelíssima". O autor, Pedro Chapuis, demonstra ali o absurdo de ser o título e as atribuições conferidas a d. Pedro pela unânime aclamação dos povos descritos naqueles documentos como uma graça outorgada por d. João VI. O jornalista foi preso e extraditado, mas suas ponderações encontraram eco. Do seu exílio na França, José Bonifácio também comentaria as curiosas condições do tratado: "Ao menos temos Independência reconhecida, bem que a soberania nacional recebeu um coice na boca do estômago. [...] que galantaria jocosa de conservar João Burro o título nominal de imperador, e ainda mais nisso convir o Pedro Malasartes".

Não era ainda conhecida a convenção secreta pela qual d. Pedro obrigava o governo do Brasil a tomar sobre si a dívida de 1,4 milhão de libras esterlinas, relativa ao empréstimo contraído por Portugal junto à Inglaterra em 1823 com o fim expresso de hostilizar a Independência. O Brasil assumia por esse acordo dívidas feitas pela antiga metrópole para comprar navios e armamentos para dominá-lo. Também se comprometia a pagar a d. João VI a quantia de 600 mil libras esterlinas, equivalentes às propriedades particulares que o rei possuía no Brasil, apesar de essas propriedades serem consideradas como bens nacionais.

O tratado nada estabelecia acerca da sucessão ao trono de Portugal. Como a Constituição outorgada em 1824 também não incluía nenhum dispositivo vedando ao imperador aceitar outra Coroa, tudo levava a crer que d. Pedro não desistira por completo de suceder a d. João. Chapuis, em seu artigo, chamara a atenção para isso lembrando que o reconhecimento do imperador como legítimo herdeiro da Coroa portuguesa, caracterizando a reunião dos dois reinos, implicava risco de recolonização.

2. Triste Bahia

> Como a imperatriz deve ter se sentido infeliz! Pois não era só em seus aposentos que ela tinha de suportar tão duro trato do esposo; não, dizem que até em plena rua, à vista do povo indignado, ele a insultara e maltratara cruelmente. [Carl Seidler]

Em carta de 5 de setembro de 1825, dirigida a Canning, Stuart não hesitou em afirmar: "Devemos às boas graças do general Brant e à influência da sra. Domitila de Castro a remoção de um obstáculo que teria feito malograr toda a negociação". O obstáculo removido graças a Felisberto Caldeira Brant, futuro marquês de Barbacena, e à concubina foi a menção à origem popular da investidura do imperador no texto do tratado de ratificação da Independência e que d. Pedro insistia em incluir. Em vez da fórmula consagrada "D. Pedro I, por graça de Deus e unânime aclamação dos povos", usou-se o eufemismo "de acordo com a Constituição".

Mareschal também informou ao seu país sobre os encontros do diplomata inglês com Domitila.

Sir Charles Stuart fez, desde a sua chegada, uma visita cerimonial à favorita e fez outra em 16 deste mês para congratulá-la por causa de seu título [de viscondessa]; afirmaram-me que tal exemplo foi seguido por diversos outros estrangeiros, em cujo número, no entanto, não me pareceu conveniente incorporar-me.

Para Maria Graham, foi esse reconhecimento público da influência de Domitila por parte do ministro inglês que levou d. Pedro a ostentar acintosamente a amante aos olhos da sociedade brasileira.

Seguindo, como suponho, o costume das cortes europeias, cedo começou a dar grande atenção a mme. Castro, e não posso deixar de atribuir à sua atenção neste setor o reconhecimento público como amante e a consequente mágoa nos insultos feitos à imperatriz.

Quase um ano antes disso, em novembro de 1824, quando Maria Graham deixou o serviço da Quinta da Boa Vista, d. Leopoldina lhe dissera que estava convencida de que alguma influência secreta, mas muito poderosa, estava sendo utilizada por seus inimigos sobre o ânimo do imperador, de forma que o seu apoio não proporcionava nenhum bem, antes, pelo contrário, tornava a situação da protegida ainda mais difícil. Ela não pretendia queixar-se, pois, segundo disse, amava o marido e os filhos "e esperava ter forças para nunca se queixar do que fosse seu dever suportar". Ao se despedir de Maria Graham, vendo o quanto esta ficara preocupada com sua situação de quase prisioneira, isolada e constantemente vigiada em sua própria casa, procurou tranquilizá-la em carta datada de 6 de novembro de 1824: "Ficai tranquila quanto a mim. Estou acostumada a resistir e a combater os aborrecimentos, e quanto mais sofro pelas intrigas, mais sinto que todo o meu ser despreza essas ninharias".

É estranho que d. Leopoldina falasse em influência secreta sobre o ânimo do marido, pois todo o Rio de Janeiro sabia que a maior influência sobre o ânimo de d. Pedro era, desde o ano anterior, a de Domitila. Na opinião de Otávio Tarquínio, ainda no começo de 1826 o imperador usava de muitas cautelas para que d. Leopoldina de nada suspeitasse. Analisando a correspondência de d. Pedro para Domitila, Alberto Rangel conclui que o imperador nunca abandonou o cuidado de encontrar-se somente à noite com a amante, não frequentando sua casa à luz do dia. A recomendação para deixar as portas previamente abertas para facilitar-lhe a entrada nas horas mais avançadas da noite encontra-se no correr de suas cartas em todas as épocas. A respeito do mesmo assunto, diz Maria Graham:

> É certo que, em parte pelo sentimento geral sobre a situação, mas principalmente por um verdadeiro respeito pela imperatriz, as relações com mme. Castro eram encobertas quanto possível, nem ela se apresentava em público senão com suas irmãs e seu cunhado.

Quando a marquesa foi desfeiteada pelas demais damas da corte em uma cerimônia pública, em abril de 1825, d. Pedro, para compensá-la, elevou-a a dama da imperatriz. Convencera a mulher a aceitar a decisão como forma de apagar a suposta injustiça. Esta teria recebido a rival com grande naturalidade e presença de espírito, fingindo nada saber de suas relações íntimas com d. Pedro. Mareschal elogiou seu comportamento em carta para Metternich:

> A alta prudência, o sentido justo e a extrema moderação de S. A. I., a senhora arquiduquesa, ditaram-lhe a conduta que tinha de manter. Não cedeu somente sem hesitação e sem

repreensão aos desejos do esposo, dignou-se mesmo a receber esta senhora com polidez, logo que lhe foi apresentada de acordo com o costume para beijar-lhe a mão pela graça obtida; uma conduta tão prudente conservou-lhe o melhor entendimento com o esposo.

A atitude da imperatriz diante da relação de d. Pedro com Domitila foi, até o final de 1825, de desconhecimento ou diplomática indiferença. O próprio Mareschal, em carta datada de outubro daquele ano, se admirava: "Parece-me impossível que a senhora arquiduquesa não veja o que se passa tão diretamente sob os seus olhos; mas S. A. R. tem a alta prudência de jamais fazer menção disso para quem quer que seja e de simular que nada percebe". Conhecendo as condições em que vivia a imperatriz, ele aprovava inteiramente o seu procedimento, pois também não conhecia caminho melhor.

Em uma pitoresca e simplória carta de d. Pedro para a amante, onde d. Leopoldina é identificada como "a proprietária", infelizmente sem data mas com certeza anterior a 1825 ou do começo desse ano, verifica-se o quanto d. Pedro ainda cercava de cuidados sua relação com Domitila para impedir que a imperatriz se certificasse dela.

> Vim conversando com a proprietária quando de lá saí, e ela me disse que mecê lhe disse que tinha a moléstia de Lázaro; eu lhe disse que tinha muita pena, mas que muita gente tinha a tal moléstia. E respondi: ou tenha ou não, cá para mim não me importa, porque não tenho tratos com ela. Eu assento que isso foi para ver o que eu lhe respondia, e nunca me apanha, nem há de apanhar descalço. O melhor é que eu quando sair de dia nunca lhe vá falar para que ela não desconfie do nosso santo amor e mesmo quando for para essa banda ir pelo outro caminho, e em casa nunca lhe falar em mecê, e sim em outra

qualquer madama para que ela desconfie de outra e nós vivamos tranquilos à sombra do nosso saboroso amor.

Essa estranha mistura de sentimentos envolvendo a mulher e a amante também será uma marca de d. Pedro. Na correspondência para Domitila, várias referências à mulher legítima aparecem com naturalidade. Em carta enviada da Fazenda de Santa Cruz em 23 de novembro de 1824, ele diz a Domitila: "Topando com alguma caça logo a destinei para a imperatriz e mecê". Em 1º de janeiro de 1826, informa: "Chego do passeio com minha senhora". E, em 21 de julho de 1826: "Dou-te parte de que fui à alfândega mostrar as múmias à imperatriz". Em outra carta anuncia que está enviando rosas que lhe haviam sido dadas pela mulher. Depois do episódio que culminou com a elevação de Domitila a primeira-dama da imperatriz, d. Pedro escreveu um péssimo poema em que homenageia a mulher e a amante. Na mensagem em que o enviou, oferece-o a "Domitila, minha imperatriz do coração".

> *Filha dos césares, imperatriz augusta,*
> *Tu abateste altiva soberbia*
> *Com que tuas damas de raça ímpia*
> *Abater queriam quem delas não se assusta.*
> *Vedes, aristocratas cafres, quanto custa*
>
> *Apezinhar aquela cuja alegria*
> *Consiste em amar a Pedro e a Maria,*
> *Titília bela, sois sempre sustemeta* (sic).
>
> *O mérito, a verdade em todos os países*
> *Aparecerão sempre em grande esplendor.*
> *Sustentam-nos o soberano, são suas raízes.*

Conta com Pedro, pois ele é defensor
Do pobre, do rico, do Brasil, dos infelizes,
Ama a justiça, de seu amigo é vingador.

Aliás, segundo Maria Graham, a uma das famílias de "aristocratas cafres" mencionadas no poema, a reparação pela desfeita para com a amante imperial custou uma linda carruagem recém-chegada de Londres, que foi parar na cocheira de Domitila.

Em abril de 1825, um pequeno contingente de 32 exilados uruguaios procedentes de Buenos Aires e liderados por Juan Lavalleja aportou na Cisplatina e sublevou a população de fala espanhola contra o governo imperial. Dez dias depois, outra liderança até então aliada ao Brasil, Frutuoso Rivera, aderiu às fileiras de Lavalleja. Em 25 de agosto uma Assembleia declarou a província independente do Brasil e membro das Províncias Unidas do Prata. D. Pedro suspendeu as garantias constitucionais da Cisplatina e enviou reforços. Uma coluna de 1580 homens do Exército brasileiro foi aniquilada pelo inimigo na batalha de Sarandi, em 12 de outubro de 1825. Diante da derrota das forças imperiais, Bernardino Rivadávia, governador de Buenos Aires, passou a apoiar a causa uruguaia com o objetivo de fortalecer a confederação de províncias de língua espanhola. A insuficiência de efetivos motivou d. Pedro a viajar para a Bahia a fim de convencer os baianos a se incorporarem ao exército que ia combater na Guerra da Cisplatina.

A viagem à Bahia, entre 4 de fevereiro e 1º de abril de 1826, foi um marco nas relações entre d. Pedro e Domitila e contribuiu também para o desfecho trágico de seu casamento. D. Leopoldina acreditava inicialmente que a concubina não fosse à Bahia, daí seu entusiasmo inicial com a viagem. No dia 2 de fevereiro, ela escrevera a Maria Graham: "Depois de amanhã embarco para a Bahia com o meu amado esposo e minha adorada Maria, que faz as minhas delícias pelo seu excelente caráter e aplicação nos estudos". Cartas anônimas que o acusavam de estar levando a mulher para a Bahia só para servir de véu para a amante foram enviadas a d. Pedro. Ele as mostrou à imperatriz, que teria recebido, segundo Mareschal, essa estranha confidência com seu sangue-frio habitual, dizendo ao marido que se as insinuações eram falsas não valia a pena ocupar-se com elas. O engraçado, completa o embaixador, foi que a calma e a frieza da imperatriz encolerizaram o imperador, e ele a censurou por não se agastar com o fato tanto quanto ele.

Mareschal informa, em 13 de fevereiro, que a viagem da corte à Bahia provocou um grande escândalo, "pois o imperador, ao se fazer acompanhar pela imperatriz, sua filha mais velha e sua amante titular, chocou logicamente todo mundo, mas o temor que o caráter violento do príncipe inspira calou a boca de todos". Mareschal parece um tanto desconcertado com a atitude da imperatriz. D. Leopoldina, que "deveria naturalmente sentir-se muito ferida", teria demonstrado a mais perfeita indiferença. A única preocupação que "ousou exprimir" foi com o mau exemplo que isso daria a Maria da Glória, criança precoce a quem nada escapava.

> Eu não sei se é sabedoria, filosofia prática ou indiferença, mas seria impossível agir com mais tato do que a senhora arquiduquesa. Todos concordam com isso, e ela ganha cada dia mais a opinião pública e a de seu augusto esposo.

Segundo relatos da época, d. Pedro conduziu-se nessa viagem com pouca dignidade, tratando Domitila com familiaridade na frente de todos, ora chamando-a de "minha Titília", ora de "minha rica viscondessa"; consentindo que a filha, Maria da Glória, andasse de braços dados passeando com ela no convés da nau. A bordo, o imperador comia na sala de jantar, tendo a filha à direita e Domitila à esquerda. D. Leopoldina manteve-se o tempo todo à parte, jogando gamão e comendo sempre sozinha — e muitas vezes, porque tinha o hábito de comer demais quando se via em situações em que era preciso se esforçar para vencer o nervosismo.

Quando a esquadra chegou a Salvador, no dia 26 de fevereiro, por ordem do imperador Domitila acompanhou o casal imperial no desembarque. Outro fato que causou espécie foi que o imperador e Domitila se hospedaram no mesmo prédio, e a imperatriz, em outro. Diz um observador que "se havia alguma diferença nos preparativos que se fizeram para a imperatriz, foi que os da viscondessa de Santos eram superiores". Nas cartas que escreve de lá para os pais de Domitila, d. Pedro dá notícias das boas relações desta com d. Leopoldina, e também dos passeios de carro, reunindo as duas mulheres e a filha, futura rainha de Portugal, pelas ruas de Salvador: "Sua filha vai muito bem e mui distinguida pela imperatriz, que, segundo mostra, parece estimá-la muito". Tendo Domitila adoecido, ele explica a eles em 7 de março que tinha "lhe servido de enfermeiro, já pondo-lhe sinapismos, já deitando-lhe bicha". O tratamento foi eficaz, e na mesma carta ele conta que ela "saiu comigo, minha senhora e filha no carrinho". Nos passeios que faziam pela cidade em carro aberto, o imperador governava os cavalos, tendo a imperatriz a seu lado, Domitila e Maria da Glória atrás.

3. 1826: o ano das perdas

Ao longo de 1826, uma série de acontecimentos alteraria completamente o destino de d. Pedro. Em 2 de dezembro de 1825, d. Leopoldina finalmente dera à luz um filho homem, que viria a ser d. Pedro II. Em 10 de março de 1826, aos 59 anos, d. João VI, depois de uma ceia copiosa, morria de indigestão. Em 6 de maio, a Assembleia Legislativa foi finalmente reunida, e em 11 de dezembro morria d. Leopoldina.

A morte de d. João traria novos complicadores para a situação do imperador. Antes de morrer, o rei teve tempo de deixar a Regência para a filha Isabel Maria, driblando assim, ainda no leito de morte, as pretensões da rainha. Em documento típico de seu caráter ambíguo, nomeava a filha regente antes que "o legítimo herdeiro" assumisse. Mas o nome daquele que seria esse legítimo herdeiro não aparecia no documento. Até na morte era indeciso, o rei. Sabia-se que, por sua vontade, o herdeiro continuava a ser d. Pedro, mas pela Constituição ele tinha se tornado estrangeiro ao assumir o trono do Brasil. Apesar do impasse, a regente, reunida com o conselho, decidiu enviar imediatamente uma comissão ao Brasil para saudar d. Pedro IV, novo rei de Portugal.

    Na Áustria, Metternich reclamava: d. João teria lhe prestado enorme favor se não tivesse morrido naquele momento. Mesmo assim, atento ao que era melhor para a Europa, exerceu toda a sua influência no sentido de fazer d. Miguel acatar as decisões emanadas de Portugal e do Brasil. Em um documento que assinou mas certamente não redigiu e talvez nem mesmo tenha lido — sua dificuldade com as letras era notória; d. Pedro e seus amigos diziam que ele assinava "Migel" —, d. Miguel saudava o irmão como rei de Portugal. Ali também se comprometia a casar-se com a sobrinha, d. Maria da Glória, projeto antigo de d. Pedro, que pensava com isso contornar as disputas em torno da sucessão.

    D. Miguel mostrava-se arrependido da tentativa de golpe contra o pai, e via o casamento como uma oportunidade de restaurar a harmonia na família. Em Viena, com os protocolos do estilo, reconheceu d. Maria da Glória como rainha de Portugal; jurou a Constituição que d. Pedro outorgara ao reino e, depois de obtida a autorização do papa, assinou a escritura dos seus esponsais com a sobrinha. Sua atitude impressionou Barbacena, que o encontrou em Paris, a caminho de Londres:

> Senhor. Aqui cheguei no dia 19 de dezembro, poucas horas depois do senhor infante. Por ele fui recebido com o mais distinto acolhimento. Nos outros dias, até o dia 26, continuarei a gozar da mesma honra, ficando eu cada vez mais satisfeito, e admirado de quanto vi, e ouvi dizer, ou fazer este príncipe. Abençoada hora em que foi a Viena! O seu credo político se reduz a cumprir as ordens de Vossa Majestade, e a carregar a pesada cruz que Vossa Majestade lhe impôs, isto é, governar Portugal em situações tão difíceis.

Em Portugal, d. Carlota, que alegara doença para não se despedir do marido moribundo, ostentando grande vitalidade, mudava-se para Lisboa, onde ganhava novo alento a campanha para fazer de d. Miguel o rei absoluto. A regente, Isabel Maria, moça tímida e indecisa, era joguete dos demais membros do conselho, principalmente do general Saldanha, ardoroso liberal. O primeiro ato de d. Pedro iv foi enviar aos portugueses uma Carta constitucional, produzida no Rio de Janeiro por ele mesmo em tempo recorde. Também abdicava condicionalmente da Coroa em favor de sua filha. A condição era o casamento dela com o tio d. Miguel e a subsequente nomeação deste como regente. O casamento do tio com a sobrinha era uma solução que agradava à Áustria e à Inglaterra. O que incomodou terrivelmente os soberanos da Santa Aliança foi a Carta constitucional de d. Pedro. Em plena era da Restauração, quando todas as ideias que estiveram em voga durante a Revolução Francesa vinham sendo sistematicamente combatidas, a implantação de um regime constitucional em um reino da Europa não era bem-vinda.

A Constituição portuguesa foi ultimada em menos de cinco dias por d. Pedro, com a ajuda do Chalaça. Tomava por modelo a brasileira, e em muitos capítulos seus autores se limitaram a substituir as palavras "império" e "Brasil" por "reino" e "Portugal". Mas se diferenciava por atribuir mais poder à Coroa do que ao Legislativo e também por dar à nobreza hereditária, que aqui não existia, um papel no governo. Como sugere Macaulay, d. Pedro percebera que os nobres seriam menos perigosos para o novo regime como legisladores do que como conspiradores.

A Carta também não agradou ao conservador Portugal, recém-saído da experiência traumática das Cortes, que resultara na perda do Brasil. O povo português vivia uma onda de misticismo, de tradicionalismo e de reação às ideias liberais. Ali, a figura mais popular da família real era d. Miguel. Desde que desembarcara vindo do Brasil, em 1821, sua beleza e sua juventude, aliadas ao seu amor aos costumes tradicionais portugueses, haviam cativado o povo. Se Carlota Joaquina, tanto por um sentimento de antipatia natural que os portugueses tinham pelos espanhóis quanto por seus escândalos, era odiada, seu filho Miguel era idolatrado. D. Pedro, por outro lado, era visto em Portugal como um traidor que lhe tirara o Brasil e renegara a pátria de origem.

Desde a dissolução da Assembleia, a atitude de d. Pedro se mantivera ambígua. Segundo o relato de Cochrane e a confidência que fez d. Leopoldina a Maria Graham, havia no governo uma disposição de fazer a paz com Portugal e, talvez, restabelecer a unidade, garantindo a sucessão para d. Pedro dos dois lados do Atlântico. Essa vontade não publicamente confessada se veria em xeque depois da morte do rei.

Colocado diante desse dilema, d. Pedro resolveu consultar não só os ministros e conselheiros de Estado, mas também outras personalidades importantes. Encaminhou a elas algumas questões cujo sentido geral era o seguinte: se era oposto à Constituição e ameaçava a Independência do Brasil que o imperador fosse também rei de Portugal, mantendo-se as duas nações totalmente independentes: segundo Mareschal, era evidente a vontade do imperador de manter as duas Coroas. Alguns dos consultados, com o claro intuito de atender aos desejos do imperador, votaram nessa direção. Mas o voto que prevaleceu foi o que considerava inconstitucional a união das duas Coroas e que ela seria oposta à Independência do Brasil.

Tanto pela Constituição brasileira quanto pela tradição dinástica portuguesa, d. Pedro não poderia reunir as duas Coroas, mesmo mantendo a independência dos dois países. Pois Portugal já dera mostras em 1820 de que não admitia ser governado pelo Brasil, e o Brasil declarara sua Independência em 1822 para não ser novamente governado a partir de Portugal.

O remédio consistia na abdicação da Coroa de Portugal em nome de d. Maria da Glória, "cujo casamento com d. Miguel removeria futuros embaraços". A solução alvitrada deixou os brasileiros contentes: apesar de a abdicação ser condicional, por depender do casamento da futura rainha e do juramento da Carta, via-se eliminado o pesadelo da união das duas Coroas.

4. A Assembleia, os ministros e o gabinete secreto

> Não é facil aconselhar e servir um príncipe extremamente arbitrário em suas ideias, inteligente, mas sem discernimento nem princípios, muito cioso de sua autoridade, irritadiço, de extrema inconstância em suas amizades e não hesitando nunca em sacrificar sem escrúpulo e sem pesar os mais fiéis servidores, conforme as circunstâncias do momento. [Mareschal]

No final de 1824, houve eleições para a câmara, e d. Pedro definiu a composição do Senado. Mas, em virtude da instabilidade nas províncias, a reunião do parlamento eleito foi adiada por mais de um ano. A Guerra da Cisplatina, no entanto, requeria o emprego da Marinha para interditar as linhas de suprimento inimigas através do bloqueio de Buenos Aires, único porto da república inimiga. Era também preciso concentrar o Exército brasileiro na fronteira com o Uruguai, para evitar qualquer movimento do adversário para o norte e para promover a invasão da província rebelde ao sul. Um empreendimento militar dessa magnitude só teria êxito com o apoio da nação. Para viabilizá-lo foi que d. Pedro resolveu finalmente convocar o parlamento.

Em 6 de maio de 1826, a Assembleia Legislativa se reuniu pela primeira vez. Começava seus trabalhos timidamente, pois muitos deputados, diante das práticas de d. Pedro, consideravam a sua convocação como um passo adotado para iludir o povo, tornando-a inoperante e com isso justificando a liquidação total do projeto constitucionalista. No ano anterior, fora assinado o tratado de reconhecimento da Independência do Brasil por Portugal, tão vergonhoso para a honra nacional e danoso aos interesses do Brasil. Foi com a abertura da Assembleia que se tornou pública a cláusula secreta adicional ao tratado de 29 de agosto de 1825. Surpreendeu os deputados que d. Pedro tivesse comprometido inconstitucionalmente o tesouro do Brasil a pagar a soma de 2 milhões de libras esterlinas, na forma como ficou dito acima. Foi nomeada pela Câmara uma comissão para examinar o negócio. Esta concluiu que os termos estatuídos pela convenção secreta eram degradantes, e por esse motivo exigiu cópias autênticas da mesma convenção.

Aberta a porta da participação política com a inauguração dos trabalhos legislativos, abria-se com ela todo um universo de atuação política. Eram os representantes do Brasil inteiro que vinham ali se assentar, dando conta da repercussão das políticas imperiais implementadas durante aqueles três anos. A par disso, o reaparecimento de jornais críticos ao governo reimplantava o clima fervilhante de 1823. Surgiam novos atores, e as estrelas que mais brilhariam nesse firmamento seriam as de Evaristo da Veiga e Bernardo Pereira de Vasconcelos. Por ironia do destino, do lado do governo as figuras que marcariam posição seriam justamente as dos mais aguerridos liberais de 1822: José Clemente Pereira, Januário da Cunha Barbosa e Gonçalves Ledo.

D. Pedro combateria a Assembleia desde a sua instalação, tanto diretamente, enfrentando e recusando suas medidas, quanto de modo sub-reptício, subornando deputados para votarem a seu favor, e até por meio da imprensa, onde continuaria a sua ação de pasquineiro. Nesse contexto é que mais fortemente se evidenciava a contradição intrínseca entre o príncipe que se pretendia liberal e um príncipe extremamente cioso do seu poder e das prerrogativas do cargo. Sendo por natureza pouco afeito a críticas, desconfiado e propenso a dar ouvidos aos intrigantes, d. Pedro cometeria inúmeros erros durante a segunda parte de seu reinado.

Debret atribui à sua natural desconfiança e à falta da obrigação de submeter a administração ao voto da Câmara dos Deputados o fato de d. Pedro, em nove anos de reinado, ter mudado dez vezes o ministério. As mesmas razões o teriam levado a "encerrar-se muito particularmente num círculo reduzido de gente sua, portuguesa e inferior, que escandalizava os brasileiros". O "castelo português", como Hollanda Cavalcanti chama essa roda da qual d. Pedro nunca se desprendeu, formara-se ainda durante a infância e a adolescência do príncipe.

Ao mesmo tempo, todo o formalismo ultrapassado da corte portuguesa, que se reproduzira na corte do Brasil, criava situações inusitadas em virtude das maneiras mais livres de d. Pedro. Ele mantinha com alguns de seus criados relações muito íntimas e informais, que faziam contraste com a rígida etiqueta da corte. Conta o marquês de Gabriac — embaixador da França no Brasil entre 1820 e 1829 — que, visitando d. Pedro, em Santa Cruz, no dia 22 de outubro de 1827, encontrara-o em seu salão de despachos jogando bisca com um camarista e o cirurgião do Paço. Enquanto todos estavam sentados, o visconde de São Leopoldo, ministro do Interior, mantivera-se o tempo todo de pé. "A inesgotável alegria de seu amo, por vezes, tomava-o como cabeça de turco, só respondendo ele com sorrisos respeitosos, enquanto o físico e os criados falavam ao imperador com grande sem-cerimônia."

Logo que d. Pedro nomeava alguém, estabelecia imediata familiaridade, passando a usar vocativos afetuosos nas mensagens, como "meu fulano, meu sicrano", mesmo que estivesse se dirigindo a pessoas mais velhas do que seu pai. Mas seu temperamento instável e a permanente desconfiança que tinha de quase todos os homens públicos faziam que, passada a primeira fase de encantamento, começasse a alimentar suspeitas. Ele se dirigia aos ministros como um chefe de repartição a um simples escriturário: ordeno-lhe, execute, faça. Antes da viagem à Bahia, em 1825, foi através de um bilhete nesse tom que convocou Barbacena a acompanhá-lo: "Considerei sobre a Bahia e, vendo o triste estado da fazenda pública, assentei que devia também levar o ministro da Fazenda. Visto isto, apronte-se, que vai comigo".

Tinha o hábito de intrometer-se em tudo, de distribuir os menores cargos, de dispor dos dinheiros do tesouro, degradando com isso as funções de ministro e humilhando os que as exerciam. Às vezes um ministro dava uma ordem, e por seu lado o imperador mandava à pessoa a quem ela tinha sido expedida que a não cumprisse. Com essas práticas, criava situações difíceis para os ministros, que muitas vezes tinham de responder por atos sobre os quais não tinham nenhum conhecimento. Atos que, apesar de relativos à sua pasta, foram fruto de ordem direta do imperador. E não era raro que, tendo sido malsucedida a empresa, d. Pedro deixasse recair a culpa sobre o inocente auxiliar.

Julgava, aliás, dispensável qualquer competência para ser ministro de Estado e demitia-os por ninharias, por caprichos pessoais, por conta de intrigas. Eles nada representavam perto da imensa confiança que depositava em seus amigos mais próximos. Com a desconsideração com que eram tratados os ministros, o público passou a se referir ao grupo de validos liderados por Francisco Gomes, o Chalaça, como o "gabinete secreto" e a acreditar que ele era o verdadeiro responsável pelo governo. Segundo João Loureiro, do chamado "ministério português", o Chalaça era o "secretário para os negócios ocultos do Brasil e de Portugal", e era com ele que o imperador "dirigia sua política externa". Lorde Strangford dá também testemunho dessa influência: "O imperador disse-me que estaria sempre pronto para ouvir-me, mas, se eu quisesse, dissesse a Francisco Gomes, que era o mesmo que tratar com ele".

De simples criado particular do Paço, Francisco Gomes foi sucessivamente promovido pelo imperador a ajudante da guarda de honra, e a seu secretário privado; e, finalmente, tanta ascendência ganhou sobre o ânimo de seu amo que, dizia Armitage, "se pode avançar sem exageração, que partilhava com ele a autoridade suprema". A influência do Chalaça era, de fato, imensa, e portugueses e brasileiros, se queriam obter algum favor do governo, procuravam cortejá-lo. Nesse sentido, escrevia João Loureiro: "É sabido nestes negócios de Portugal que quem se abaixa a Francisco Gomes, quem vai com as suas chalaças, quem o elogia e serve com humilhação tem sido atendido".

Otávio Tarquínio acha que muitas das acusações contra o Chalaça são injustas. A seu ver, apesar de o Chalaça não ter nenhuma superioridade intelectual, redigia com facilidade e, como secretário de d. Pedro, apresentava excepcional requisito: "a diligência em executar quaisquer ordens recebidas, ajustando-se ao ritmo acelerado de trabalho e de atividade peculiar ao príncipe". Os documentos escritos com a letra de Francisco Gomes que hoje constam nos arquivos do Museu Imperial demonstram como a sua redação era correta, efeito da boa formação que tivera no seminário. Não lhe faltavam inteligência, sagacidade e alguma instrução. Ao contrário de Plácido, ele não se aproveitou das facilidades que teve para enriquecer. Suas maneiras não eram impecáveis, mas certamente não destoavam muito do feitio geral da corte brasileira. Faltava-lhe educação, mas esta também não sobrava ao seu amo. E entre um e outro, a diferença, neste quesito, é toda a seu favor.

5. O reconhecimento da duquesa de Goiás

Em 20 de maio de 1826, Isabel Maria, a filha de Domitila, nascida em 23 de maio de 1824, era reconhecida como filha do imperador. À festa de 24 de maio, na casa da marquesa, compareceu o *crème de la crème* da corte do Rio de Janeiro, inclusive representantes do corpo diplomático. Informada pelo próprio marido do que se passaria naquele dia, a imperatriz não apareceu. Segundo um diplomata espanhol, a imperatriz *"se afligio mucho y, encerrando-se em su habitacion, lo paso llorando"*.

Em 5 de junho de 1826, Mareschal informava em seu relatório:

> O temor de que uma relação tão evidente perturbasse a união de SS. MM. II. se dissipou, pois sua majestade, a imperatriz, julga o assunto com boa vontade, e o imperador redobra seus cuidados e atenções com a augusta princesa; parece mesmo que o príncipe não perde a oportunidade de me fazer ver que, de seu lado, não há do que se queixar.

Mareschal também deu conta a Metternich do que se passava, dizendo que d. Leopoldina "suporta a situação tão penosa e tão mortificante com toda a coragem e a resignação possíveis". No dia 6 de junho foi feita a apresentação oficial da duquesa de Goiás à imperatriz, e a partir de então a menina passou a ir diariamente ao palácio para ser educada junto com as irmãs.

A situação, no entanto, se complicou quando d. Maria da Glória, de temperamento parecido com o do pai, se recusou a conviver com aquela que chamava de "a Bastarda". D. Pedro ameaçou esbofeteá-la, ao que a menina respondeu: "O imperador não pode bater na rainha de Portugal". Mesmo assim Maria da Glória levou uma palmada, e sua irmã Paula Mariana, vendo a irmã ser punida por causa da outra criança, deu um empurrão na pequena duquesa. O pai também bateu em Paula. Diante disso, d. Leopoldina finalmente se rebelou. Ela já havia escrito a respeito da presença da duquesa de Goiás junto dos seus filhos: "Tudo posso sofrer e tenho sofrido, menos ver essa menina a par de meus filhos [...] é o maior dos sacrifícios recebê-la".

Ao tomar a defesa das filhas, Leopoldina incorreu na ira do marido. Mareschal, em seu relatório para a Áustria, dá conta de que as "pequenas discussões que aconteceram foram todas provocadas pelas crianças, mostrando-se às vezes o imperador muito duro com as jovens princesas e muita preferência pela filha natural". Tendo d. Leopoldina se recusado a receber novamente no Paço a duquesa de Goiás, seu cavalo lhe foi retirado, e ela, segundo o mesmo diplomata, passou a fazer

> seus passeios apenas com permissão do imperador, que lhe indica hora e lugar, mas essa permissão é algumas vezes concedida com a condição de aparecer lá onde ele se encontra com a amante e seus apaniguados; em uma palavra, esta augusta princesa não se levanta e não se deita, não come, não bebe e não passeia senão em consequência da autorização especial do seu esposo, autori-

zação que a leva a jamais aparecer na cidade ou num lugar público qualquer a não ser que ela [Domitila] a acompanhe.

Depois dessas rusgas domésticas, d. Pedro declarou-se de férias e no dia 12 de junho viajou com Domitila, a duquesa de Goiás e toda a família Castro para a Fazenda de Santa Cruz, lá permanecendo durante quase vinte dias. No dia 29 de junho, já de volta ao Rio de Janeiro, ele compareceu ao aniversário de uma dama da corte, acompanhado de d. Leopoldina, Domitila e seus parentes mais próximos. Em recompensa por ter se prestado a isso, a imperatriz recuperou o direito de sair.

As atitudes do imperador no âmbito doméstico começaram a provocar reações públicas mais violentas a partir de agosto de 1826. O *Português Brasileiro*, um dos pasquins que circulavam na cidade, criticava a "cega paixão amorosa" que o imperador "há tributado a mulher indigna de tal sorte por sua má conduta e baixa educação". Em Buenos Aires alguns exilados publicaram violento panfleto, em que se indagava: "Que esperais desse marido brutal, que escandalosamente libertino nada respeita de quanta mocidade há na corte de ambos os sexos, idade e cores; tudo desmoraliza e trata depois com as formas mais indecentes e rasteiras à lamentável de sua esposa?".

Para tentar desestimular essas críticas, d. Pedro tornou a se ocupar com d. Leopoldina. Nesse curto período de reaproximação do casal, d. Leopoldina engravidou novamente. Sua saúde, no entanto, começara a declinar depois da viagem à Bahia. Maria Graham acredita mesmo que foi a viagem ("ou, de qualquer modo, algumas das circunstâncias que a cercaram") que provocou a doença nervosa causadora da morte da "mais amável das princesas". Em carta de 28 de abril, Leopoldina contava: "Uma viagem bem penosa à Bahia [...] o consolo que me resta é seguir sempre o caminho da virtude e da retidão, com firme confiança na divina providência". E queixava-se de dores reumáticas nos braços e de um entorpecimento na mão direita. Repetiria essas queixas em junho, aludindo a uma tentativa que havia feito para conseguir sair para fazer uma visita a seu pai. Em 5 de julho de 1826, Mareschal demonstrava temores pela saúde da arquiduquesa:

> Meus temores pela saúde da augusta princesa são partilhados por muitos, porque forte e robusta como ela é, uma febre seria provavelmente mortal. Por outro lado, na sua cegueira atual, seu esposo sabe que mesmo a pranteando sinceramente não chegaria a substituí-la pelo objeto de sua paixão.

Quando Maria Graham, de regresso à Inglaterra, foi se despedir de d. Leopoldina, no dia 8 de setembro de 1826, teve a mais dolorosa impressão.

> Encontrei Sua Majestade em sua biblioteca, inteiramente só, e pareceu-me fraca de saúde, e com maior depressão de ânimo do que de costume. Saí com um sentimento de opressão, quase novo para mim, pois deixava-a, como previ, para uma vida de vexações maiores que tudo que ela havia sofrido até então, e num estado de saúde pouco propício para suportar um peso adicional.

Mansfeldt, imigrante alemão, registra como ficou "espantado de ver a augusta princesa tão pálida, por assim dizer, a apagar-se na flor dos seus anos [...] os olhos quase extintos". O descuido com a aparência também fazia parte desse quadro. Se nos anos anteriores houve quem lhe destacasse a elegância, nos dois últimos anos de vida seu aspecto tornou-se totalmente desleixado. Andava quase sempre vestida de amazona, e para sair usava botas grosseiras ornadas com grandes esporas sem brilho, iguais às que são usadas pelos mineiros. Enrolava-se num casaco enorme e desgracioso, colocava um chapéu de homem e assim vestida montava seu cavalo, cavalgando por toda a cidade.

O mercenário Theodor Bosche diz que seu traje parecia mais de um homem que de uma mulher: "Um chapéu redondo de homem, polainas, uma túnica, e por cima um vestido de amazona". Também menciona as botas de montar, pesadas e maciças, com esporas de prata. O próprio Mareschal chegou a aconselhar que largasse o traje masculino que usava, que não seria próprio "a inspirar a afeição do seu esposo".

Segundo a descrição de um viajante que a viu em casa no ano de 1826, vestia-se como uma cigana, não usava corpete ou espartilho, as saias estavam presas por alfinetes, e ela trazia os cabelos, que eram longos e lisos, soltos e escorridos por seu rosto e ombros e tão em desalinho como se lhe faltassem os cuidados de um cabeleireiro e de uma criada de quarto há pelo menos oito dias. Tal descaso com a aparência, no entanto, fazia parte do quadro de profunda depressão em que mergulhara. Diz Debret que seus admiradores lamentavam que "a longa série de desgostos tivesse alterado nela as graças de seu sexo". Nas cartas para a família pode-se acompanhar a evolução do processo depressivo. Para a irmã: "A chama da juventude se apaga [...] só tu me amas verdadeiramente". Para sua tia Amélia, escreveu:

> Teria muitas coisas a vos contar, pedindo-vos não me recusar vossos conselhos, mas a certeza absoluta de que todas as cartas são abertas me recomenda o mais completo silêncio sobre a política e muitos outros assuntos em que os conselhos de uma segunda mãe, a querida tia, me seriam indispensáveis. Estou na mais completa solidão.

As cartas que escreveu para Maria Graham em setembro de 1826 revelam seu estado de abandono.

Fui muito agradavelmente surpreendida quando o nosso excelente amigo, o barão de Mareschal, me entregou duas amáveis cartas vossas. É o único consolo que me resta no isolamento.

É um verdadeiro consolo para minha alma e me faz suportar mil dificuldades que se me opõem, saber que tenho tantas pessoas que se interessam pela minha sorte.

Há muitas coisas neste mundo que se desejariam mudar por vários motivos e que um sagrado dever ou a amarga política impedem. Estas mesmas razões me forçam a ficar no Brasil, tão firmemente persuadida de que na Europa gozaria de maior repouso de espírito e de muita consolação, achando-me perto de minha família e de vós, a quem estimo e a quem dedico carinhosa amizade. [...] Mas deixemos de falar sobre este tema. Continuando a escrever e a pensar nisso, poderia me deixar levar por uma negra melancolia. [17 de setembro de 1826]

A última carta da imperatriz para a amiga tem a data de 22 de outubro de 1826 e é ainda mais triste:

Minha cara amiga!
Estou desde há algum tempo numa melancolia realmente negra, e somente a grande e terna amizade que vos dedico me proporciona o doce prazer de escrever estas poucas linhas. Em breve visitareis o jardim da Europa — a incomparável Itália — [...] como vos invejo, do fundo deste deserto, essa doce felicidade!!!

Por ocasião do seu aniversário, em 12 de outubro, o imperador promoveu farta distribuição de graças e títulos à família Castro. O pai de Domitila recebeu o título de visconde de Castro; o cunhado, o de barão de Sorocaba, e a própria Domitila, o de marquesa de Santos, em consideração aos distintos serviços que prestara à duquesa de Goiás. Todos os irmãos de Domitila tornaram-se gentis-homens da casa imperial, um deles tornou-se coronel, e dois outros parentes, guarda-roupas do imperador. O pai de Domitila adoeceu justamente nessa época. D. Pedro não abandonou a cabeceira do doente e ficou fora de casa por quase todo o mês. No dia 21 de outubro, d. Leopoldina escreveu-lhe então dizendo: "Senhor, faz um mês que o senhor não dorme em casa; desejaria que o senhor escolhesse uma das duas, ou me dará licença para retirar-me para junto do meu pai. Assinado: Maria Leopoldina d'Áustria".

Mareschal soube dessa carta através do marselhês François Pascal Bouyer, cozinheiro da imperatriz, encarregado de entregá-la em mãos ao imperador. Segundo o mesmo cozinheiro, quando d. Pedro a recebeu, disse à marquesa de Santos que lhe era indiferente perder o seu Império "contanto que conservasse o objeto de seus desejos". Mas enfurecido com a audácia de d. Leopoldina, voltou para casa e teve com ela uma violenta discussão. Antes de retornar para a casa de Domitila, disse que a imperatriz gastava demais com comida, mandou cortar pela metade a verba da cozinha e deu ordens para que não lhe fornecessem cavalos para passear.

6. Agonia e morte da imperatriz

> Depois de ter sido exposta em estado por três dias, seus despojos mortais foram depositados no Convento de Nossa Senhora da Ajuda e a terra veio cobrir a filha dos Césares, a irmã da esposa de Napoleão. De um gênio amável, porém destituída de atrativos pessoais, nunca teve a felicidade de ganhar as afeições de d. Pedro. [...] Se ela tivesse preponderado mais em seu ânimo, melhor teria sido, tanto para ele, como para o Brasil; porquanto eram as suas vistas muitas vezes varonis, e gozava de considerável popularidade. [Armitage]

D. Leopoldina estava grávida de três meses, e depois daquela cena violenta com d. Pedro ela adoeceu. Sofria de dor em uma perna — supunham os contemporâneos que fossem provocadas por pancadas que lhe dera o marido — e tinha ataques de melancolia que a faziam chorar como uma criança. Dizia que tinha uma saudade excessiva de sua família, de sua pátria e de Annony, a ama que a tinha criado. Deixou de passear a cavalo e só o fazia de carruagem com as filhas. Voltava sempre no mesmo estado de tristeza, dizendo que morria. Entrava em seus aposentos da Quinta da Boa Vista e, pedindo que fossem fechadas todas as janelas, dizia: "Faça-se a noite".

Com o agravamento da Guerra da Cisplatina, d. Pedro resolvera partir para o sul. No dia 20 de novembro, em que d. Leopoldina devia assumir a Regência, quando a corte esperava na antessala para o beija-mão, ouviu-se violenta discussão entre ela e o imperador. Leopoldina se recusava a entrar na sala em companhia de Domitila. Coisa a que o marido a queria obrigar justamente, como diz o biógrafo de d. Leopoldina, para desmentir, pelo aparecimento conjunto da mulher e da amante,

> todos os perigosos boatos sobre a discórdia entre ele e a esposa. Em outras palavras, queria que a imperatriz, que agora já não podia mais fingir ignorar as relações do marido com d. Domitila, desse, neste ato de despedida, a sua formal anuência ao papel meio oficializado da amante.

Diante da negativa de d. Leopoldina à ordem de que entrasse no salão acompanhada unicamente de Domitila, d. Pedro, furioso, tentou arrastá-la, e consta que nessa ocasião a teria machucado. Poucos minutos depois, Domitila entrava na sala seguida por d. Pedro, bastante nervoso, pedindo desculpas em nome da imperatriz, que passara mal e não podia comparecer ao beija-mão. Sobre o tipo de agressão que d. Leopoldina teria sofrido, divergem os historiadores. Gabriac disse que, no dia seguinte, a imperatriz apresentava contusões. A maioria dos contemporâneos menciona pontapés que teriam sido dados pelo imperador na mulher grávida. Segundo Carl Seidler:

> Outra versão, talvez mais fundada, dizia que d. Pedro em momento de cólera maltratara gravemente sua esposa em adian-

tada gravidez, mesmo que lhe dera pontapés, e que essa fora a causa da morte. Seja como for, em semelhante processo não podem apresentar-se testemunhas, e nenhum depoimento pode ter valor.

E John Armitage:

A sua conduta para com a imperatriz era a mais dura; assevera-se até que lhe dera pancadas na precipitada altercação. Talvez haja nisto exageração; mas o que é certo é que a desgraçada imperatriz, que se achava nessa ocasião mui adiantada na sua gravidez, foi conduzida logo do lugar da entrevista para o leito de dor, e só se ergueu para uma curta e penosa peregrinação à igreja da Glória, onde fazia debalde preces para a sua melhora.

Na última carta para a irmã Maria Luísa ditada por Leopoldina em seu leito de morte à marquesa de Aguiar, ela menciona um "horroroso atentado" que sofrera do marido na frente "daquela mesma que é a causa de todas as minhas desgraças". E diz acreditar que esse atentado será a causa da sua morte.

Minha adorada mana. Reduzida ao mais deplorável estado de saúde e chegada ao último ponto de minha vida, no meio dos maiores sofrimentos, terei também a desgraça de não poder eu mesma explicar-vos todos aqueles sentimentos que há tanto tempo existiam impressos na minha alma. Minha mana! Não vos tornarei a ver! Não poderei outra vez repetir que vos amava e adorava. Pois já que não posso ter esta tão inocente satisfação, igual a tantas outras que permitidas me não são, ouvi o grito da vítima que de vós reclama não vingança, mas piedade e socorro de fraternal afeto para inocentes filhos que órfãos vão ficar em poder das pessoas que foram autores de minhas desgraças, reduzindo-me ao estado em que me acho, de ser obrigada a servir-me de intérprete para fazer chegar até vós os últimos rogos de minha aflita alma. A marquesa de Aguiar, de quem vós conheceis o zelo e o amor verdadeiro que por mim tem, como repetidas vezes vos escrevi, essa única amiga é que escreve em meu lugar.

Há quase quatro anos, minha adorada mana, como vos tenho escrito, que por amor a um monstro sedutor me vejo reduzida ao estado da maior escravidão e totalmente esquecida do meu adorado Pedro. Ultimamente acabou de dar-me a última prova de seu total esquecimento, maltratando-me na presença daquela mesma que é a causa de todas as minhas desgraças. Muito e muito tenho a dizer-vos, mas me faltam as forças para me lembrar de tão horroroso atentado que será sem dúvida a causa da minha morte.

Tendo-se constatado a gravidade do estado de d. Leopoldina, Mareschal se instalou na Quinta da Boa Vista no dia 30 de novembro. Segundo registrou, a agonia foi curta e dolorosa: "Ela desesperou desde o princípio; tendo em vista sua idade, sua constituição e a fatal complicação de uma gravidez, fez-se o que foi possível para salvá-la". Sua imaginação só estava ocupada por terrores religiosos e medos em relação a seus filhos, os quais ele teve que mostrar-lhe várias vezes para acalmá-la.

A popularidade da imperatriz era inversamente proporcional à da marquesa. Pesavam contra Domitila a fama de corrupta e o preconceito natural da sociedade da corte contra a mulher de vida irregular. Ao mesmo tempo, era do conhecimento do público a situação de pobreza, isolamento e abandono em que vivia d. Leopoldina. Os boatos de que estava prisioneira no palácio obrigavam d. Pedro a, de tempos em tempos, dar demonstrações públicas de que essa informação não procedia. Por isso, durante a doença da imperatriz houve grande agitação. Apareceram inúmeros pasquins e cartas anônimas contra os ministros e Domitila. Dois tiros foram dados no coronel Oliva, camarista da imperatriz e cunhado da marquesa de Santos. Dizia-se que o médico assistente, Navarro de Andrade, estava mancomunado com a marquesa para propinar veneno à enferma. Levantou-se contra a favorita do imperador uma onda de animosidade pública. Foi preciso guardar-lhe a casa com patrulhas de cavalaria, só com isso impedindo que fosse invadida. Mesmo assim a casa da marquesa foi apedrejada. Sobre esses tumultos, escreveu o marquês de Paranaguá a d. Pedro, em 6 de dezembro: "Não devo ocultar a V. M. I. que, para aumentar a nossa inquietação, o povo murmura e muito sobre a origem da moléstia, querendo atribuí-la a causas morais, e não físicas".

Domitila aparece também, no pior momento de sua biografia, na cena trágica da morte da imperatriz. A história está no livro de viagens do reverendo Walsh:

> Nessa ocasião, diz-se, a pessoa que tinha sido a causa de todas as suas aflições domésticas estava avançando para o seu apartamento; como era ela a última pessoa que podia desejar vê-la, foi feita uma representação sobre a impropriedade de sua entrada na câmara da imperatriz, e acrescentado por causa da presença aos sofrimentos da imperial senhora. Contudo ela persistiu no direito de seu emprego de camareira, fazendo seu caminho, com o desprezo total de todos os sentimentos e sentido da decência em tão solene ocasião, apesar das fortes queixas a ela feitas.

De fato, segundo Mareschal, que também esteve todo o tempo em São Cristóvão,

> a concubina deu provas de imprudência e loucura. [...] Seus ares imperiais ao atravessar os cômodos como se estivesse to-

mando posse e o tom arrogante e escandaloso de seus lamentos fizeram que a dama de companhia incumbida, segundo os costumes, de presidir a consulta dos médicos não a recebesse.

O mesmo episódio é também contado pelo criterioso Armitage:

> Nas agonias da febre que precedera a morte, a marquesa de Santos teve o cruel arrojo de apresentar-se para ser admitida à câmara da enferma. Esta exigência produziu naturalmente alguma confusão na antecâmara, sobre a qual Sua Majestade se quis informar. Até então havia ela suportado o mau tratamento de d. Pedro com a mais exemplar submissão, mas esse último insulto fez reviver no peito da imperatriz a nobre dignidade da casa da Áustria, e recusou em termos decisivos e explícitos receber a intentada visita. Enraivecida por esta denegação, a marquesa tentou dirigir-se à câmara da augusta doente, e o teria conseguido não fosse a interposição pessoal do marquês de Paranaguá, ministro da Marinha, que se postou à porta e lhe disse: "Tenha paciência, senhora marquesa, Vossa Excelência não pode entrar".

O comunicado enviado a d. Pedro pelo ministério, em 11 de dezembro, dando a notícia da morte de d. Leopoldina, não deixa dúvidas sobre a influência do estado de espírito da doente em sua morte e das reações públicas a esta.

> Julgamos do nosso dever de fidelidade comunicar a V. M. I. que S. M. a imperatriz durante a sua cruel enfermidade sofreu alternadamente violentas convulsões e ataques nervosos com perturbações do cérebro e em seus delírios, pronunciando palavras que indicavam os motivos de sua inquietação, deixava perceber que algumas causas morais ocupavam sua imagina-

ção, e que objetos de desgosto e de ressentimento se tinham apoderado grandemente do seu espírito, e que tendo chegado ao conhecimento do público, a quem nada pode ser ocultado em tais circunstâncias, excitou nele grande murmuração com ameaças de vingança.

A imperatriz morreu às dez e quinze da manhã do dia 11 de dezembro de 1826. Nove anos depois de se deslumbrarem pela primeira vez com a paisagem brasileira, os belos olhos azuis da arquiduquesa da Áustria Leopoldina Carolina se fecharam para sempre. Em carta para Maria Graham, diz Mareschal: "Sua morte foi chorada sincera e unanimemente". José Bonifácio, do exílio, escreveu a um amigo: "A morte da imperatriz me tem penalizado assaz. Pobre criatura! Se escapou ao veneno, sucumbiu aos desgostos".

7. Esforço de guerra

A viagem de d. Pedro ao teatro da guerra foi encurtada pelas notícias que recebera do Rio de Janeiro. Ele partira em 29 de novembro; depois de viajar cinco dias por mar, desembarcou em Santa Catarina, de onde seguiu por terra para o Rio Grande do Sul. Junto com o Chalaça, percorreu uma distância de mais de quatrocentos quilômetros a cavalo e chegou a Porto Alegre na noite de 7 de dezembro. Conta Macaulay que, encontrando o Exército em condições bem piores do que imaginara, d. Pedro reagiu com a energia costumeira: lançou uma enxurrada de ordens, demitiu os corruptos e os incompetentes, confraternizou com a tropa e deu uma sacudida geral na administração militar e civil.

Mas as tropas brasileiras estavam de moral baixo e eram muito mal preparadas. As formas de recrutamento militar eram tão ou mais violentas que as de apreensão de escravos fugidos. As péssimas condições em que viajavam motivaram a morte de cerca de mil recrutas cearenses que rumavam para o cenário da guerra. Com o início do inverno, em junho, o moral das tropas despencou, pois pernambucanos e baianos, famintos, descalços e com roupas de algodão, não estavam equipados para o frio. Quando d. Pedro esteve em Sacramento, os argentinos invadiam o interior do Rio Grande do Sul e estavam prestes a conquistar toda a parte oeste daquela província. O sequestro de navios estrangeiros provocara o protesto das potências europeias e dos Estados Unidos, que não reconheceram o bloqueio do porto de Buenos Aires. Para piorar as coisas, o governo argentino emitiu cartas de corso a estrangeiros que começaram a saquear navios brasileiros do Maranhão ao Rio Grande do Sul.

Em 10 de fevereiro de 1827, a esquadra argentina destruiu o destacamento naval brasileiro no baixo Uruguai. Dez dias depois, o Exército brasileiro, com 6 mil homens, sofreu uma emboscada em Ituzaingó, no Rio Grande. Uma semana mais tarde uma expedição da Marinha imperial foi totalmente destruída por corsários perto da foz do rio Negro, na Patagônia. A Marinha brasileira conseguiu uma vitória, porém, em 8 de abril.

Diante dos altos custos da guerra, a Inglaterra resolveu pressionar por um acordo de paz. A Argentina, cuja unidade estava ameaçada pela revolta de algumas províncias, enviou um representante ao Rio de Janeiro com a proposta de que o Brasil e a Argentina desistissem de suas pretensões, dando ao Uruguai o status de república independente. D. Pedro recusou essas bases, e pelo tratado que levou o representante argentino a assinar, em 24 de maio de 1827, ficou estabelecido que as partes reconheciam o Uruguai como província do Império brasileiro; que as tropas argentinas sairiam; e que seria paga uma indenização ao Brasil pelos prejuízos causados pelos corsários. Rivadávia recusou-se a aceitar essas condições, o tratado foi anulado, e a guerra prosseguiu por mais um ano.

Os esforços do imperador para manter o Uruguai receberam pouco apoio da Assembleia. Os fazendeiros escravocratas que a controlavam não se sentiam inclinados a lutar pelo Uruguai, terra inadequada para o cultivo de cana e café. A revelação ao parlamento da dívida de 2 milhões de libras esterlinas relativa ao Tratado da Independência com Portugal, quando a nação mal poderia arcar com os custos da preparação do Exército ou da manutenção de cerca de sessenta navios no bloqueio a Buenos Aires, exaltou ainda mais o ânimo dos que eram contra a guerra. Envolvendo um exército de cerca de 26 mil homens, ela roubava braços tão necessários para a agricultura e era um desastre para as finanças imperiais. O empréstimo no valor de 3,6 milhões de libras esterlinas negociado em 1824 com os Rothschild já havia se esgotado, e a situação dos cofres públicos era desesperadora.

8. A Nova Castro

Depois de ter sido barrada na antecâmara da imperatriz, a marquesa de Santos retirou-se ameaçando vingar-se de todo o ministério. Antes de d. Leopoldina morrer, ela já havia escrito a d. Pedro. Queixava-se de que ministros e outras pessoas tinham se servido do pretexto da doença da imperatriz para insultá-la, proibindo a entrada no palácio. Dizia estar correndo perigo, pois o povo teria sido incitado contra ela e que se não fossem o ministro da Guerra e o intendente de polícia ela e os seus teriam sido apunhalados. Implorava pelo imediato regresso do amante. D. Pedro recebeu a carta na capital do Rio Grande, e tal foi a sensação que lhe causou que resolveu imediatamente regressar ao Rio de Janeiro.

Escrevendo para Domitila, em 15 de janeiro de 1827, no navio que o trazia de volta, o imperador garantia: "Pedro I, que é teu verdadeiro amigo, saberá vingar-te de todas as afrontas que te fizeram". E assim foi. Sua cólera se voltaria toda contra os que supostamente tinham insultado a marquesa.

Quando o ministério foi a bordo cumprimentá-lo, tratou-o "com tão estudada indignidade que deram todos a sua demissão". Mal pôs os pés em terra, mandou lavrar decretos demitindo das pastas dos Estrangeiros, Justiça, Fazenda e Marinha os marqueses de Inhambupe, Caravelas, Baependi e Paranaguá.

Em seu ofício de 18 de janeiro de 1827, o marquês de Gabriac diz que Paranaguá lhe asseverara que Domitila havia mandado uma carta de acusação contra ele, Paranaguá e os outros ministros. Os cronistas do tempo são unânimes em relacionar essas demissões ao episódio da expulsão da marquesa do Paço. D. Pedro também se mostrou profundamente irritado com a camareira-mor, marquesa de Aguiar, com o mordomo, marquês de São João da Palma, e até com o velho mestre e confessor frei Arábida, despejando-os do Palácio de São Cristóvão, onde se tinham instalado desde o começo da doença da imperatriz.

Apesar de muito sentido com a morte da mulher, o imperador buscaria consolo nos braços de Domitila. Na mesma carta em que prometia vingá-la, informava que como tomava nojo por oito dias, iria vê-la somente à noite, na forma do costume. De fato, dos oito dias, os dois primeiros passou-os em casa da marquesa. Causou espécie o seu comparecimento às cerimônias religiosas em sufrágio de d. Leopoldina acompanhado da amante grávida.

Na carta que escreveu para Maria Graham dando a notícia da morte da imperatriz, Mareschal disse a respeito: "Ela deixa um vácuo perigoso. Nada até agora indica nem que se pretenda preenchê-lo, nem por que pessoa". O temor do representante de Francisco I era que d. Pedro acabasse se casando com a amante. De fato, no início de 1827 os laços entre d. Pedro e Domitila pareciam tão estreitos que muita gente acreditou que se casariam. Em março, ele viajou para Correias com a marquesa e a pequena duquesa de Goiás. De lá, escreveria para d. Escolástica ("minha querida velha do meu coração") informando que

> eu e mais a minha (perdoe) marquesa e amiga do fundo da alma nos recomendamos muito saudosamente àquela que tanto nos merece: a ela por mãe e a mim porque muito a estimo e lhe desejo muitas felicidades.

Em 5 de maio ele escrevia para Domitila da Quinta da Boa Vista, a propósito de um pedido dela: "Tu mandas nesta tua casa como se fosses eu, e tudo o que quiseres e não te resolveres a mandar a ordem, dize-mo, que eu prontamente o executarei com todo o gosto e prontidão". Consta até que ele a teria convidado para viver no Palácio de São Cristóvão como primeira-dama. Impressionou muito à gente da corte o fato de que por essa época tenha se andado à procura de provas das origens nobres de Domitila de Castro e do seu parentesco com Inês de Castro, cujos brasões ela passou a usar. A situação preocupava Metternich, que em 26 de março de 1827 escrevia a Mareschal:

> É inadmissível que o imperador pense em se casar com a senhora Santos, pois seu marido é vivo. [...] Seria inconcebível, para não dizer pior, que o imperador confiasse a guarda de seus filhos à senhora de Santos e a nomeasse tutora ou aia.

Mas o estado de espírito do imperador, ao que parece, sofrera algum abalo com a morte da mulher com quem vivera por nove anos e que o amava sinceramente. Gabriac afirma que ele lhe teria confessado em certa ocasião: "O pensamento da imperatriz não me deixa". No aniversário da duquesa de Goiás, em 24 de maio de 1827, segundo o mesmo Gabriac:

Dava o imperador no Palácio de São Cristóvão um jantar. Foi servida a mesa na mesma sala e, por coincidência, até no mesmo lugar em que esteve depositado o caixão com o cadáver da esposa antes de ser conduzido para o Convento da Ajuda. Durante o jantar, teve o imperador a necessidade de se levantar e procurar um dos aposentos do palácio. Aí, de repente, contou mais tarde a alguém dos seus íntimos, vira realmente a imperatriz, que se lhe mostrava triste, desaparecendo instantaneamente. Afirmou o imperador ainda que não foi uma ilusão porque não pensava nela, e sim uma realidade de seus olhos. Quando a demora da ausência do imperador causou estranheza aos convivas, a marquesa foi procurá-lo e o encontrou chorando e em soluços, abraçado ao retrato da falecida mulher.

Mareschal soube pelos serviçais do palácio que d. Pedro andava muito pensativo e que o tinham visto abraçar o filho, dizendo: "Pobre menino, você é o príncipe mais infeliz do mundo". Segundo Otávio Tarquínio, "desde maio, entre os dois amantes, se tinham levantado nuvens no horizonte". Testemunhas da época também registram nesse mês uma contenda entre d. Pedro e Domitila, talvez motivada pela crise de choro dele no dia do aniversário da filha da marquesa. Mareschal diz em seu relatório do dia 22 de junho que sabia "que há uns quinze dias as relações de Sua Majestade com a favorita tinham sofrido uma alteração sensível; vários rumores corriam sobre a causa desse arrefecimento, mas nenhum era absolutamente comprovado". Mareschal conta também que d. Pedro "realmente disse à marquesa, em uma de suas brigas domésticas, que tinha a intenção de se casar novamente".

9. Amor x casamento

> Vire o mundo o que virar, em nós não faz brecha. [Trecho de carta de d. Pedro a Domitila, de 4 de maio de 1827, na qual o nome dos dois aparece cruzado]

Se em 1826 a vítima dos maus-tratos de d. Pedro foi d. Leopoldina, logo Domitila também experimentaria o que era cair em desgraça junto ao amado. Não chegaria com ela aos excessos a que chegou com a imperatriz, mas demonstraria a mesma falta de delicadeza na mistura de sentimentos entre a amante e aquela que ele chamava "a proprietária". Já em plena negociação para o casamento, ele se despede dizendo: "Tens tu saúde e tudo quanto apeteceres, que seguramente eu conto de gozar da tua companhia enquanto não vier a proprietária".

A decisão de d. Pedro, tomada em meados de 1827, de buscar nas cortes da Europa a futura imperatriz, quando parecia até mesmo ao ministro da Áustria que a marquesa seria alçada ao trono, representou um duro golpe no relacionamento. Em 16 de junho de 1827, d. Pedro pediu a Mareschal que sondasse o sogro sobre a possibilidade de vir a se casar com alguma de suas cunhadas. Não parecia feliz ao fazer essa proposta. O próprio embaixador disse que teve dificuldade em entender o que o imperador dizia quando lhe fez esse pedido: "Balbuciava de tal forma que fui obrigado a fazê-lo repetir duas vezes a frase para compreender o que dizia". Comprometia-se a se afastar da marquesa de Santos, pois "sentia vivamente a sua degradação oposta a seus princípios religiosos".

Na conversa com Mareschal, d. Pedro, muito sério, quase melancólico, garantiu que queria sair da situação em que se encontrava, mas como conhecia a própria fraqueza, só comunicaria à amante esse projeto quando ficasse claro "que todas as intrigas e lamentações" não pudessem mais "deter a transação". D. Pedro também escrevera ao sogro prometendo daí em diante emendar-se:

> Como escrevo a V. M. com tanta franqueza, vou protestar-lhe que convencido d'um dever religioso é que procedo deste modo; que toda a minha maldade acabou; que d'hoje em diante não cairei nos erros em que até agora tenho caído, e dos quais me arrependo e tenho pedido a Deus perdão, prometendo nunca mais os cometer; desejo casar-me para viver conforme a minha religião e edificando os meus súditos, que têm precisão de bons exemplos dados por mim.

Segundo Alberto Rangel, em 21 de junho d. Pedro comunicara à marquesa de Santos que tinha a intenção de deixá-la. Não seria sem profundo sofrimento que d. Pedro tomaria aquela decisão. Mesmo ao afirmar a intenção de se casar de acordo com o que parecesse melhor ao sogro, ele resiste à ideia de expulsar a marquesa da corte, alegando que, grávida, ela não resistiria ao golpe.

> Mandá-la embora seria causar uma revolução e provocar a morte da mãe e da criança. Não posso cometer um ato tão bárbaro, que ninguém aprovaria nem teria o direito de exigir de mim. A marquesa sabe o que se passou, não a estou abandonando por fastio ou mau humor, mas sim por convicção e dever. Não tenho nada a reclamar dela, nunca fez nem fará mal a ninguém. Como posso privá-la de suas propriedades e impedir que as aproveite? Estas lhe pertencem atualmente, e não posso conversar sobre este assunto antes do parto.

Como demonstram suas cartas para Domitila, a separação a que se obriga é para ele extremamente dolorida.

> O que só agora me atormenta e para sempre me atormentará é não poder estar contigo como antes estava. Filha, já não te ofereço o meu coração porque é teu, mas sim te digo que muitas saudades tuas me atormentam este teu coração, que nasceu para ser para todo o sempre infeliz. Nem por sombra desconfies de mim, porque por minha desgraça bem me basta ter te perdido para sempre com o casamento e ter me atormentado por tudo que tem havido para te perderem. As saudades que tenho de ti, o amor que te tenho, o não poder estar contigo, em suma, a minha desgraça é que me faz atormentar-te com estas asneiras, moendo-me e ralando-me primeiro.

A luta de d. Pedro para se livrar do amor e da amante se prolongaria por quase três anos. Mareschal teria um grande papel nessa campanha como representante do avô dos príncipes, exercendo real influência no ânimo de d. Pedro. Todo esse processo está registrado em seus relatórios para

Metternich. Até mesmo as ironias, como a que faz a respeito da confissão de d. Pedro de que vivia castamente, como um santo, havia oito meses. "Vossa alteza certamente não achará estranho que eu não afiance esta asserção", completava o bem-humorado ministro, conhecedor havia tantos anos do furor erótico do imperador.

Mareschal aproveitou a confiança que lhe dava d. Pedro para informá-lo do efeito que o conhecimento de sua ligação com a marquesa causara na Europa e no imperador da Áustria. "Na Europa, dada a diferença de costumes, a condenação fora geral: Francisco I sentira como soberano e pai". De fato, à margem de um dos relatórios de Mareschal, que Metternich lhe fizera chegar às mãos em 1825, o imperador da Áustria escrevera: "Que homem miserável é o meu genro". Desde que soubera da morte da filha, segundo informou de lá um amigo de d. Pedro, a tristeza de Francisco I era "de meter dó".

A verdade é que não só à corte austríaca como a todas da Europa haviam chegado notícias das desditas de d. Leopoldina e do triunfal concubinato da marquesa de Santos. A esposa divorciada de Felício Pinto Coelho passara a ser assunto de conversa de rodas palacianas e círculos diplomáticos e até de artigos e comentários de jornais de vários países. Como diz Otávio Tarquínio, d. Pedro, "oferecido a um simples contrato de casamento, encontrou a galeria estrangeira totalmente informada do que lhe concernia. Minúcias de simples costumes, particularidades de sua vida de adúltero e femeeiro estavam registradas, uma por uma, do outro lado do oceano".

No dia 15 de agosto, festa de Nossa Senhora da Glória, d. Pedro foi com a filha mais velha ver os fogos na casa do barão de Sorocaba, marido de Benedita, a irmã da marquesa. Era conhecido o ciúme que Domitila tinha da amizade do imperador com a irmã e o cunhado. Por isso, quando no dia 23, por volta das onze horas, o carro de Benedita recebeu um tiro de pistola que lhe estilhaçou os vidros, ela não teve dúvida ao atribuir a culpa do atentado a Domitila. O imperador, que fora para Santa Cruz no dia 20 com o barão de Sorocaba, quando voltou, no dia 25, e foi informado do acontecimento, decidiu tirar da companhia de Domitila as duas filhas que tinha com ela. No dia seguinte, ele dava ordem à marquesa para retirar-se incontinente para a Europa, sob pena de se ver envolvida no inquérito judicial do atentado da Glória. Segundo Mareschal, a marquesa demonstrou tamanha aversão por essa ideia que Sua Majestade foi obrigada, com pesar, a se contentar com a promessa de que ela iria para São Paulo no mês de outubro.

Tudo isso eram aparências, pois as relações de d. Pedro com Domitila eram mantidas através de cartas, recados e escapadas à noite. Em carta do dia 23 de setembro — um mês depois dos tiros contra o carro de Benedita — ele se despede da marquesa dizendo: "Adeus, e até terça-feira, que te espero ver no teatro e depois em tua casa". Nas comemorações do aniversário do imperador, em 12 de outubro de 1827, conta Mareschal: "A marquesa compareceu ao espetáculo [...] Sua Majestade na chegada e na saída honrou-a com uma saudação muito marcada e muito formal. A atenção do príncipe parecia frequentemente fixar-se nesta senhora durante o espetáculo". Naquele dia, para desgosto de Mareschal, publicavam-se vários despachos oficiais que beneficiavam parentes e amigos de Domitila. Foi uma chuva de condecorações sobre o batalhão de São Paulo comandado pelo seu cunhado, Oliva, marido de Ana Cândida. Nas cartas dessa fase, d. Pedro recomenda à amante toda a cautela no sentido de driblar as atenções do abelhudo Mareschal.

> Fala-se pela cidade que eu vou à tua casa, assim o foram dizer ao barão de Mareschal, que mo deu a entender, e eu me fiz de

desentendido, falando-lhe muito no casamento, em meu sogro etc. [...] Se nós até aqui tínhamos cautela, daqui por diante por mim e muito mais por ti a devemos ter. À noite combinaremos nosso modo de viver pelo qual gozemos (durante este espaço antes do casamento) um do outro sem que tampouco andemos nas viperinas línguas dos malditos faladores que se querem divertir conosco. Acredita, filha, no que te digo: por ti vou ao fundo do mar.

10. Idas e vindas de um amor em fase terminal

O que faz meu aborrecimento sou eu mesmo por me ver neste mundo sem saber a quem pertenço ou hei de pertencer. [...] eu espero figurando a mim mesmo o tempo antigo poder estar contigo sem estar já sentindo as saudades que por força hei de sentir no futuro. [Carta de d. Pedro para Domitila]

O amor, no entanto, já não era mais o mesmo. Agora, em meio aos transportes de paixão, rusgas surgiam a todo momento. A perspectiva da separação iminente deprimia o imperador. No dia de seu aniversário, ele revela estar "em um estado de tristeza e melancolia, com saudades tuas, além de toda a expressão". No dia 14 de outubro, diz que dormiu quinze horas seguidas, das três da tarde até as seis da manhã do dia seguinte. No final daquele mês, em três cartas ele reclama um anel que Domitila devia devolver-lhe: "Eu não sou tolo nem devo ser enganado. Se te fias em mim, dizes isso, mas não me enganes. Assim como me enganas nisto me poderás enganar em outra coisa. [...] Manda-me o outro ou te terei por traiçoeira e enganadora". Na carta seguinte, do mesmo dia, quando finalmente recebe o anel certo, revela:

> Sinto muito a tua raiva por te parecer que eu não te acredito. Eu, meu bem, se fosse por ti sempre tão acreditado como eu acreditava no que tu me dizias, não teria havido os motivos que fizeram despertar a ideia do casamento.

O ciúme e a vigilância sobre a casa da marquesa também são mais evidentes nessa fase da correspondência. Em 7 de novembro de 1827, observava a casa da amante do Palácio de São Cristóvão, usando um óculo, e reclamava: "A janela da tua câmara fechada, tudo o mais aberto é acaso, mas eu não desejo que haja; aqui tem esquisitice; paciência, que é boa para a vista". Acredita que seja por ordem de Domitila a "fechação das janelas". Em 2 de dezembro, escrevia o imperador: "Mui curto está o teu vestido de chita. Eu sinto muito que tu estivesses dando a perna na escada para me mostrares o vestido curto".

Outro elemento de preocupação foi, no final de novembro, a possibilidade de que Domitila estivesse novamente grávida. D. Pedro lhe pergunta quase todos os dias, por carta, sobre o que então se chamava "assistência" (menstruação): "Chegaria tua assistência já? Deus permita. Manda-me dizer como passaste e se há novidade" (22 de novembro). "No meio da esperança em que estamos da tua assistência [...] e só esperando a feliz notícia da tua assistência". [...] "Muito estimo saber que estás boa, apesar de ainda não ter chegado a suspirada assistência" (24 de novembro).

Em 15 de dezembro ele se queixava de que a marquesa lhe tivesse dito, talvez despeitada com a situação humilhante em que se encontrava, que os amores deles eram amores passageiros. Surpreendentemente d. Pedro se mostra muito ofendido com aquela declaração.

> Se teus amores para comigo são assim é porque tua amizade para comigo te não borbulha no peito como a minha para contigo. Pois sejam embora os teus amores para comigo passageiros, os meus, que são baseados sobre a mais firme amizade (além de todos os reveses), hão de ser sempre puros e mui constantes. [...] como reputas o amor que fazes, por um amor passageiro, está claro que só a tua carne é quem te chama a fazer a coisa, e não o prazer de ser com teu filho, o que é capaz a dispor-te a fazeres com outro qualquer "amor passageiro".

Era ciúme e também um aspecto daquela maneira de separar os amores e misturá-los ao mesmo tempo, declarando à amante um amor duradouro na véspera mesmo de deixá-la. No dia em que escreveu esta carta, o imperador recebeu a visita de Mareschal. Este, que desde novembro ouvia na cidade os partidários da marquesa alardearem que a ligação continuava a mesma e que o imperador continuava a vê-la, questionou d. Pedro a esse respeito. Parece que a queixa de Mareschal surtiu resultado, pois em 20 de dezembro, d. Pedro, em mensagem quase formal, se despede da amante pedindo que ela "aceite os protestos da mais pura, sincera, aliás lícita, amizade que lhe consagra este que a estima e é seu imperador".

11. Fim de caso

Poucos dias depois, possivelmente recusando convite da marquesa para encontrá-la, ele diz: "Eu te amo, mas mais amo a minha reputação", acrescentando: "Só o que te posso dizer é que minhas circunstâncias políticas atualmente estão ainda mais delicadas do que já foram". Completaria alegando razões de Estado: "Tu não hás de querer a minha ruína nem a ruína de teu e meu país". E não teria pejo de fazê-lo seguidas vezes à mesma mulher a quem declarava amor imorredouro em tantas cartas. Não que, de vez em quando, não lhe acometessem culpas. Em 27 de dezembro de 1827, sabendo que a marquesa "se acha mui doente, hoje com tremores e febre e frios", demonstra preocupação. Repete as demonstrações de cuidado um mês depois: "Eu tenho tido e tenho muito cuidado pela sua pessoa, meus olhos têm e estão derramando lágrimas".

Mas bem diversa seria a sua atitude na carta de 15 de março de 1828. D. Pedro escreve para agradecer uns cravos que lhe tinha mandado a marquesa. Indaga, no entanto, "de que servirão lembranças destas com a certeza, que eu já tenho, de que se viu a condição que lhe fiz constar e que não espero a marquesa, pela sua negativa, se oponha ao meu casamento, infelicitando-me, a meus filhos e a todo o Império". Será positivamente cruel, na carta de 9 de maio de 1828, em que escreve: "Não sei como lhe não caíram os olhos do camarote abaixo quando olhou para debaixo da minha tribuna, e saiba que o seu disfarce de olhar para cima quando eu reparei não é dos melhores". E diz, ameaçador, na carta do dia seguinte: "Eu não falaria nada em seu desabono, ainda que soubesse alguma coisa (o que não sei), mas em tal caso a pena que escreve esta ficava aparada para muito em particular lhe comunicar minhas grosseiras reflexões". Mais duro é ainda em 13 de maio seguinte, quando informa:

> O marquês de Barbacena é chegado, e sua vinda é motivada pela necessidade de me expor de viva voz os entraves que tem havido ao meu casamento em consequência da sua estada aqui na corte, de onde se torna indispensável sair por este mês até o meado do futuro junho, o mais tardar.

Enquanto isso, a mão do imperador do Brasil ia sendo recusada pelas princesas da Europa, bem informadas da existência da marquesa e dos maus-tratos que sofrera nas mãos do marido a falecida imperatriz. Como diz Otávio Tarquínio, não faltava a d. Pedro perspicácia para ver que a continuação de sua ligação com Domitila era uma das causas dessas seguidas recusas. Sua reputação de mau esposo acompanhava todo estrangeiro que embarcava para a Europa. Aflito, d. Pedro continuava insistindo com a amante sobre a necessidade de ela se afastar da corte.

> Marquesa. Não foram faltos de fundamentos os conselhos que lhe mandei em minhas anteriores cartas para que me

pedisse licença debaixo de pretexto de saúde para ir estar em outra província do Império, a fim de eu poder completar meu casamento, ao qual de frente se opõe a sua residência nesta corte. [22 de maio de 1828]

Mareschal confirmava esses esforços de d. Pedro em carta de 9 de abril de 1828, dizendo saber que "o imperador faz o possível para obrigar a senhora de Santos a se afastar". E que esta já havia concordado em se retirar logo que recebesse notícias do casamento. Acredita o austríaco que a resistência de Domitila sustentava-se na esperança de que as negociações falhassem; mas que o imperador estava tão decidido a se casar que, caso não obtivesse sucesso através de seus representantes, iria pessoalmente à Europa procurar uma esposa.

Enquanto o casamento não saía e d. Pedro não conseguia se livrar da marquesa, ele viveria o caso com mme. Clemence Saisset, como confirmam as 29 cartas dirigidas a essa modista francesa durante o ano de 1828, constantes da herança por ela deixada ao filho. Mme. Saisset era casada com um comerciante francês da rua do Ouvidor, e, constatando estar grávida, viajou com o marido para a Europa em dezembro, dando à luz, em agosto de 1829, a Pedro de Alcântara Brasileiro Saisset. D. Pedro lhe asseguraria uma pensão mensal de 1250 francos.

A marquesa partira afinal, em 27 de junho, deixando d. Pedro livre para dedicar-se às negociações do casamento e para experimentar a imensa frustração que as seguidas recusas à sua mão lhe propiciavam. O insucesso do marquês de Barbacena na conquista de uma noiva para d. Pedro era patente. Várias princesas o haviam recusado: as de Turim; as da Baviera; as de Würtemberg; as de Nápoles; as da Sardenha; as da Holanda. Os jornais da Europa faziam piadas com essa busca frustrada. Ele, que tinha sido cobiçado pelas princesas que viram seu retrato e invejaram a sorte de Leopoldina, agora era tido como um monstro que matara a mulher aos pontapés e que vivia dominado por uma amante crioula. Ao sondar o duque de Orléans sobre a possibilidade de obter a mão de uma das princesas de sua família, Barbacena teve de ouvir: "*Et la marquise?...*". O ministro desconversou e acabou dizendo que o caso com a marquesa de Santos "*c'est une affaire finie...*". Desanimado com tantos fracassos, Barbacena preferiu atribuir a culpa pelo insucesso a tramas de Metternich e Francisco I, que não teriam interesse no nascimento de outros herdeiros para o trono do Brasil. Assim, ele escrevia a d. Pedro:

> Brilhante casamento, no estado atual das coisas, não se consegue sem tempo, paciência, e muita dexteridade, visto que princesas só há presentemente na Alemanha, onde a influência de Metternich é decisiva. Digo que só há na Alemanha, porque as da Itália se recusaram; na França, Grã-Bretanha e Rússia não há; na Dinamarca, são horrendas; e o parentesco da Suécia não convém. É preciso parecer, em suma, que se não pensa por ora em casamento...

Separado de Domitila, d. Pedro volta a se derramar em declarações de amor e saudade, relembrando a data do primeiro encontro dos dois.

> Tendo sempre em sua lembrança o dia 29 deste mês, em que começaram nossas desgraças e desgostos, e em consequência nos ajuntamos pela primeira vez, então contentes, hoje tão saudosos. [...] Ah, filha, que amor por ti existe dentro deste coração comprimido pela minha honra, está empenhado em sustentar a minha palavra. [31 de agosto de 1828]

Diante de mensagem tão saudosa, a marquesa resolveu retornar ao Rio de Janeiro. A notícia, que foi recebida no dia

1º de dezembro de 1828, encheu de pânico a d. Pedro e alarmou Mareschal. O imperador voltou imediatamente ao tom ameaçador, invocando mais uma vez o interesse nacional para deter a volta de Domitila.

> Não espere a marquesa, de chegar sem expressa ordem minha, que eu a trate como minha amiga prezada que é (como creio). Pois ela não poderá visitar a quem não quer concorrer para a glória de seu país, do seu imperador e da sua pátria. [10 de dezembro de 1828]

Escreveria também para a mãe de Domitila, d. Escolástica:

> Eu protesto altamente contra e em nome de toda a nação, a quem a sua presença faz mal nesta corte e província, por causa de meu casamento. [...] Uma pessoa que saiu do nada, por meu respeito devia, por um reconhecimento eterno, fazer o que eu lhe tenho pedido, por bem dos meus filhos, de mim e do Império. [...] provas sobejas tenho para conhecer que seu fim é inteiramente opor-se ao meu casamento (Deus sabe suas intenções), mas eu lhe declaro mui expressamente que se a marquesa se apresentar no Rio de Janeiro sem ordem minha, eu suspendo-lhe as mesadas, a ela e a toda aquela pessoa de sua família que me possa persuadir de que influi para este sucesso, bem como a demito de dama e privo de entrarem no Paço seus parentes. [...]
> Quinta da Boa Vista, 11 de dezembro de 1828.

Parecia que d. Pedro, buscando tantas forças para opor à mulher que amara, tal como dissera uma vez a Mareschal, não sabia se seria capaz de resistir à sua presença física. A marquesa não veio em dezembro, mas as decepções do imperador com o fracasso das gestões na Europa acabaram por irritá-lo. Alarmando Mareschal, dizia que "se o casamento não se fizer, mme. Santos logo retornará à corte, e minha situação será insustentável".

Talvez para dar a impressão de que não pensava mais em casamento, talvez ainda por amor de Domitila, em março d. Pedro decidiu que não se casaria mais, e mandou voltar a marquesa. Mareschal escreveu a Metternich:

> Tudo isso prova, ao menos neste momento, que d. Pedro renunciou a qualquer compromisso. É de supor que este príncipe não tem ideias muito corretas sobre as conveniências nem sobre sua posição, e só vê nessa atitude uma promessa a cumprir e um ato de justiça. Pretende de alguma forma justificar suas inclinações naturais pelas recusas humilhantes e reiteradas por ele sofridas. [Despacho de 6 de abril 1829]

No dia 2 de abril, um jornal do Rio de Janeiro noticiava: "A marquesa de Santos, que se espera aqui para a semana que vem, de volta à corte, onde se julga tomará o distinto lugar que ocupava, pois vem em inteira graça". Em 20 de abril o imperador partia para o interior ao encontro de Domitila, e no dia 29 do mesmo mês ela punha novamente os pés em São Cristóvão. Voltava ao Rio de Janeiro, de onde se ausentara em 27 de junho de 1828.

Domitila era outra vez objeto dos amores imperiais, feliz e invejada por todos. Logo sua casa se encheu de gente ansiosa por saudá-la. O banquete, seguido de baile, do dia 24 de maio de 1829, em comemoração ao aniversário da duquesa de Goiás, na residência da marquesa, impressionou a corte pela suntuosidade, solenidade e também pelo nível dos convidados. Em 21 de junho, d. Pedro ainda se derramava em demonstrações de amor pela marquesa. No bilhete que acompanhava uma braçada de lírios, chamava-a de "minha filha" e pedia que aceitasse as flores e com elas "o coração que sempre foi teu". No pós-escrito, recomendava: "Peço-te que pelo menos um dos lírios goze do teu calor no teatro". O imperador parecia no auge da paixão, e chegou-se a acreditar que desta vez casavam-se. Os jornais de Londres publicavam a notícia como coisa certa em 6 de julho. Mas a esse tempo já tinha sido assinado na Europa o contrato de casamento de d. Pedro com d. Amélia de Leuchtenberg. Assim que recebeu o retrato de d. Amélia, nos primeiros dias de julho, d. Pedro deixou de ir à casa da marquesa.

Em 10 de julho, enquanto o Chalaça escrevia para o marquês de Barbacena dizendo: "Não faz ideia da alegria de nosso senhor com a recepção do retrato", d. Pedro escrevia para a marquesa: "Sinto muito perder a tua companhia, mas não há remédio". Esta reagia por carta, ainda esperançada de que mais uma vez as negociações gorassem: "Vejo sem que haja uma coisa certa V. M. me tenha aborrecido tanto e me tenha dito coisas tantas que eu não sou merecedora". Na manhã de 20 de julho, d. Pedro teve, segundo o Chalaça, "um barulho" com a amante, e, nesse mesmo dia, mandou o ministro do Império à casa da concubina participar-lhe que, tendo ajustado casamento, "era necessário que ela saísse do Império; que ele lhe daria 300 contos de réis pelos seus prédios; que dispusesse de sua mobília, de tudo que era seu". Mas como Domitila, segundo contou o Chalaça, "despropositou e não queria mais sair", d. Pedro deu-lhe o prazo de três dias, após o qual iam "cessar todos os prós", com a única exceção "da quantia de um conto de réis mensal, mercê que tem por decreto".

Em 28 de julho, diz o Chalaça, foi dada ordem a todas as repartições da casa imperial para que não se concedesse mais coisa alguma à marquesa; ela e a mãe receberam ordem de entregar as nomeações de damas que lhes tinham sido dadas;

retiraram-lhe os criados e escravos que lhe serviam; foram-lhe devolvidas as bestas que se tratavam nas cavalariças do palácio e todos os criados e damas do Paço ficaram proibidos de visitá-las ou de ser por elas visitados, sob pena de ser demitidos.

> Ontem nosso amo mandou à marquesa todas as galanterias que dela havia recebido desde o princípio; mandando ela um criado saber da duquesa [de Goiás, filha da marquesa], foi-lhe respondido que tinha passado bem e continuaria a passar melhor, sendo escusado tornar mandar saber dela.

Finalmente, em 24 de agosto de 1829, Domitila e toda a sua "sacra família", como a apelidou o Chalaça, partiam para São Paulo.

Parte 8

Imperador do Brasil

1. A imigração, Schaffer e Metternich

Nas cartas desesperadas em que pedia dinheiro a Schaffer, d. Leopoldina sempre antecedia o nome do alemão pela palavra "excelente". Era assim que se dirigia a ele na véspera do Fico, 8 de janeiro de 1822: "Excelente Schaffer: queira ter a bondade de me enviar hoje o conto de réis, a extrema necessidade obriga-me a importuná-lo mais uma vez". Mas para muitos dos alemães que vieram ao Brasil atraídos pelas promessas de Schaffer, porém, ele nada tinha de excelente. E as autoridades alemãs também não o tinham em grande conta.

Georg Anton Aloysius Schaffer nascera na Baviera em 1779, estudara farmacologia e se tornara depois médico da polícia de Moscou. Por essas atividades, o czar lhe concedera o título de barão. Tinha espírito aventureiro e boêmio, era maçom, entendia de assuntos militares, gostava de botânica e mineralogia e era dado ao consumo do álcool, vício em que mergulhou em seus últimos anos, no interior da Bahia, onde se supõe que tenha morrido em 1836. Viveu no Alasca e no Havaí e, antes de estabelecer-se no Rio de Janeiro, em 1818, esteve na Austrália e na China. Devia ser pessoa envolvente, pois obteve terras de d. João VI e conquistou a amizade de d. Leopoldina. Em 1821, trouxe algumas famílias de imigrantes da Alemanha e as fixou em uma colônia no sul da Bahia à qual deu o nome de Frankental.

Em setembro de 1822, por ordem de José Bonifácio, Schaffer voltou à Europa em missão extraoficial do governo brasileiro, levando cartas pessoais de d. Leopoldina ao imperador Francisco I, com o objetivo de conquistar a simpatia dos gabinetes austríaco, prussiano e bávaro para a causa da Independência. Mas sua principal missão era atrair colonos e soldados para servirem ao Império do Brasil. Os colonos eram, na verdade, o contrapeso necessário para justificar a vinda dos soldados, principal necessidade do governo brasileiro na guerra contra Portugal.

Schaffer não só não foi recebido na corte austríaca como Metternich impediu qualquer contato dele com o imperador, e foi-lhe sugerido que deixasse a Áustria o mais rápido possível. Parece que as informações sobre seu caráter e seu comportamento enviadas do Rio de Janeiro por Mareschal contribuíram para o seu insucesso. De qualquer maneira, ele se estabeleceu em Hamburgo, onde deveria, segundo a orientação de José Bonifácio, dar prosseguimento ao seu trabalho como agente da emigração.

Em muitos estados da Alemanha a emigração era proibida. Schaffer concentraria sua ação nos ducados de Bade, Hesse e Würtemberg. A primeira leva de imigrantes chegou ao Rio em janeiro de 1824. Eram 130 colonos e 150 homens destinados ao serviço militar. Os colonos foram para Nova Friburgo, e os militares, imediatamente engajados. As levas de colonos que chegaram a partir de junho do mesmo ano foram despachadas para o Rio Grande do Sul e se estabeleceram na colônia de São Leopoldo.

Schaffer continuou na Alemanha tentando aliciar imigrantes. Chegou mesmo a publicar um livro em que dava informações do tipo: "O Brasil é um país onde, logo que ponhas os pés na terra, cuidam de ti e dos teus". A propaganda deu certo e, de fato, durante o ano de 1824, apareceram várias canções populares alemães nas quais o país era retratado como a terra da esperança: "Quem ainda quiser ser feliz deve viajar para o Brasil"; "Para o Brasil, esta foi a solução, para o paraíso do oeste, onde com douradas laranjas cevam-se os indolentes bichos"; "Vamos para as terras brasileiras, que lá não há inverno algum". A mais famosa dessas canções tornou-se uma espécie de hino oficial da emigração, e dizia: "O Brasil não é longe daqui".

Os governos alemães viram na emigração uma oportunidade de se livrar de seus vagabundos e criminosos. Em troca do reconhecimento da Independência, o grão-ducado de Mecklemburg enviou uma leva de presidiários e delinquentes. Esses imigrantes, com o objetivo de duplicar a ajuda de custo para a viagem, casaram-se com prostitutas que abandonaram logo ao desembarcar no Rio de Janeiro.

D. Pedro precisava mesmo era de soldados, e continuou a pressionar Schaffer para que os enviasse. Em 12 de junho de 1824, ele ordenava que o alemão lhe mandasse 3 mil jovens solteiros para incorporarem-se ao Exército. O recrutamento de mercenários era proibido na Europa, e Schaffer procurava, misturando os futuros soldados com os colonos, disfarçar sua atividade ilegal. Mas o governo brasileiro estabeleceu que pagaria somente as passagens dos que fossem se engajar no serviço militar, e que os colonos deveriam viajar por conta própria. Para evitar desistências, Schaffer não informou isso aos imigrantes, e muitos deles foram surpreendidos com o engajamento militar na chegada ao Rio de Janeiro.

No final de 1824, apesar de todas as dificuldades que enfrentara na Europa, Schaffer tinha enviado ao Brasil cerca de 2 mil alemães, dos quais mais da metade se destinara ao Exército. Em 1825, com a Guerra da Cisplatina, d. Pedro volta a pedir a emigração de soldados alemães. Mas antes do final daquele ano as notícias sobre a recepção e o destino dado aos emigrantes começaram a chegar à Alemanha. Foram divulgados relatos que contavam que aqueles que não haviam pagado pela passagem eram mandados para os batalhões, e que "o que resmungou levou bordoadas". As queixas quanto à indefinição do tempo de serviço militar e as alegações de maus-tratos aos imigrantes no Exército brasileiro contribuíram para criar uma imagem negativa do Brasil na Alemanha. Vários estados proibiram a atuação de agentes brasileiros na busca de colonos e impediram seus cidadãos de emigrar para o Brasil. A atividade de Schaffer passou, a partir de então, a ser vista como equivalente ao tráfico de escravos, e só com muita dificuldade ele conseguiu enviar ainda alguns homens.

Em 1826, o representante do Brasil junto à corte da Áustria, Antônio da Silva Teles, conseguiu, depois de longas e delicadas negociações, convencer Metternich a enviar oficiais e sargentos do Exército austríaco para organizar e treinar alguns batalhões do Exército brasileiro. Mas quando essa negociação estava praticamente concluída, no começo de 1827, chegou à Europa a notícia de que d. Pedro tinha substituído o ministério. Informação que, somada à notícia da morte de d. Leopoldina, deve ter contribuído para enfurecer Metternich. Este, segundo depois relataria Antônio Teles a d. Pedro, teria dito:

> Vós quereis colonos, vós quereis oficiais, muito bem, mas parece-me que primeiro que tudo deveríeis querer sistema. [...] o vosso carro está parado por falta de rodas e assim estará en-

quanto vosso amo não cuidar da primeira de todas as coisas, que é formar um ministério provável, prático, homogêneo e inacessível a toda a espécie de intriga, e por isso permanente, em que os outros ministérios confiem, e que tenha a confiança dos brasileiros.

2. A revolta dos batalhões estrangeiros

Com as restrições na Europa continental à emigração para o Brasil, e estando em curso as negociações com a Inglaterra para a renovação do tratado de comércio, d. Pedro resolveu voltar seus olhos para a Irlanda na esperança de trazer dali os soldados de que precisava para a Guerra da Cisplatina. As práticas de recrutamento adotadas na Irlanda foram similares às que Schaffer empregara na Alemanha, mas tiveram um resultado bem mais desastroso. Os anúncios publicados nos jornais ingleses nada diziam sobre a obrigatoriedade do serviço militar, e prometiam roupas, salários e terras, além de passagem gratuita. Em janeiro de 1828, cerca de 2400 irlandeses chegaram ao Rio de Janeiro e desembarcaram em estado de quase completa nudez, sob os apupos do povo, cuja opinião tinha sido envenenada contra eles pelos jornais brasileiros e pelos parlamentares contrários à guerra.

O representante da Inglaterra no Rio de Janeiro, Robert Gordon, considerando-os como súditos ingleses, tomou imediatamente a defesa dos imigrantes e assegurou que lhes fossem dadas melhores provisões e que eles não estariam sujeitos ao recrutamento militar se não o desejassem. Menos de quatrocentos irlandeses se alistaram, recebendo um soldo mais alto que o que recebiam os alemães. Desde o começo, houve enfrentamento nas ruas do Rio de Janeiro entre irlandeses e escravos, encorajados pelos seus senhores a atacá-los.

Mas o pivô do grande motim dos batalhões estrangeiros, em 1828, foi um soldado alemão. Na manhã de 9 de junho, as tropas de granadeiros aquarteladas na praia de São Cristóvão, compostas de quinhentos homens, foram reunidas para presenciar a punição a um soldado alemão que não fizera continência a um oficial brasileiro. Na hora em que ia ser submetido ao castigo, o soldado protestou, alegando que quando se encontrara com aquele oficial estava usando roupas civis. Em represália a esse protesto, o major que comandava a punição ordenou que em vez de 150 lhe fossem aplicadas 250 chibatadas. Depois da 230ª chibatada, os soldados, revoltados, abandonaram a formação e decidiram atacar o major. Este conseguiu fugir, mas sua casa foi totalmente destruída. Depois disso, os alemães foram pedir a d. Pedro punição para o major, garantias de um melhor tratamento e contratos escritos, como os que haviam sido dados aos irlandeses. Na volta ao quartel, continuaram com as desordens: surraram todos os oficiais em que puderam pôr as mãos e se armaram.

No dia 11 um grupo de catorze soldados alemães atacou o posto policial do Campo de Santana, onde estava refugiado o major que comandara a punição, e matou seis policiais. Aos alemães se juntaram os irlandeses, e começaram os saques a lojas e tavernas, houve roubos e assassinatos, mais de cinquenta casas foram destruídas e seus ocupantes mortos ou mutilados. Diante da desordem, o ministro da Guerra, Bento Barroso Pereira, contando com poucas tropas, apelou para voluntários civis e determinou a distribuição de armas para todos, inclusive os escravos, incentivando: "Matem-nos todos, não deem trégua a ninguém; matem aqueles estrangeiros". Foi uma verdadeira batalha campal, com os capoeiras, pela primeira vez, praticando sua arte abertamente com a aprovação das autoridades. O governo brasileiro precisou recorrer às esquadras inglesas e francesas para restabelecer a ordem. Ao longo dos três dias em que duraram as hostilidades, morreram 150 mercenários e um número bem maior de brasileiros. O imperador descarregou sua raiva no ministro da Guerra e demitiu não apenas ele, mas também os demais ministros que tentaram desculpá-lo.

Findo o motim, por intervenção de Robert Gordon, em julho, 1400 dos irlandeses foram embarcados de volta para a Irlanda a expensas do governo brasileiro. O embarque dos irlandeses coincidiu com a chegada ao Rio de Janeiro de uma força-tarefa da Marinha francesa, que exigia a imediata restauração de todas as embarcações francesas tomadas no bloqueio de Buenos Aires e compensações pelas cargas e outros prejuízos. A Guerra da Cisplatina chegava ao fim, com a assinatura de um tratado entre o Império do Brasil e as Províncias Unidas do Prata, ratificado em 28 de agosto de 1828, segundo o qual o Uruguai era reconhecido como uma nação independente. Os três anos de guerra tinham custado ao Brasil o equivalente a 30 milhões de dólares e cerca de 8 mil vidas. Em 1830 a Assembleia votou lei que determinava que todos os estrangeiros que não fossem veteranos das guerras da Independência estavam obrigados a dar baixa do serviço militar.

3. Portugal x Brasil

Desde 1827, d. Pedro enfrentava intensa oposição no parlamento e na imprensa. O fechamento da Constituinte, no final de 1823; a maneira violenta como reprimira a Confederação do Equador; os escândalos e a corrupção associados ao seu caso com Domitila; as circunstâncias da morte da imperatriz; a Guerra da Cisplatina com todas as suas consequências; além das constantes mudanças de ministério — tudo isso contribuíra para minar sua popularidade.

Mas realmente fatal para o seu prestígio foi o permanente envolvimento com os problemas de Portugal. A partir da morte de d. João, o interesse de d. Pedro se voltaria todo para a questão portuguesa. Não obstante a abdicação, o imperador continuava a proceder como se tivesse nas mãos tanto a administração do Brasil quanto a de Portugal e a assinar todos os despachos relativos a Portugal como d. Pedro IV. Incomodava os brasileiros, sobretudo, a maneira como o governo misturava os interesses e a política externa dos dois países: dinheiro brasileiro fora gasto equipando e armando navios destinados a levar a rainha de Portugal para a Europa ou para a frustrada tentativa de trazer d. Miguel para o Rio de Janeiro; ministros brasileiros se ocupavam na Europa dos problemas portugueses. A superposição dos negócios era tanta que os mesmos ministros que negociavam o reconhecimento da Independência cuidavam da busca de uma noiva para d. Pedro e das negociações em torno da coroa da pequena rainha Maria da Glória. O embaixador do Brasil na Áustria, Antônio Teles, amigo do imperador, se convertera numa espécie de representante de todos os negócios de d. Pedro na Europa, mesmo quando nada tinham a ver com o Brasil.

Antônio Teles, marquês de Resende, filho do marquês de Penalva, neto por parte de mãe do marquês de Lavradio, antigo vice-rei do Brasil, tinha vindo para o Brasil junto com a corte em 1807, com menos de dezessete anos. Em 12 de outubro de 1817, tornou-se camarista de d. Pedro, do qual já era amigo íntimo, como seria por toda a vida, com liberdade para falar-lhe com franqueza, pois conhecia seus segredos, suas aventuras amorosas, seus pendores e seus ideais. Acompanhou d. João VI, em 1821, na viagem de regresso a Portugal, mas voltou ao Brasil em maio de 1822, retomando seu lugar de camarista do príncipe regente. Era contrário à Independência e, quando ganhou corpo o movimento, deixou o serviço do Paço. Mas, inteligente e sofisticado, talhado para a diplomacia, seria logo convocado por d. Pedro e José Bonifácio para colaborar com a política externa da jovem nação, sendo enviado pelo governo brasileiro, em abril de 1823, à corte de Viena, onde conquistou as boas graças de Metternich e foi um eficiente representante do Brasil. Nessa função é que pôde acompanhar de perto os movimentos de d. Miguel.

Bem antes da assinatura do contrato de casamento, d. Pedro já insistia com o irmão para que viesse para o Brasil, onde poderia afeiçoar-se a d. Maria da Glória. Mas à Áustria não interessava a influência que as ideias liberais de d. Pedro poderiam exercer sobre o futuro regente de Portugal, e alegando razões banais d. Miguel não veio para o Brasil. Em 1827, ele completou 25 anos, estando apto, conforme determinavam as leis de Portugal, a assumir a Regência. Foi então que d. Pedro, baseado nos relatos que davam o irmão completamente dócil à sua tutela, ordenou a d. Miguel que deixasse Viena e fosse governar Portugal, como seu lugar-tenente.

> Meu querido mano. Tenho o gosto de participar-lhe, em muita consideração à sua conduta regular e transcendente lealdade, que fui servido nomeá-lo meu lugar-tenente no reino de Portugal, a fim de governá-lo em meu nome e de acordo com a Constituição que dei àquele reino. Espero que o mano tome esta minha resolução como a prova maior que podia dar de amor e confiança. Este seu mano que muito o estima, Pedro.

Mas logo que d. Miguel desembarcou em Lisboa, em 22 de fevereiro de 1828, foi tomar a bênção à mãe, que liderava o movimento para fazer que ele fosse aclamado rei absoluto. Esse movimento se beneficiaria dos milagres atribuídos a Nossa Senhora da Barraca, que teria aparecido no interior de Portugal. A crendice popular e o tradicionalismo, apoiados pela Igreja, seriam de grande utilidade para a campanha miguelista. Baseado na interpretação das leis portuguesas, d. Miguel questionou a legitimidade da sucessão de d. Pedro e de seus descendentes e, com o apoio da nobreza, fez-se rei absoluto de Portugal.

A alegria de Carlota Joaquina era imensa. Pela primeira vez ela detinha poderes para dar vazão ao seu caráter vingativo, e assim o fez, organizando pessoalmente a lista dos inimigos a serem presos, deportados ou executados. A recomendação que fazia ao chefe de polícia era bem típica de seu humor: "Traga-me algumas cabeças". Começou então em Portugal um reinado de terror, no qual muitos nobres, liberais e ex-deputados foram mortos nas prisões e suplícios medievais, do tempo da Inquisição, foram restaurados. O número de refugiados nos países vizinhos se avolumou de tal forma que provocou reações.

4. Barbacena contra o Chalaça

Depois da rebelião dos batalhões estrangeiros, d. Pedro demitira todo o ministério e nomeara outro, em 15 de junho de 1828, encabeçado por José Clemente Pereira. Além de Clemente Pereira, que ocuparia a pasta da Justiça, Carlos de Oeyenhausen, barão de Aracati, foi nomeado para a pasta do Exterior, e Miguel Calmon, amigo do marquês de Barbacena, para a das Finanças. Durante os dezoito meses em que governou, Clemente Pereira, segundo Macaulay, teria lutado "valentemente, embora sem resultados, no sentido de manter o Exército e a Marinha fortes; de preservar os mercenários; de assegurar financiamento adequado aos diferentes setores da administração; e de salvar o Banco do Brasil". Três semanas depois da posse do novo gabinete, Antônio Carlos e Martim Francisco, os irmãos mais novos de José Bonifácio, voltaram ao Brasil. No ano seguinte, o próprio José Bonifácio regressaria de um exílio de seis anos, e encontraria d. Pedro em cenário e com disposição bem diversos daqueles em que o deixara.

O casamento com uma bela jovem de dezessete anos dera alma nova ao imperador. Resolvido a se emendar, acatou todas as medidas de moralização da vida no Paço que a imperatriz — perfeitamente instruída por Barbacena ao longo de tantos dias de viagem — promoveu. Os recém-casados foram festejados durante quase um mês, com recepções, bailes, piqueniques e óperas de Rossini. Logo após o encerramento das festividades, receberam a visita de José Bonifácio, que foi apresentado por d. Pedro à imperatriz como o seu melhor amigo. Os três conversaram em francês, e José Bonifácio dominou a conversa. Para apagar as mágoas do velho amigo, o imperador cercou-o de atenções e aumentou sua pensão para quase o dobro da que recebia desde maio de 1821. Chegou mesmo a convidá-lo para o ministério. José Bonifácio não aceitou, mas aproveitou para sugerir a d. Pedro que formasse um ministério de brasileiros, com mais chance de diálogo com a Assembleia. Talvez o movesse também a inimizade que, desde 1822, tinha contra José Clemente e Oyenhausen. Em 4 de dezembro de 1829, por recomendação de José Bonifácio e de d. Amélia, Felisberto Caldeira Brant, o marquês de Barbacena, foi nomeado chefe do novo governo.

Descendente de uma família de exploradores de minérios em Minas Gerais, Caldeira Brant nascera em 1788 e aos dezesseis anos fora estudar em Portugal, onde se formou no Colégio dos Nobres e na Academia Real da Marinha. Esteve em serviço como oficial do Exército português em Angola e, mais tarde, na Bahia, onde, em 1801, se casou com a filha de uma rica família local, começando a amealhar grande fortuna através do comércio de açúcar e de escravos, e de várias propriedades agrícolas. Devem-se a Brant a introdução da vacina contra a varíola e o lançamento do primeiro barco a vapor no Brasil, em 1819. Negociou o primeiro empréstimo com a casa Rothschild, em 1824, e foi sob seu comando que o Exército brasileiro amargou as maiores derrotas na Guerra da Cisplatina, em 1827. Foi feito visconde de Barbacena em 1825 e elevado a marquês em 1826. Em 1827, d. Pedro encarregou-o de levar a rainha Maria da Glória à Áustria. Barbacena estava em viagem quando soube que d. Miguel se apoderara da coroa da sobrinha e, suspeitando das intenções de Metternich e do imperador Francisco I, preferiu levar a rainha para a Inglaterra. Na mesma viagem ele deveria se desincumbir de outra missão: achar uma noiva para d. Pedro I. D. Pedro dera recomendações exatas sobre o tipo de noiva que melhor lhe conviria:

> O meu desejo e grande fim é obter uma princesa que, por seu "nascimento", "formosura", "virtudes", "instrução", venha a fazer a minha felicidade e a felicidade do Império. Quando não seja possível reunir as quatro condições, podereis admitir alguma diminuição na "primeira" e na "quarta", contanto que a "segunda" e a "terceira" sejam constantes.

Em outra correspondência, d. Pedro seria ainda mais específico, e citava como modelo a esposa do ministro da França no Rio de Janeiro, marquês de Gabriac. Não se deveu a Barbacena a descoberta de d. Amélia para ser a imperatriz do Brasil. Quando as infrutíferas buscas dos emissários do imperador do Brasil já o haviam coberto de ridículo na Europa, falaram ao visconde de Pedra Branca, ministro em Paris, das virtudes da princesa Amélia Eugênia Napoleona de Leuchtenberg. Além de ser moça lindíssima, d. Amélia tinha, segundo as palavras de Barbacena em carta ao Chalaça, inúmeras virtudes: "Formosura, juízo, virtudes, maneiras polidas, tudo enfim, que há de mais amável, está reunido nesta princesa [...]". Mas era nobreza de meio sangue, pois d. Amélia era filha do duque de Leuchtenberg, Eugênio de Beauharnais, o filho de Josefina que Napoleão Bonaparte perfilhara e que fizera casar com a filha do rei da Baviera. Quando enviou o retrato, Barbacena informou ao imperador:

A imperatriz é linda, lindíssima, como V. M. verá pelo retrato que vai nesta ocasião. Até aqui foi sobre o testemunho de outros que tenho dado a V. M. notícias de sua augusta noiva. Hoje, dá-las-ei fundado no testemunho próprio e na minha convicção. É indubitavelmente a mais linda princesa e mais bem-educada que, presentemente, existe na Europa! E quando eu a vi emparelhada com as primas, que foram primeiramente pedidas, dei muitas graças a Deus de haver V. M. escapado daqueles casamentos.

Antônio Teles, que tinha mais intimidade com d. Pedro, perguntava-lhe por carta: "Que fará o nosso amo na primeira, na segunda e em mil e uma noites? Que sofreguidão! Os dedos hão de parecer hóspedes". O lobo esfomeado ia encontrar a mansa ovelhinha, nas palavras maliciosas enviadas por Gordilho ao Chalaça sobre o amigo imperador. O casamento foi rapidamente arranjado, e o marquês de Barbacena, com sua comitiva, a princesa Amélia e seu irmão Augusto, de dezenove anos, viajaram por terra de Munique até o litoral da Bélgica, de lá seguiram para a Inglaterra, onde embarcou d. Maria da Glória, então com dez anos, e aportaram no Rio de Janeiro no dia 16 de outubro de 1829. Consta que d. Pedro, ao ver a noiva, tombou desmaiado. Ela correspondia perfeitamente aos relatos que lhe tinham feito vários de seus emissários.

D. Amélia desembarcara trajando um soberbo vestido cor-de-rosa, sua cor favorita. Em homenagem a essa predileção da imperatriz, d. Pedro criou uma honraria: a Ordem da Rosa, e foi-lhe oferecido pela corte no dia de 20 de janeiro de 1830 um baile cor-de-rosa, em que todas as damas usaram vestidos dessa cor. O primeiro a ser condecorado com a nova insígnia foi o visconde de Barbacena. Se o baile foi um momento de glória para Barbacena, foi também o começo da derrocada do Chalaça. No dia seguinte, d. Pedro e d. Amélia partiram em viagem de lua de mel para uma temporada de seis semanas na fazenda do padre Correa na serra da Estrela (ao lado da qual, na Fazenda do Córrego Seco, adquirida por d. Pedro I em janeiro de 1830, depois se ergueu a cidade de Petrópolis).

A *Astréa* — jornal publicado por João Clemente Vieira Souto desde junho de 1826 e que fazia oposição ao governo —, noticiando o baile, disse que Gomes da Silva se portara indecorosamente, que repreendera os músicos e insultara um oficial: "Seu modo despejado, suas maneiras por assim dizer pouco decentes ofenderam a todas as pessoas sensatas que ali se achavam". É que o Chalaça, com a mesma familiaridade que sempre teve com o imperador, resolvera, durante o próprio baile, introduzir contradanças novas. É possível que também tivesse abusado do álcool.

O episódio em si não teria importância se o protagonista não fosse o odiado Chalaça, e se ele não tivesse respondido ao ataque com a publicação de um artigo contra o "partido turbulento" que levantava a absurda suspeita de que estava em curso uma conspiração portuguesa para a reconquista do Brasil. A resposta do Chalaça causou espécie e chegou a ser tema de discussão na reunião do Conselho de Ministros. Quando d. Pedro voltou da serra, o clima na corte estava pesado, e Barbacena aproveitou para livrar-se do antigo e agora incômodo aliado sugerindo seu embarque para a Europa.

Para convencer o imperador da necessidade dessa medida, contou com o apoio irrestrito da imperatriz, ansiosa por se livrar de tudo que lembrasse o passado boêmio do marido. Ao contrário de sua antecessora, d. Amélia demonstrara firmeza desde o início recusando-se a receber a duquesa de Goiás, que foi mandada para um colégio na Suíça, e modificando as regras no Paço da Boa Vista. Impôs o francês como língua usada na corte e tomou literalmente conta da casa, despedindo criados e estabelecendo pouco contato com as damas brasileiras, pois trouxera seu séquito da Baviera. Foi por isso francamente antipatizada. A expulsão do Chalaça atendia, portanto, também ao interesse de renovação da corte ideado pela imperatriz. D. Pedro cedeu, muito a contragosto, e segundo um relato do tempo:

> Encarregou-se ele próprio de todo o necessário da bagagem, para que nada faltasse. Lembrava-se das coisas as mais miúdas para cômodos do seu amigo. Tudo o que fazia, o imperador comunicava aos ministros. E entretinha-os antes dos despachos com essas ridicularias. Era assim: estive toda esta manhã a fazer arranjar tal ou tal mala: um estojo para aqui, um copo para ali, um talher e outras coisas para Francisco Gomes levar. Isto mortificava o ministério! E como o Chalaça bebia muito, o imperador teve grande cuidado em arranjar-lhe as frasqueiras para a viagem [...]

Se contra d. Amélia, pela qual d. Pedro estava completamente encantado, o Chalaça nada podia fazer, prometeu, antes de partir, no mês de abril, que "os cinco crioulos" que formavam o novo gabinete não permaneceriam cinco meses na administração. De fato, algum tempo depois de chegar a Londres, o Chalaça escrevia para o imperador levantando suspeitas sobre as despesas que Caldeira Brant fizera em suas viagens para levar d. Maria da Glória para a Europa e de lá trazer a noiva imperial. Barbacena gastara na sua missão 177 738 libras, dezenove xelins, dez pence. Em um tempo em que, segundo Paulo Setúbal, se comprava a melhor casa da rua do Ouvidor, que era a mais valorizada do Rio de Janeiro, por um conto de réis, Barbacena gastara em sua missão cerca de 3 mil contos de réis.

Desconfiado e avarento como era, d. Pedro facilmente mordeu a isca: resolveu rever todas as contas já aprovadas e começou a perseguir o ministro, pondo em dúvida a sua honestidade. Chegou mesmo a propor que Barbacena se afastasse do Ministério da Fazenda, já que suas contas estavam sob suspeita. Indignado, o ministro foi ao encontro do imperador e apresentou seu pedido de demissão. Conta Mello Moraes que "foi tão vergonhosa a polêmica entre o imperador e o marquês de Barbacena, que o imperador, furioso, chamou Barbacena de ladrão. A imperatriz d. Amélia caiu doente!". Ao que parece, na discussão o marquês reagira, e o rompimento entre os dois foi, desde então, definitivo. No decreto em que deu a demissão, d. Pedro dizia simplesmente:

> Sendo necessário tomarem-se as contas da caixa de Londres, e examinarem-se as grandes despesas feitas pelo marquês de Barbacena com minha augusta filha, e especialmente com o meu casamento [...] hei por bem demiti-lo do cargo de ministro e secretário de Estado dos Negócios da Fazenda.

Já afastado do ministério, o marquês pediu autorização para publicar, em sua defesa, toda a correspondência que tinha mantido com d. Pedro no curso das negociações do seu casamento. A resposta de d. Pedro, através do ministro do Império, foi dura e sucinta: "O Augusto Amo e Senhor ordenou que participasse a V. Excia. que, pela garantia do art. 179, parágrafo 4º da Constituição do Império, é desnecessária a licença que requer". Assim foi que os brasileiros tomaram conhecimento dos detalhes, humilhantes para d. Pedro, das negociações em torno de seu casamento. Diz Paulo Setúbal que Barbacena exorbitou: "Explicou as instruções secretas de d. Pedro, os requisitos que exigia da noiva, as casas reinantes antipáticas, o diabo! Espalhou com retumbância as tábuas de d. Pedro, o enxoval, os empréstimos, mil intimidades ridículas e comprometedoras".

Tornaram-se daí em diante inimigos irreconciliáveis. D. Pedro ficou tão agastado que, no auge da cólera, disse que um rei da Inglaterra achara um amigo que lhe livrara do arcebispo de Cantuária, mas o imperador do Brasil não achava outro que o livrasse do marquês de Barbacena. Parecia uma ameaça de morte, e foi assim que Barbacena a tomou. Ele dirigiu então a d. Pedro a célebre carta em que dizia que, para salvar a vida, retirava-se para o engenho de Gericinó, onde ficaria "em guarda". Relembrava os antepassados loucos de d. Pedro, prevendo que ele terminaria seus dias "em alguma prisão de Minas a título de doido".

5. L'après-midi d'un faune

Em carta a Antônio Teles datada de 22 de abril de 1830, d. Pedro I, com seu estilo característico, revelava que fizera "propósito firme de não... senão em casa, não só por motivos de religião, mas até porque para o pôr assim [desenho de um pênis ereto] já não é pouco dificultoso". Os problemas com o que chama de "máquina triforme" foram seguidas vezes detalhados para a marquesa de Santos. Uma vez, depois de contar à amante que "tua coisa tinha espremido alguma umidade", concluiu a mensagem dizendo: "Desgraçado daquele homem que uma vez desconcerta a máquina triforme, porque depois, para tornar a atinar, custa os diabos". Na sequência de cartas que lhe enviou durante aqueles dias, em novembro de 1827, as referências aos problemas que vinha enfrentando são constantemente detalhadas.

Na busca pela noiva na Europa, a recomendação principal era que a escolhida fosse, sobretudo, bela. O retrato da segunda imperatriz e a descrição que dela lhe fizeram seus enviados encheram-no de entusiasmo. O casamento com d. Amélia marcou uma nova fase na vida de d. Pedro. Esta o encontraria com os melhores propósitos de fidelidade e bom comportamento. Mas na mesma carta de 22 de abril de 1830 em que confidenciava ao amigo que o seu desempenho não era mais o mesmo, ele informava: "Em casa por ora nada, mas o trabalho continua, e em breve darei cópia de mim e farei a imperatriz dar cópia de si, se ela me não emprenhar a mim, que é a única desgraça que me falta sofrer".

Otávio Tarquínio, que analisou tão minuciosamente a documentação relativa ao imperador, estranha que ele demonstrasse melancolia em carta enviada de Correias para Antônio Teles. Tarquínio especula:

> Falar em tristeza e horror na companhia de mulher como a imperatriz de dezessete anos, descobrir tristeza e horror em lugar aprazível, chamar a este retiro sem distrações, próprio para santarrões, significava porventura que alguma causa íntima, secreta, particularíssima estaria a inibir o grande erótico. Recato excessivo, medo, frigidez por parte da neta de Josefina? Ou os primeiros sinais, precocíssimos em d. Pedro, da fraqueza de que se queixaria semanas depois ao marquês de Resende?

Depois do casamento com d. Amélia e dessas cartas para Antônio Teles, não há mais descrições tão detalhadas na correspondência de d. Pedro acerca desse problema. A mudança de atitude — mais reservado, menos leviano e sôfrego na busca de aventuras, casado com mulher mais decididamente ciosa de seus direitos — também não permite saber.

No final de 1830, d. Pedro resolveu ausentar-se do Rio de Janeiro por três meses, levando em sua companhia a imperatriz. Foi uma excursão de dez semanas através de uma região montanhosa e de clima mais fresco, com escalas demoradas, passeios turísticos, banhos de cachoeira e recepções agradáveis.

Afora os dissabores que sofreu em Ouro Preto, o casal imperial foi recebido com carinho e entusiasmo pelos alunos do Caraça e do seminário de Matosinhos, em Congonhas do Campo.

6. A Noite das Garrafadas e o 7 de Abril

> Sabe o que dizem na cidade, a respeito do ex-imperador? Eis o castigo dos maus-tratos que fez sofrer à imperatriz defunta. Era uma santa aquela princesa: se vivesse ainda, tudo isto não teria acontecido, ou teríamos pelo menos uma regente a quem obedecíamos com gosto. São os pontapés que ele lhe deu antes de partir, em 1826, que apressaram a morte desta soberana e que o enxotam agora para fora da barra; é a vingança. [Daiser]

Em 1829, já se formara na Câmara dos Deputados uma bancada capaz de fazer frente aos abusos de poder cometidos por d. Pedro. Sentia-se ela bastante forte para opor-se ao uso das comissões militares e chamar à responsabilidade os ministros da Guerra, do Império e da Justiça, general Oliveira Alves, José Clemente Pereira e Lúcio Soares Teixeira de Gouvêa, acusados de haverem expedido os últimos decretos estabelecendo-as. No início daquele ano, d. Pedro cogitara sobre a conveniência de derrubar o regime com o apoio de tropas solicitadas a monarquias europeias amigas e de dar ao Brasil uma nova Constituição verdadeiramente monárquica. Nesse sentido, encaminhou questionário a um grupo de notáveis, mas foi vigorosamente dissuadido desses propósitos por frei Arábida e por Vilela Barbosa. Eles lembraram ao imperador que era preciso respeitar o sistema liberal que ele outorgara ao Brasil, ainda que esse sistema facilitasse o controle do país pelos conservadores ou a destruição do Império pelos revolucionários.

A queda de Barbacena acabara com os últimos vestígios de confiança dos liberais em d. Pedro. Ele demonstrara não estar disposto a admitir qualquer influência do parlamento sobre a marcha da administração. Segundo o barão Daiser, que, no Rio de Janeiro, substituíra Mareschal: "Ninguém tem confiança nele, todo mundo o abandona e o deixa completamente isolado". Não se tratava apenas de uma questão de confiança, mas de recrudescimento da luta do parlamento pela conquista das prerrogativas que reclamava e que a Coroa lhe negava. D. Pedro, apesar de continuar afirmando o seu constitucionalismo, jamais admitiria submeter-se a que lhe ditassem o que fazer.

A consulta aos conselhos sobre a viabilidade de mudança da Constituição fora feita de forma sigilosa, mesmo assim os jornais liberais suspeitaram e advertiram d. Pedro de que se ele tentasse suprimir a Constituição poderia ter o mesmo destino de Carlos x. O rei da França fora forçado a abdicar em julho de 1830 por ter tentado modificar a Constituição, acontecimento que foi amplamente comemorado pelos liberais brasileiros que combatiam d. Pedro. Curiosamente, o imperador, conforme carta que enviou a Antônio Teles em 6 de outubro de 1830, a seis meses de sua própria abdicação, afirma que já tinha previsto o que aconteceria na França como consequência "de um despotismo tal como o que foi praticado contra o pacto social jurado pelo sr. Carlos x e contra o povo francês, brioso amante da liberdade". Apesar de ter pensado em mudar o regime, conforme a consulta que fizera aos seus conselheiros, ele indaga ao amigo: "Veja se eu faço bem de não mudar de constitucional para não ter que tornar com a fala ao bucho ou ir passar o Carnaval nos Estados Unidos e pôr em prática a sátira de Voltaire nos seus romances?". Era o mesmo dilema do ser ou não ser constitucional, com suas conveniências e inconveniências práticas, que o acompanhou por todo o seu reinado.

No Rio de Janeiro, especulava-se sobre um suposto movimento, coordenado pelo "gabinete secreto" — apesar de estar fora do Brasil o Chalaça —, para suprimir a Constituição brasileira e proclamar d. Pedro soberano absoluto de um reino constituído pela reunificação de Portugal e Brasil. Evaristo da Veiga e Bernardo Pereira de Vasconcelos agitavam a Constituição contra essa suposta ameaça, enquanto seus aliados das províncias mais distantes, como o jovem paraibano Borges da Fonseca, conspiravam para que se procedesse a mudanças no regime constitucional que propiciassem o estabelecimento de uma monarquia federativa descentralizada. Sonho que vinha sendo acalentado pelas províncias do norte desde a Independência.

Em São Paulo, o grande propagador dessas ideias era um imigrante italiano, o jornalista Líbero Badaró, editor do *Observador Constitucional*. Quando circulou naquela província a notícia da queda de Carlos x, o jornal de Badaró encorajou manifestações para comemorá-la. Alguns estudantes foram presos, e o juiz da comarca que ordenou as prisões foi duramente criticado pelo *Observador*. Na noite de 20 de novembro, Líbero Badaró foi cercado por quatro homens, levou um tiro no estômago e, antes de morrer, levantou a suspeita de que seus agressores teriam sido contratados pelo juiz. O mesmo foi detido e conduzido ao Rio de Janeiro para ser julgado por um tribunal composto por seus pares, que o absolveram por falta de provas.

Quando d. Pedro chegou a Minas com d. Amélia, celebravam-se em muitas igrejas exéquias fúnebres em honra de Líbero

Badaró. Nas cidades e vilas, onde todos os joelhos se haviam curvado, e onde seu nome, poucos anos antes, só era pronunciado com reverência, a recepção que d. Pedro teve nessa última viagem foi diametralmente oposta à que tivera em 1822. Para agravar ainda mais esse clima, ele fez em Ouro Preto um discurso infeliz, misto de dureza e brandura, cujo efeito foi o frio acolhimento da plateia. Só um dia ele se demorou nessa visita desalentadora. No curso dessa viagem já falava em abdicar.

No Rio de Janeiro enfrentavam-se brasileiros e portugueses. Por sugestão de Evaristo da Veiga, voltara-se a usar o laço que em 1822 distinguia os patriotas. Os mais exaltados não dispensavam o chapéu de palha, símbolo nacionalista, ou a sempre-viva à lapela, emblema dos federalistas.

Quando foi anunciado que o imperador voltara da viagem a Minas, em 11 de março de 1831, os portugueses puseram luminárias em suas casas em sinal de regozijo. Os brasileiros não. Segundo Macaulay, os portugueses "viam cada vez mais o imperador como aquele que os poderia salvar da intolerância nativista. Estavam determinados a fazer-se visivelmente presentes em toda e qualquer comemoração pela volta de d. Pedro". Houve agitação nas ruas quando bandos de portugueses tentaram obrigar brasileiros a pôr luminárias. Na porta da casa do jornalista Evaristo da Veiga, um grupo gritava: "Põe luminárias, Evaristo". No dia 13, gente do grupo de Borges da Fonseca — um dos agitadores mais arrojados nos tumultos das ruas da Quitanda e Direita — apagou algumas fogueiras, e alunos do Seminário de São Joaquim atiraram pedras, quebrando vidraças e destruindo luminárias de casas de portugueses. Os portugueses contra-atacaram com paus, pedras e garrafas. Houve diversos focos de enfrentamento nessa que ficou conhecida como A Noite das Garrafadas e que foi sucedida por três dias de desordem.

Depois dessas agitações, no dia 17, o imperador finalmente veio de São Cristóvão ao Paço da cidade para assistir a um te-déum em ação de graças pelo seu regresso, dar audiência ao corpo diplomático e o beija-mão aos súditos. Um grupo de cinquenta portugueses montados a cavalo e vestidos com a tradicional jaqueta do reino foi recebê-lo à entrada da cidade e ladeou sua carruagem até a capela. A hostilidade dos brasileiros contra d. Pedro era tão grande que até debaixo das janelas do Paço gritavam-se repetidos vivas à federação.

No dia 18 de março o ministro da Justiça recebeu uma petição dirigida ao imperador, assinada pelo senador Vergueiro, Evaristo e outros 22 deputados. Os requerentes pediam a punição dos "estrangeiros que nas noites de 13 e 14 do corrente insultaram e atacaram nossos compatriotas sob o pretexto de que seriam federalistas". D. Pedro demitiu o ministro da Justiça, o da Guerra e dois outros ministros, substituindo todos por brasileiros natos. O novo gabinete mandou soltar os oficiais brasileiros detidos, recolocou o general Lima e Silva — que havia sido afastado — no comando da região militar do Rio de Janeiro e exigiu que o ministro de d. Maria II, responsável pela comunidade portuguesa na cidade, conclamasse seus súditos à ordem.

No dia 25 de março, os liberais promoveram um te-déum na igreja de São Francisco de Paula para comemorar o aniversário do juramento da Constituição. D. Pedro apareceu de repente, não tinha sido sequer convidado, e reclamou disso quando chegou ao altar-mor. Responderam-lhe que tinham sido convidados só cidadãos brasileiros. "E eu também não sou brasileiro?", ele argumentou. Todos se calaram. Na saída foi saudado com vivas "ao imperador enquanto constitucional". Mas também soaram alguns gritos de "viva d. Pedro II". Respondeu ao primeiro viva dizendo: "Sou e fui sempre constitucional". E ao segundo: "Ainda é uma criança". Mas, conta Armitage, "deu essas respostas com ar tão perturbado e inquieto que parecia não tomar sentido nas palavras que proferia".

Em 1º de abril, d. Pedro experimentaria outro dissabor.

Quando as procissões se aproximavam do Paço, era costume o imperador chegar até a janela, pois adorava as manifestações populares do Rio de Janeiro. No momento em que ele aparecia, o povo tirava o chapéu e ficava descoberto até que ele se recolhesse, em sinal de respeito. Nesse dia, porém, quase ninguém se descobriu quando o imperador apareceu. Tal desconsideração correspondia a uma deposição moral. O povo já não o respeitava. Diz Tobias Monteiro: "Desde 15 de março, gritavam-lhe vivas acintosos, vociferavam-lhe pragas, permitiam-se interpelá-lo, desfeiteá-lo, desconhecê-lo. Sua reputação desfazia-se, seu prestígio desmascarava-se, sua influência aniquilava-se, sua autoridade diluía-se".

Em meio ao clima de tensão da corte, d. Pedro teve a infeliz ideia de dar beija-mão aos súditos portugueses no aniversário da filha, Maria da Glória, em 4 de abril. A cerimônia, que teve lugar na antiga casa da marquesa de Santos, foi tomada como uma afronta pelos brasileiros e impulsionou as manifestações de rua. As pequenas princesas e o príncipe imperial, então com cinco anos de idade, também compareceram. Tobias Monteiro conta que o imperador colocou o principezinho entre os membros do corpo diplomático, "como se, sem querer ocultar, para ele pedisse proteção".

Na Sexta-Feira Santa, Borges da Fonseca, em seu jornal *O República*, dava a falsa notícia de que vários brasileiros haviam sido assassinados nas agitações de março. No sábado de Aleluia, o mesmo jornal clamava pela legalidade e pelo dever sagrado de resistência ao tirano. No domingo de Páscoa, o jornalista liderava, nas ruas do Rio de Janeiro, uma manifestação contra a tirania que acabou em ataques a algumas residências e casas de negócios de portugueses. O estilo do *República* era contundente: "O Brasil quer ser monárquico-constitucional e jamais sofrerá que um 'ladrão coroado' se sente no trono que a nação ergueu para assento de um monarca constitucional".

Os diplomatas tinham a sensação de que a cidade estava abandonada. Daiser vira um moleque de uns dez anos esbofar-se a gritar: "Viva a liberdade de imprensa!". Os que dispunham de força, o francês Pontois e o inglês Aston, reuniam-se com os chefes das respectivas divisões navais para combinar procedimento uniforme. Decidiram então proteger os compatriotas, oferecer refúgio a bordo a todos os colegas e conceder proteção para o embarque da família imperial nos navios de guerra.

Diante da declaração dos ministros da Guerra e da Justiça de que nem a polícia nem o Exército tinham condições de acabar com os distúrbios, d. Pedro exonerou-os na tarde de 5 de abril. Na manhã do dia seguinte, o imperador chamou para compor novo gabinete seis personalidades altamente impopulares: o marquês de Paranaguá, o visconde de Alcântara, o marquês de Baependi, o conde de Lages, o marquês de Inhambupe e o marquês de Aracati, todos com passagens anteriores pelo ministério. Essa mudança acirrou ainda mais os ânimos dos brasileiros, e imediatamente após a sua divulgação o povo se reuniu no Campo de Santana. Por volta das três horas da tarde, cerca de 2 mil pessoas estavam ali concentradas. Segundo testemunhos, esse número teria dobrado duas horas depois. Às cinco horas a multidão foi engrossada por soldados e oficiais do quartel de infantaria. A conspiração liberal contra o imperador, que tinha por chefes o senador Vergueiro, Evaristo da Veiga e Odorico Mendes, contava com o apoio do general Lima e Silva. Deputados liberais se juntaram a Borges da Fonseca para organizar o comício. Informado do que se passava, d. Pedro enviou aos manifestantes a seguinte proclamação:

> Brasileiros! Uma só vontade nos una. Para que tantas desconfianças, que não podem trazer à pátria senão desgraças? Desconfiais de mim? Assentais que poderei ser traidor àquela mesma pátria que adotei para minha? Ao Brasil? Àquele mesmo

Brasil por quem tenho feito tantos sacrifícios? Podereis querer atentar contra a Constituição, que vos ofereci e que convosco jurei? Ah, brasileiros! Sossegai. Eu vos dou minha imperial palavra de que sou constitucional de coração e sempre sustentarei essa Constituição. Confiai em mim e no ministério: ele está animado dos mesmos sentimentos que eu; aliás, [se assim não fosse] eu não o nomearia. União e tranquilidade, obediência às leis, respeito às autoridades constituídas.

Antes mesmo de finda a leitura desse documento — por volta das seis horas —, o papel foi arrancado das mãos do juiz de paz, feito em pedaços e atirado ao chão. Três representantes do povo partiram para São Cristóvão a fim de pedir a d. Pedro a reintegração do ministério e a deposição do gabinete substituto, pois se aquele era da confiança do povo, este não era. O imperador respondeu-lhes que dissessem ao povo que ele era "mais constitucional do que todo brasileiro nato e mais constitucional que os senhores juízes de paz", e que não acedia ao pedido. E acrescentou: "Tudo farei para o povo, mas nada pelo povo". Asseverou ainda que não fazia caso de honras, mostrou o modo como estava vestido — de casaca e sem insígnia —, leu o artigo da Constituição que lhe atribuía a faculdade de escolher livremente os ministros e disse que, como os demitidos não lhe mereciam confiança, "dos nomeados faria o que bem entendesse".

Quando esse encontro foi relatado à multidão, irromperam gritos de "Morra o traidor!". Porém, o general Lima e Silva dispôs-se a ir a São Cristóvão aconselhar d. Pedro a ceder. O general insistiu com o imperador, lembrando-o de que quanto mais ele demorasse a promover as mudanças no gabinete, mais os radicais dominariam o movimento. D. Pedro manteve-se intransigente: "Prefiro abdicar a aceitar imposições violentas contrárias à Constituição". Diante dessa declaração, Lima e Silva prometeu pôr-se à frente da revolução para garantir a continuidade do sistema monárquico. D. Pedro então o abraçou, agradeceu e disse: "Vá, confio-lhe o destino de meus filhos". Na manhã do dia 6 de abril ele já enviara, através do vice-cônsul da França, uma mensagem para Paquetá, onde vivia José Bonifácio, seu "verdadeiro amigo", convidando-o para aceitar a tutoria dos príncipes.

Logo que tomou a decisão de abdicar da Coroa, d. Pedro recuperou as energias e saiu do abatimento em que mergulhara desde a volta de Minas. No palácio, à sua volta, no entanto, o clima era de desolação: ministros, oficiais da casa imperial, a guarda de corpo, de joelhos e chorando, apavorados diante das incertezas sobre o seu futuro, imploravam-lhe que reconsiderasse o seu ato. A todas essas súplicas resistiu "com extraordinária firmeza e dignidade", afirmando que de modo algum recuaria da decisão tomada: "Entre mim e o Brasil tudo está acabado e para sempre". Segundo o diplomata francês, que a tudo assistiu, d. Pedro soube abdicar melhor do que soubera reinar: "Havia dois anos que eu via este momento aproximar-se, e disso mais me convenci durante a viagem a Minas".

Desde 1830, os liberais portugueses seduziam-no de Londres, por intermédio do Chalaça.

Parte 9

D. Quixote

1. Um brasileiro em Paris

Depois do embarque, superadas a angústia e a tensão que marcaram os idos de março, d. Pedro parecia bastante sereno, até mesmo alegre, tranquilizando com bondade à chorosa d. Amélia. Vestia uma sobrecasaca marrom e uma cartola elegante, traje próprio para um piquenique em Paquetá, e, segundo Carl Seidler, logo que se instalou a bordo tomou da viola e tocou um miudinho, como se tudo o mais não tivesse importância. Parecia que tinha tirado um peso das costas, e sua atitude durante a viagem era a de quem pretendia se estabelecer na Europa como um simples particular. Talvez não contasse com a verdadeira apoteose que foi a sua chegada.

Sua deposição coincidira com uma nova onda liberal que marcara a ascensão de Luís Filipe ao trono da França. No Brasil, essa onda estimulara a oposição a livrar-se do imperador, que subira ao trono sob a bandeira da liberdade mas reinara com poderes de autocrata. Já para a Europa, d. Pedro era o príncipe americano que construíra um império liberal, uma monarquia estável num país de dimensões continentais na selvagem e primitiva América do Sul. Denyse Dalbian registra o comentário que fez a esse respeito o conde Rodolphe de Appony em seu diário: "Enfim, está aí o rei mais liberal da terra, este arquiconstitucional, o doador de constituições, derrotado, despedido ele e todas as suas instituições. Que lição para os reis constitucionais!". A imagem de d. Pedro como político moderno também se engrandecia quando contrastada com a do irmão, que promovia em Portugal um reinado baseado no atraso, na superstição e na violência.

Às quatro da tarde do dia 10 de junho de 1831, d. Pedro e d. Amélia desembarcaram no porto de Cherbourg, na Normandia. Os marinheiros ingleses da fragata *Volage*, vestindo seus uniformes de gala, pendurados nas sirgas, deram-lhe nove vivas. No mesmo momento a fragata e todas as fortalezas de terra o saudaram com uma salva de 21 tiros de canhão. D. Pedro recebeu todas as honras devidas a um monarca no poder. Cinco mil homens da Guarda Nacional perfilaram-se para que ele os inspecionasse. A prefeitura da cidade ofereceu-lhe um palácio para que ele e sua corte se instalassem. D. Pedro faria de Cherbourg sua primeira base na Europa, convidando seus fiéis amigos, Antônio Teles da Silva e o Chalaça, para ali se reunirem.

Aconselhado por Teles, d. Pedro partiu para Londres no dia 20 de junho, deixando em Cherbourg a ex-imperatriz, à qual se reuniria d. Maria da Glória, chegada no dia 23 de julho. Reassumindo seu antigo título português, d. Pedro hospedou-se no hotel Clarendon como duque de Bragança. Associara ao seu brasão apenas o título de "Defensor Perpétuo do Brasil", do qual sempre se orgulhara. Acompanhava-o nessa viagem Antônio Teles, que renunciara ao posto de embaixador do Brasil para assumir o de camareiro do duque de Bragança. D. Pedro foi recebido de forma cordial pelo rei, Guilherme IV, que em 1º de julho ofereceu um jantar em sua homenagem, ao qual compareceu todo o corpo diplomático. Nessa ocasião travou contato com o príncipe de Talleyrand, representante da França.

A causa de d. Pedro e de d. Maria da Glória não entusiasmou os ingleses, defensores naquele momento da política de não intervenção nos assuntos internos dos países vizinhos. Talleyrand, que parecia ter realmente simpatizado com o ex-imperador, no entanto, acenou-lhe com uma boa acolhida por parte do rei dos franceses, garantindo que seria muito bem recebido em Paris se comparecesse aos festejos pelo primeiro aniversário da Revolução de Julho, que elevara Luís Filipe ao trono.

D. Pedro chegou a Paris no dia 26 de julho e compareceu como convidado de honra a um jantar promovido pelo rei dos franceses. Aos que o viram nessa estreia, ele pareceu francamente embaraçado, mesmo sendo tratado com toda a cordialidade pelo rei e pela rainha. Foi especialmente tímido com as damas, mas foi o mesmo d. Pedro de sempre ao ser apresentado ao marquês de Lafayette. Seu entusiasmo juvenil diante daquele que chamou de "herói dos dois mundos" causou espécie entre os esnobes franceses. Era o seu estilo, o mesmo velho estilo que, no Rio de Janeiro, encantava, desarmava, mas também espantava o estrangeiro. Conta uma testemunha que de seus lábios jorravam palavras de reverência, louvor e homenagem e que ele teria expressado seus sentimentos a Lafayette com "um ar de familiaridade, como se o conhecesse de longa data". Lafayette, com 74 anos, e que tinha sido removido do comando da Guarda Nacional em novembro do ano anterior, não se aborreceu com isso. Ao contrário, tornou-se daí em diante um dos mais leais amigos e protetores de d. Pedro.

Durante os três dias que duraram os festejos, d. Pedro foi a grande atração. Com seu uniforme verde com dragonas douradas, com seu porte elegante, com sua destreza de cavaleiro, tornou-se logo figura popular na Cidade Luz. Por onde passava, ao lado de Luís Filipe, que fez questão de sempre se fazer acompanhar pelo ex-imperador, d. Pedro era mais aplaudido que o rei. Na saída do Panthéon, o povo cercou seu cavalo, gritando: "Viva o imperador constitucional!", até que ele apeasse. Um ajudante de ordens tentou protegê-lo do entusiasmo da multidão, mas d. Pedro não deixou. O povo que o cercava enchia-o de perguntas, sobre a idade de d. Maria da Glória, se havia trazido muito dinheiro do Brasil, se fazia mais calor no Rio de Janeiro do que no Palais-Royal. D. Pedro a todos respondia com excelente humor. Encantados com tanta simplicidade, os parisienses gritavam: "Viva d. Maria, viva a filha do príncipe Eugênio, viva d. Pedro!". Sua manifestação simpática à causa da Polônia, quando juntou-se à multidão que dava vivas àquele país, em sua luta para se libertar do domínio russo, também conquistou os corações parisienses.

    D. Pedro voltaria a Londres acompanhado de d. Amélia e da filha, na esperança de que a presença física da pequena rainha comovesse a Coroa inglesa. Chegaram em 2 de agosto e hospedaram-se novamente no hotel Clarendon. Ali, no dia 4, recebiam a visita da família real. No final de semana, convidados pelo rei, dormiram no castelo de Windsor. Mas poucos dias depois d. Pedro se aborreceu com um convite feito a d. Maria da Glória, sem mencionar-lhe os parentes. Ao mesmo tempo, durante essa curta temporada, ficou claro para ele que a Inglaterra não daria nenhuma ajuda material para a causa da rainha destronada.

    De fato, no dia 6 de agosto, ele partia, atendendo ao convite mais generoso do rei dos franceses. Este, em carta na qual o chamava de amigo e sobrinho, recuperando os laços que ligavam sua mulher à falecida imperatriz Leopoldina — que era sobrinha da rainha da França —, punha à disposição de d. Pedro seu castelo de Meudon. Essa suntuosa habitação fora morada de Maria Luísa, a irmã de d. Leopoldina, e de seu filho, enquanto Napoleão estava na Rússia.

D. Pedro e sua família chegaram ao castelo de Meudon no dia 20 de agosto. Como era de seu feitio, ele foi pessoalmente conferir todas as dependências da casa e designar os lugares que caberiam a cada um dos que formavam a sua corte. Com ele ficariam em Meudon dois camareiros: Teles e Rocha Pinto; dois secretários: Gomes da Silva e Almeida; um médico: dr. Tavares; e o capitão Bastos, o único oficial brasileiro que acompanhou o imperador ao exílio. Algumas damas também faziam parte do séquito da rainha e da duquesa de Bragança, somando essa pequena corte umas vinte pessoas. Luís Filipe também pôs à disposição de seu hóspede um picador, 25 cavalos e seis viaturas. Diz Denyse Dalbian que os palafreneiros devem ter ficado com saudade da boa vida no Palais-Royal, pois d. Pedro inspecionava os carros sem cessar, dizendo que na França ninguém sabia selar um cavalo e não hesitando em se deitar sob uma viatura para ver se ela estava bem limpa.

A vida familiar logo se organizaria, e a convivência de d. Pedro com o rei e sua família era constante e muito agradável. Ele ia com frequência ao Palais-Royal jogar bilhar com Luís Filipe. D. Maria da Glória, pela primeira vez, convivia com primos da sua idade, numa situação que certamente teria alegrado o coração de sua desafortunada mãe, pois a rainha dos franceses era aquela mesma tia Maria Amélia para quem tanto d. Leopoldina escrevia do Brasil. O receio de que houvesse alguma restrição a d. Amélia por seu parentesco com Napoleão logo se dissipou, e a beleza e a juventude da duquesa de Bragança também fizeram boa figura na corte francesa.

Paris era uma festa, e d. Pedro saía muito, era visto em toda parte: no Odeon (onde assistiu a *Le masque de fer*); no Teatro dos Italianos; e eventualmente dispunha do camarote real na Ópera de Paris e na Comédie Française. Sua aparição com a mulher e a filha pela primeira vez na Ópera chamou a atenção do público e da crônica mundana. O jornal *Mercure de France* fez um curioso comentário sobre a presença do ex-imperador na plateia desse espetáculo, em camarote situado bem defronte ao ocupado pelo ex-dei da Argélia.

É bem digno de um tempo de revoluções mostrarem-se reunidos na Ópera de Paris um dei da Argélia, deposto por nós, e um imperador do Brasil, também destronado, tornando-se um para o outro objeto de curiosidade! O ex-imperador constitucional de um novo Estado da América abdicou do trono de Portugal, é pai de uma rainha destronada e esposo de uma Beauharnais, cuja presença e cujo nome fazem lembrar vicissitudes não menos estranhas!

O Teatro dos Italianos, de Gioacchino Rossini, era o preferido por d. Pedro, que, assim como d. João, era grande admirador de Rossini. Este se encantou com a amizade que lhe dedicava o ex-imperador e pediu permissão para que sua orquestra apresentasse uma de suas composições. No dia 30 de outubro a "Overture à grande orchestre", de d. Pedro, foi apresentada no Teatro dos Italianos. A recepção por parte do público foi fria, e a crítica, implacável. O jornal conservador *Mode* comentou: "O senhor imperador faria melhor em pôr para fora de Portugal o seu sanguinário irmão do que em expulsar do teatro os pacíficos frequentadores de concertos".

D. Pedro também se tornou o favorito dos salões naquela *saison*. Ele, que em Londres, no baile oferecido pela rainha, tivera de se contentar em ficar conversando até as quatro da manhã, por não saber dançar, agora tinha aulas de dança. Penteado pelos melhores cabeleireiros de Saint Germain, usando roupas de corte inglês, camisas impecavelmente brancas, d. Pedro tinha uma elegância natural que, aliada à sua rudeza, segundo Denyse Dalbian, não deixava de ter certo charme, ao qual não foram indiferentes as elegantes damas francesas. Inicialmente tímido, talvez frustrando a expectativa que a lenda pessoal que o antecedera criara, logo se adaptaria à vida mundana. Demonstrou, segundo a mesma autora, interesse em conhecer "*la grâce aérienne*" de mlle. Taglioni, que fazia sucesso no elenco da ópera *Le Dieu et la bayardère*. E fez uma corte ostensiva, e talvez bem-sucedida, a mme. de la Chataigneraie, do círculo da princesa de Orléans. Em um baile na embaixada da Inglaterra, o duque de Orléans, despeitado com o seu sucesso, teria comentado com o conde Rodolphe de Appony: "Veja como d. Pedro faz a corte a mme. de la C...; isso é bem triste para nós. Mas o que é que se pode fazer quando um imperador se mete entre as fileiras!".

É verdade que seu estilo não se modificara muito desde a partida do Rio de Janeiro. A marquesa de Abrantes, que o considerava um menino bonito na infância, desta vez o achou com modos de um "*valet de chambre de mauvaise maison sans place*". Debret conta que, certa vez, conversando com a ex-imperatriz diante do rei dos franceses, d. Pedro soltou em português, por hábito, algum epíteto grosseiro. Pouco depois o rei, para que ele se desse conta do quanto fora inconveniente, dirigiu-lhe algumas palavras em português. As gargalhadas que deu quando viu o dei da Argélia, que estava a seu lado, se retirar do espetáculo *Um turco na Itália*, quando Lablache cantou a frase "*Questo turcaccio maledetto*", também foram consideradas muito deselegantes.

Com a mesma vitalidade de outros tempos, d. Pedro percorria as ruas e parques de Paris; assistia às sessões da Câmara; frequentava as livrarias da moda. Manuel de Araújo Porto Alegre, jovem estudante de belas-artes, aluno e protegido de Debret, conta que, certa vez, quando olhava umas gravuras no boulevard des Capuccines, sentiu uma forte pancada no ombro, olhou e ficou atônito vendo d. Pedro I a rir-se para ele: "Que faz aqui, sr. Araújo, pois também emigrou?".

Ao que o jovem lhe respondeu: "Não, senhor, vim estudar a minha arte, e vim com o sr. Debret". D. Pedro perguntou-lhe por Debret, "homem virtuoso", e recomendou que aparecessem em sua casa.

2. Preparativos

A casa de d. Pedro nessa época era então no número 10 da rue de Courcelles, habitação que seria ocupada em 1846 pela princesa Mathilde-Létizia Wilhelmine Bonaparte, filha de Jerônimo Bonaparte e de Catherine de Würtemberg, e que hoje pertence ao barão Guy de Rothschild. Cuidadoso com as contas, d. Pedro preferira deixar o luxuoso castelo de Meudon, onde não pagava aluguel mas tinha de arcar com as despesas de manutenção. Na nova residência, d. Pedro, d. Amélia e d. Maria passaram a ter a companhia da duquesa de Goiás. Isabel estava internada em um colégio da Suíça desde 1829, quando seu pai se casara novamente. D. Amélia, que não quisera a companhia da filha da marquesa de Santos no Brasil, agora, no final da gravidez e no exílio, a recebia com carinho.

Desde sua chegada à Europa, a causa de d. Maria fora também o principal assunto de d. Pedro. Suas residências no Velho Mundo se tornariam centros de peregrinação de emigrados portugueses. Ainda no porto de Plymouth, na Inglaterra, onde fez escala antes de seguir para Cherbourg, inúmeros portugueses retidos ali desde que d. Miguel assumira o trono foram saudá-lo. Em Londres, no hotel Clarendon, muita gente o procurou disposta a participar da expedição que ele organizava em favor da filha. Até Cochrane, que se despedira de forma tão brusca do Brasil depois da última missão, escreveu-lhe oferecendo-se para lutar a seu lado gratuitamente: "Solicito permissão para oferecer meus humildes serviços a V. M., sem desejar receber por isso nenhuma recompensa". Os préstimos de Cochrane, no entanto, não foram aproveitados.

Faltavam recursos para a expedição. Falhara um acordo que se tentara com o banco Rothschild, e a Inglaterra, firme na sua política de não intervenção, não forneceria nem armas nem homens. Os contatos com o rei dos franceses, pessoalmente muito amável, foram pouco produtivos do ponto de vista da causa portuguesa. Luís Filipe, seguindo a política adotada pela Inglaterra, não queria se envolver no problema de Portugal. Dois navios portugueses haviam sido sequestrados no porto de Lisboa em represália à prisão, humilhação e tortura de dois cidadãos franceses na corte de d. Miguel. Talleyrand os havia prometido a d. Pedro, mas Luís Filipe recusou. Veio do rei dos franceses, entretanto, uma ajuda fundamental: a cessão de uma pequena ilha na costa da Bretanha para abrigar as tropas e frotas da rainha de Portugal.

D. Pedro e seus seguidores teriam de se virar sozinhos. E assim o fizeram. Quem valeu a d. Pedro foi o exilado espanhol Juan Alvarez y Mendizábal, um banqueiro com jeito de fidalgo a quem d. Pedro se afeiçoaria e que obteve os recursos necessários. Para recrutar mercenários, ficou em Londres o marquês de Palmela, homem que desde a primeira hora apoiara a causa da rainha. Por indicação de Palmela, assumiria o comando da esquadra de d. Maria o general George Rose Sartorius. Na França, os grandes batalhadores da causa portuguesa seriam Lafayette e o general Saldanha, ex-ministro da regente Isabel Maria.

A causa de d. Maria II estava na moda na Europa. As costureiras do *faubourg* Saint Honoré recebiam encomendas de vestidos vaporosos feitos de um tecido chamado "gaze d. Maria". No teatro do ginásio, todas as tardes os parisienses podiam ver Bouffé interpretando d. Miguel na peça *Le luthier de Lisbonne*. Até a sisuda faculdade de filosofia da Universidade de Munique lançara como tema de um concurso os problemas relativos à sucessão portuguesa. Dois escritores portugueses, junto com outros tantos intelectuais que viam em d. Pedro o verdadeiro salvador da pátria, se alistaram nas tropas que lutariam sob seu comando: Almeida Garrett e Alexandre Herculano, que tinha apenas 22 anos. Dois franceses acompanhariam d. Pedro como ajudantes de campo: um, o conde de Saint-Léger, era sobrinho do barão Hyde de Neuville, aquele mesmo que salvara d. João das garras de d. Miguel; o outro, Jules de Lasteyrie, era neto de Lafayette. O próprio Lafayette escreveu a d. Pedro oferecendo-lhe os préstimos do neto.

> Senhor,
> No momento em que tenho a honra de fazer as minhas despedidas de Vossa Majestade, me permito endereçar, antes de vossa partida da França, um último penhor de meus votos pela liberdade e independência de Portugal [...] Este penhor, Majestade, que venho vos apresentar, é meu neto, Jules de Lasteyrie. Ele deseja ardentemente ser admitido por Vossa Majestade para tomar parte nos trabalhos, nos perigos e, eu espero, no sucesso da expedição libertadora e constitucional que vai se efetuar sob vossas ordens.

D. Pedro se preparava para a guerra praticando tiro ao alvo, participando, a convite do rei, de treinamentos com tropas francesas e lendo livros sobre tática e estratégia militar. Certamente deve ter lido tudo o que escrevera sobre o assunto seu ídolo, Napoleão Bonaparte, ao qual o destino o ligara através de dois casamentos: d. Leopoldina fora cunhada do corso, e d. Amélia era a filha de Eugênio, o enteado do qual Napoleão gostava tanto que perfilhara.

3. Despedidas

D. Pedro cuidava pessoalmente não só da educação como também do vestuário de d. Maria da Glória. Queria que ela causasse boa impressão na Europa, que os filhos fossem bem instruídos, pois dizia que ele e o mano Miguel seriam os últimos ignorantes da família. Era igualmente afetuoso com os filhos legítimos e ilegítimos. Muitas são as testemunhas da época que o viram cercado pelas crianças ou brincando com elas nos jardins e salas do Palácio da Boa Vista. Gostava de ministrar-lhes pessoalmente os medicamentos, acompanhar suas pequenas indisposições. Cuidados que estão registrados em muitas das cartas que escreveu para a marquesa de Santos. A morte dos filhos que não vingaram foi sentida por ele de forma profunda e dolorosa: a da filha que teve com Noemi, cujo corpo embalsamado mandou vir do Recife e conservou na Quinta da Boa Vista; a do príncipe da Beira, que morrera no começo de 1822; a dos dois filhos da marquesa de Santos, um menino, morto com poucos meses em 1826, e a duquesa do Ceará, com um ano de idade, no começo de 1829; e a de d. Paula Mariana, filha de d. Leopoldina, aos dez anos, quando ele já estava no exílio.

Levou para viver com ele e d. Amélia, em Paris, a duquesa de Goiás, da qual muito se orgulhava. Nas cartas para d. Mariana de Verna — a condessa de Belmonte, aia de d. Pedro II e de suas irmãs —, contava com satisfação que ela estava linda, muito aplicada no piano, e que d. Amélia a queria como se sua filha fosse. Em uma carta a Silva Teles, aparentemente arrependido de ter posto no mundo tantos filhos, ele dizia que se tivesse aplicado as fugosas (sic) não teria mais filhos, nem os incômodos e despesas que eles acarretam. Mas, concluía o imperador, "enfim, que quer que lhe faça? Já não há remédio". E perguntava ao amigo se já tinha visto sua filha duquesa e o pequeno Pedro (filho de mme. Saisset), que nascera em setembro, além "daquele que foi feito naquela noite de 27 de janeiro de 1823 e nasceu em 5 de novembro do mesmo ano". Este último, Rodrigo, era filho de Benedita, a irmã de Domitila, e vivia na Inglaterra. D. Pedro, que se interessava pela educação de todos, recomendaria a Barbacena que mandasse o menino aprender a nossa língua, pois, completava o imperador: "Não quero que depois de grande me apareça dizendo 'minha cavalo', 'minha pai' etc.". Tentou, sem êxito, levar para a Europa a outra filha que teve com a marquesa de Santos, a fim de que fosse educada "com aquele cuidado e decência que exige a sua categoria", a exemplo do que aconteceu com a irmã, a duquesa de Goiás.

Depois de sair do Brasil, ele procuraria acompanhar, na medida do possível, a educação das crianças que tinham ficado. Em carta datada de 31 de outubro de 1832 e endereçada à condessa de Belmonte, ele comemora o fato de as crianças estarem adiantadas nos estudos e se alegra porque se lembraram do "desgraçado pai" no dia de seu aniversário. Agradece os desenhos que lhe mandaram, "posto que esteja quase certo que Simplício teve neles grande parte". Depois que José Bonifácio foi afastado do lugar de tutor e d. Mariana voltou ao posto, escreveu-lhe, no dia 20 de junho de 1834, dizendo que de fato não tinha gostado das mudanças promovidas por "algumas pessoas que se faziam recomendáveis por suas virtudes e maneiras". Mas demonstra preocupação com o tipo de gente que costumava se reunir no Paço: "Confio que terá todo o cuidado e que dirigirá meus filhos pelo caminho da virtude com a lição e os bons exemplos. E lembre-se de que, se fizer ou prover o contrário, quando não seja castigada neste mundo, infalivelmente o será no outro".

Escreveria longas cartas para d. Pedro II, possivelmente para que, no futuro, lhe servissem de guia.

> É mui necessário, para que possas fazer a felicidade do Brasil, tua pátria de nascimento e minha de adoção, que tu te faças digno da nação sobre que imperas, pelos teus conhecimentos, maneiras etc., pois, meu adorado filho, o tempo em que se respeitavam os príncipes por serem príncipes unicamente acabou-se; no século em que estamos, em que os povos se acham assaz instruídos de seus direitos, é mister que os príncipes igualmente o estejam e conheçam que são homens, e não divindades.

Nas cartas, a saudade dos filhos se mistura com a saudade do Brasil. "O Brasil é também meu filho. Não és somente tu"; "O Brasil, tua pátria de nascimento e a minha de adoção". Em 9 de janeiro de 1833, escrevia, melancólico: "Hoje faz onze anos que os brasileiros me pediram que ficasse no Brasil, e quem me diria a mim que neste ano me acharia tão longe? País que amo tanto como eu amo a ti". Na mesma carta em que agradece os desenhos dos filhos, pede que da próxima vez façam-nos de alguma vista que ele conheça, pois seu prazer, assim, seria dobrado: "Repetidas vezes desenrolo o panorama de São Cristóvão e passo bastante tempo a revê-lo e a verter lágrimas nascidas de um coração todo brasileiro". No aniversário da abdicação, em 1834, redobra de saudade: "O amor que vos consagro e ao Brasil não permite que minha dor seja diminuída. A minha saudade se acha cada dia mais aumentada". Dizia que sua maior ambição era ver todos os filhos reunidos, inclusive aquele que como tal considerava: "o país em que fui criado e educado".

Quando Palmela insistiu com d. Pedro para que partisse para a ilha Terceira a fim de ali assumir a regência da Coroa de d. Maria II, legitimando a sua posição, d. Pedro resistiu. Não deixaria Paris antes do nascimento do primeiro filho de d. Amélia. Filha, aliás, que nasceu no primeiro dia de dezembro de 1831, em parto assistido por quinze testemunhas, representantes do governo e da sociedade brasileira. D. Pedro queria garantir com isso os direitos de sucessão à Coroa do Brasil para essa filha, com base no fato de que ela tinha sido concebida ainda no Rio de Janeiro.

Finalmente podia partir. E, embora contasse apenas 33 anos, d. Pedro fez seu testamento, contemplando equitativamente todos os filhos, legítimos ou não. "Estando em meu perfeito juízo e saúde [...]", ele recomenda, na cláusula quinta do testamento, que

> S. M. Imperial, d. Amélia Augusta Eugênia de Leuchtenberg, duquesa de Bragança, minha adorada esposa, chame para o pé de si minha querida filha d. Isabel Maria de Alcântara Brasileira, duquesa de Goiás, bem como a Rodrigo Delfim Pereira e a Pedro de Alcântara Brasileiro.

Em 24 de janeiro de 1832, realizou-se na rue de Courcelles um jantar de despedida. Como era de seu feitio, d. Pedro preparou as próprias malas e, emotivo, despediu-se da mulher e das três filhas, que deixou aos cuidados do Chalaça e de Antônio Teles. Na hora da partida, numa tirada quixotesca, ele se ajoelhou aos pés de d. Maria da Glória e declamou: "Minha senhora, aqui está um general português que vai defender os seus direitos e restituir-lhe a coroa".

4. A guerra e a morte de d. Pedro IV

A esquadra que devia acompanhar d. Pedro já estava reunida em Belle Isle, e compunha-se de três velhos navios comprados em Londres, um vapor fretado e algumas embarcações de pequeno porte. Seu exército contava cerca de 7 mil homens, que iam enfrentar o exército miguelista, composto de 80 mil homens e solidamente apoiado pela população. Os jornais conservadores parisienses faziam piada sobre as forças que d. Pedro conseguira reunir. Um artigo publicado no *La mode* dizia que Lafayette tinha posto à disposição de d. Maria seus pequenos soldados de chumbo; que os navios de d. Pedro eram cascas de nozes; que sua munição eram as constituições inglesas; e que ele tinha encomendado a Victor Hugo um canto de guerra. Nessa guerra, em que se enfrentaram forças tão desiguais, d. Pedro consagrou-se como herói.

Como diz Otávio Tarquínio, toda aquela aventura tinha aos olhos da Europa um feitio de opereta. Pois como é que, com meia dúzia de calhambeques, um exército diminuto e improvisado e contando apenas com uma base distante nos Açores e a fluida simpatia da Inglaterra e da França, ele iria atacar Portugal, onde d. Miguel era apoiado por um exército de 80 mil homens e amado pelo povo? E não apresentava tons picarescos a tardia volta ao cenário político português do príncipe que preferira o Brasil, fora destronado e agora surgia para reconquistar a coroa da filha de doze anos? Era cômico, mas era também heroico, temerário e grandioso como a saga de D. Quixote. E conta-se que, na batalha, as forças de d. Pedro se valeram de navios maquiados, como se grandes embarcações fossem, para enganar e intimidar os adversários. Até nisso a coisa tinha algo de opereta.

D. Miguel tinha soldados, mas não generais. D. Pedro não tinha soldados, mas tinha excelentes generais e almirantes no comando de seus poucos homens. Faltavam homens, mas, como bem observou um contemporâneo, a presença de d. Pedro à frente das forças leais à rainha valia por 10 mil homens. Essa diferença garantiu sua vitória numa guerra que se estendeu por dois anos e arruinou sua saúde. Durante o ano em que permaneceu no Porto, primeira praça do território continental português que conquistou, excedeu-se nos trabalhos administrativos e militares. A permanente atividade que o caracterizava no Rio de Janeiro, seu destemor frente aos perigos e às intempéries, suas habilidades manuais, seu talento para as armas, tudo isso usou nessa campanha. Nas batalhas de que participou, expunha-se com temeridade, a ponto de terem de lembrá-lo de que se ele perecesse a causa da rainha estaria perdida. Sua atitude contribuiu certamente para insuflar ânimo na tropa.

Era o mesmo d. Pedro de sempre, centralista, absorvente, temperamental e desconfiado; mais amigo dos soldados que dos nobres, que o auxiliavam com verdadeira dedicação. Ao término da guerra, quando finalmente entrou em Lisboa, estava acabado. Trazia longas barbas negras, onde aqui e ali apareciam fios brancos que cultivara durante aquele período, pois tanto ele como seus soldados juraram só fazer a barba quando a causa de d. Maria estivesse vitoriosa. A barba crescida acentuava a magreza e a palidez que as privações dos anos de combate lhe imprimiram no rosto e no corpo. Quando d. Maria da Glória e d. Amélia o reencontraram, em Lisboa, em 23 de setembro, assustaram-se com o seu aspecto.

Na vitória, não foi vingativo como a mãe e o irmão. Conta-se que quando d. Miguel inspecionava as próprias tropas, a poucos metros de onde as suas estavam estacionadas, ele deteve um soldado que, vendo a facilidade, se preparava para atirar. "Está lá o mano Miguel? Então não atire". Ofereceu ajuda às duas irmãs, vinculadas à casa da Espanha pelo casamento e que tanto o tinham combatido e injuriado. Sua generosidade foi criticada pelos liberais, e a ele também não poderiam ser simpáticos os absolutistas, que tiveram em d. Miguel a última chance de empolgar o poder em Portugal.

Mais uma vez ele estava entre duas forças opostas para as quais a sua pessoa, necessária num primeiro momento, tornava-se incômoda. Em sua última ida ao Teatro São Carlos, foi vaiado à grande. Cobravam-lhe que tivesse sido mais duro com d. Miguel. Ele tentou redarguir, mas foi sufocado pela tosse, e uma golfada de sangue manchou-lhe o lenço. Estava tísico, com o pulmão direito cheio de água e o esquerdo destruído. A autópsia revelaria depois que o coração e o fígado estavam hipertrofiados; o baço, amolecido; e que os rins guardavam um cálculo. Sabendo que sua hora estava próxima, tratou de deixar os negócios acertados: fez seu juramento de regente constitucional; tomou providências para a declaração da maioridade da rainha e para o casamento dela com o irmão de d. Amélia, Augusto de Beauharnais, tal como era o desejo de ambas. Com uma mensagem curta à Assembleia, despediu-se de suas funções:

> Senhores deputados da nação portuguesa:
> Sempre franco e fiel aos meus juramentos, e obedecendo à voz da minha consciência, vou participar-vos que, tendo ontem cumprido o dever de filho da Igreja católica e de pai de família, julgo também do meu dever participar-vos que o mesmo estado de moléstia que ontem me ditou aquelas resoluções me inibe de tomar conhecimento dos negócios públicos, em cujas circunstâncias vos peço queirais prover de remédio. Eu faço os mais ardentes votos ao Céu pela felicidade pública. Palácio de Queluz, em 18 de setembro de 1834. Pedro, regente.

Antes de morrer, quis visitar pela última vez o Porto e, na volta, fez a mulher prometer que seu coração seria enterrado naquela cidade, onde sofrera e lutara durante um ano inteiro. Recolhido em Queluz, no mesmo quarto onde nascera e que tinha as paredes decoradas com imagens do herói de Cervantes com quem tantas identidades teve, pediu para abraçar um dos soldados que servira sob suas ordens na guerra e recebeu da filha, rainha de quinze anos incompletos, uma comenda. Morreu em 24 de setembro de 1834, aos 36 anos, o rei, filho e neto de reis, defensor das instituições livres na América e na Europa, que dera constituições às suas duas pátrias e que deixou a filha reinando em Portugal e o filho no Brasil.

Era, como disse Armitage, tal qual Napoleão, um filho do destino, instrumento da providência para a realização de grandes e inescrutáveis fins. Sua trajetória confirmava o que previra Benjamin Constant: se no Brasil ele representava o

Antigo Regime e estaria sempre em choque com os liberais, na Europa reacionária um príncipe americano e constitucionalista traria um sopro de renovação. "Jamais algum homem foi chamado a produzir tal efeito [...] Sua chegada será a salvação de Portugal e a ressurreição da Europa". De fato, a luta em que se empenhou em Portugal e no Brasil definiu o sistema de governo desses dois países e deu força à causa constitucional em todo o mundo.

Cronologia

1777 24 de fevereiro: morte do rei d. José I.
1785 8 de maio: casamento do príncipe d. João com a infanta da Espanha Carlota Joaquina.
1788 11 de setembro: morte do príncipe herdeiro d. José.
1792 1º de fevereiro: início da regência de d. João.
1798 12 de outubro: nascimento de d. Pedro.
1807 29 de novembro: fuga da corte portuguesa para o Brasil.
1808 8 de janeiro: carta régia permitindo a abertura dos portos brasileiros às nações amigas.
1815 16 de dezembro: promulgação da lei elevando o Brasil a Reino Unido a Portugal e Algarves.
1816 16 de março: morte de d. Maria I.
1817 6 de março: tem início a revolução pernambucana.
13 de maio: casamento de d. Pedro e d. Leopoldina.
1818 6 de fevereiro: coroação de d. João VI.
1819 4 de abril: nascimento de d. Maria da Glória.
1820 24 de agosto: Revolução Constitucionalista do Porto.

1821 26 de fevereiro: agitação militar no Rio de Janeiro.
21 de abril: ataque militar à Assembleia de eleitores reunida na praça do Comércio.
26 de abril: partida de d. João e início da regência de d. Pedro.
5 de junho: movimento militar impõe a d. Pedro a mudança do ministério.
9 de dezembro: chegam ao Rio de Janeiro decretos das Cortes ordenando a volta de d. Pedro para a Europa.
1822 9 de janeiro: dia do Fico.
17 de janeiro: José Bonifácio assume o cargo de ministro do reino.
4 de fevereiro: morte de João Carlos, o príncipe da Beira, terceiro filho de d. Pedro e d. Leopoldina.
3 de junho: decreto mandando convocar uma Assembleia Geral Constituinte e Legislativa composta de deputados da província do Brasil.
7 de setembro: Independência.
12 de outubro: aclamação de d. Pedro I.
2 de novembro: é aberta por decreto de José Bonifácio devassa contra o grupo de Gonçalves Ledo.
2 de dezembro: coroação de d. Pedro I.
1823 3 de maio: abertura dos trabalhos da Assembleia Constituinte.
6 de junho: espancamento do jornalista Luís Augusto May.
16 de julho: queda do gabinete Andrada.
12 de novembro: dissolução da Assembleia.
1824 25 de março: d. Pedro I outorga a Constituição Política do Império do Brasil.
23 de maio: nascimento de Isabel Maria, filha do imperador com Domitila de Castro.
2 de julho: manifesto assinado por Pais de Andrade cria no Recife a Confederação do Equador.

1825 13 de janeiro: execução de frei Caneca.
17 de março: execução de Ratcliff.
4 de abril: Domitila é nomeada primeira-dama da imperatriz.
abril: tem início a Guerra da Cisplatina.
29 de agosto: é firmado com Portugal o tratado de reconhecimento da Independência do Brasil.
15 de novembro: ratificação do tratado da Independência por d. João VI.
2 de dezembro: nascimento de d. Pedro II.
1826 4 de fevereiro a 1º de abril: viagem de d. Pedro I à Bahia.
10 de março: morte de d. João VI.
6 de maio: reunião da Assembleia Legislativa.
20 de maio: reconhecimento da duquesa de Goiás.
12 de outubro: Domitila é nomeada marquesa de Santos.
11 de dezembro: morte de d. Leopoldina.
1827 3 de julho: d. Pedro I nomeia d. Miguel seu lugar-tenente para governar o reino durante a menoridade de d. Maria da Glória.
1828 19 de fevereiro: chegada de d. Miguel a Portugal.
22 de fevereiro: d. Miguel é aclamado rei absoluto de Portugal.
9 de junho: revolta dos batalhões estrangeiros no Rio de Janeiro.
28 de agosto: fim da Guerra da Cisplatina.
1829 29 de agosto: realiza-se em Munique, Alemanha, por procuração, a cerimônia do casamento de d. Pedro I com d. Amélia.
1830 7 de janeiro: morre em Lisboa d. Carlota Joaquina.
21 de novembro: morte do jornalista Líbero Badaró.
1831 11 de março: d. Pedro regressa ao Rio depois de uma viagem de seis semanas a Minas Gerais.
13 de março: Noite das Garrafadas.

      7 de abril: abdicação de d. Pedro I em favor de seu filho d. Pedro II.

      10 de junho: chegada de d. Pedro à Europa.

      1º de dezembro: nasce em Paris d. Maria Amélia, filha de d. Pedro e d. Amélia.

1832 10 de fevereiro: a expedição liderada por d. Pedro deixa Belle-Isle com destino aos Açores.

      9 de julho: entrada do exército liberal no Porto.

1833 24 de julho: entrada das tropas liberais em Lisboa.

      30 de setembro: d. Pedro, duque de Bragança, assume a Regência do reino de Portugal durante a menoridade de d. Maria II.

1834 26 de maio: capitulação de d. Miguel em Évora-Monte.

      20 de setembro: juramento de d. Maria II, depois de ter sido declarada a sua maioridade.

      24 de setembro: morte de d. Pedro I.

Indicações bibliográficas[*]

Naturalmente, sendo um personagem fundador na história do Brasil, muitas biografias de d. Pedro I já foram escritas. Delas, sem dúvida a mais completa é a que Otávio Tarquínio de Sousa publicou em 1952, pela José Olympio, em três volumes. Outro estudo clássico é o de Sérgio Correa da Costa (1941), que contempla também em outros trabalhos as questões diplomáticas relativas a d. Pedro e seu reinado. Também merecem destaque *O rei cavaleiro*, de Pedro Calmon; *O constitucionalismo de d. Pedro I*, de Afonso Arinos de Mello Franco, e *D. Pedro I, jornalista*, de Hélio Vianna, bem como todos os estudos desse autor sobre a imprensa do período. Na França, foi publicada pela editora Plon, em 1959, uma biografia de d. Pedro assinada por Denyse Dalbian, fundamental para acompanhar

---

[*]Agradeço a Ana Carolina Delmas, estagiária da Fundação Casa de Rui Barbosa, a eficiente ajuda para o levantamento e a anotação dos títulos constantes nesta bibliografia.

o período em que ele viveu em Paris. Também muito importante e com um enfoque bastante peculiar é o livro do inglês Neill Macaulay, publicado no Brasil em 1986 pela Record. E os livros que tratam da disputa entre d. Pedro e d. Miguel, tanto o de Oliveira Lima quanto o de Carlos dos Passos. Mesmo não sendo exatamente biografias de d. Pedro I, tanto a *História da Independência* de Varnhagen quanto a de Tobias Monteiro, além da *História do Império*, também deste último autor, como ainda a coleção de José Honório Rodrigues sobre a história da Independência, são fundamentais para entender a trajetória de d. Pedro. O livro de Juvêncio Saldanha Lemos intitulado *Os mercenários do imperador* é muito importante para entender o que foi a revolta dos batalhões estrangeiros, em 1828, e a política de imigração de d. Pedro que a precedeu. Na mesma direção vão os livros de autores que estiveram na cena dos acontecimentos, como Armitage, Carl Seidler, Cochrane, Debret, Maria Graham, Rugendas e Walsh. Todos os viajantes que passaram pelo Brasil durante o reinado de d. Pedro deixaram testemunhos sobre o que aqui viram, e muitas vezes sobre o próprio imperador. As biografias de pessoas muito ligadas ao imperador também trazem importantes subsídios. Destas, a melhor é, com certeza, a pouquíssimo conhecida biografia de d. Leopoldina, da autoria de Carlos H. Oberacker Jr., publicada em 1972 pelo Conselho Federal de Cultura. Fonte interessantíssima é o diário de menina-moça da imperatriz, publicado pela editora Reler. Sobre a ligação do imperador com a marquesa de Santos, a edição anotada de Alberto Rangel das cartas de d. Pedro é o que há de melhor. Igualmente interessantes são: a biografia de d. Carlota Joaquina, de autoria do diplomata inglês Marcus Cheke; a biografia de d. João VI, por Oliveira Lima; e a biografia de José Bonifácio, de Otávio Tarquínio de Sousa. Além da raríssima biografia de d. Amélia, de autoria de Maria Junqueira Schmidt, publicada em 1927 pela editora Melhoramentos. Livros de divulgação, como os de Paulo Setúbal (considerados pelos especialistas, apesar do tom ficcional, como seriamente pesquisados), ou romances biográficos — como o de José Roberto Torero sobre o Chalaça; os de Vera Moll e Sonia Sant'Anna sobre d. Leopoldina; o de Ivanir Callado sobre d. Amélia —, também podem proporcionar descobertas interessantes. Dos autores que nos últimos anos têm trabalhado com o assunto, direta ou indiretamente, e de cuja leitura este livro se beneficia, merecem destaque: Emília Viotti da Costa, Evaldo Cabral de Mello, Iara Lis Schiavenato, Jean Marcel de Carvalho França, José Murilo de Carvalho, Jurandir Malerba, Kenneth Maxwell, Leslie Bethell, Lilia Moritz Schwarcz, Lucia Bastos Neves, Marco Morel, Maria Beatriz Nizza da Silva, Maria de Lourdes Vianna Lyra, Robert Pechman e Wanderley Guilherme dos Santos.

Índice onomástico

Abrantes, marquesa de, 30, 31, 32, 37, 310
Abreu, Plácido Antônio Pereira de, 65, 66, 184, 196, 197, 198, 228
Aguiar, marquês de, 72, 77
Aguiar, marquesa de, 239, 240, 248
Almeida, Egidio Álvares de, 208
Almeida, Manuel Antônio de, 47
Alves, Manuel, 193
Alves, Maria da Conceição, 184
Amélia de Leuchtenberg, imperatriz do Brasil, 16, 52, 266, 283-8, 290-1, 295, 304-5, 307-8, 312, 315, 317, 319, 323-4
Ana de Jesus, d., 31
Andrada, Antônio Carlos Ribeiro de, 140, 144, 152, 164, 168, 169, 282
Andrada, Martim Francisco Ribeiro de, 150, 168, 169, 282

Andrade, Mário de, 21
Andrade, Navarro de, 241
Annony, Francisca, 92, 237
Antônio, d., 31, 37
Arábida, Antônio de, d., 37, 38, 248, 294
Aracati, barão de, 282, 299
Aranha, Vicente da Costa Taques Góes e *ver* Itu, capitão-mor de
Araújo, Ferreira de, 126
Arcos, conde dos, 98, 102, 109, 110, 113, 114, 185
Armitage, John, 81, 185, 192, 197, 228, 237, 239, 242, 297, 324
Assis, Maria Francisca de, d., 31
Avilez, Jorge, 113, 114, 115, 128, 132, 133, 134, 135, 185
Azevedo Antônio de Araújo de *ver* Barca, conde da

Badaró, Líbero, 295, 296
Baependi, marquês de, 248, 299
Barbacena, marquês de, 19, 206, 211, 261, 262, 266, 282, 283, 285, 287, 288, 289
Barbacena, visconde de, 188, 283, 285
Barbosa, Francisco Vilela ver Paranaguá, marquês de
Barbosa, Januário da Cunha, 117, 126, 225
Barbuda, José Egídio Gordilho Velloso de, 146, 147, 149, 165, 167, 168, 184, 285
Barca, conde da, 41, 50, 76, 158
Bastos, capitão, 308
Beauharnais, Eugênio de ver Leuchtenberg, conde de
Beckford, William, 28, 33
Belchior, padre, 152, 153
Belmonte, condessa de, 317
Berquó, 165
Boiret, René Pierre, cônego, 38, 194
Bonaparte, Jerônimo, 312
Bonaparte, José, 41
Bonaparte, Mathilde-Létizia Wilhelmine, 312
Bonaparte, Napoleão, 18, 28, 29, 40, 41, 50, 74, 75, 76, 79, 90, 98, 100, 121, 183, 237, 284, 307, 308, 312, 315, 324
Bonifácio, José, 19, 20, 49, 87, 123, 129, 135, 138-45, 147, 150, 152-4, 157, 159, 162, 164-8, 173, 177, 181, 185, 200, 202, 206, 209, 243, 271, 279, 282-3, 301, 318
Bosche, Theodor, 234
Bouyer, François Pascal, 236
Brant, Felisberto Caldeira ver Barbacena, marquês de
Bregaro, Paulo, 151

Brito, Marcos de Noronha e ver Arcos, conde dos
Brunswick, Carolina de, 93
Burton, Isabel, 188

Cairu, visconde de, 108
Calmon, Miguel, 282
Calmon, Pedro, 47
Camamu, visconde de ver Barbuda, José Egídio Gordilho Velloso de
Caneca, frei, 21, 73, 161, 180, 181
Canning, George, 207, 208, 211
Caravelas, marquês de, 248
Cardoso, Veríssimo, 114
Carlos III, rei da Espanha, 27
Carlos IV, rei da Espanha, 41
Carlos X, rei da França, 294, 295
Carlos, Napoleão Francisco ver Reichstadt, duque de
Carlota Joaquina, d., 27, 28, 29, 30, 31, 37, 42, 43, 64, 90, 93, 102, 110, 181, 222, 280
Carvalho, José Leandro de, 47
Carvalho, Manuel Paes de, 176, 179
Casanova, dr., 19
Castro Chico de ver Melo, Francisco de Castro Canto e
Castro, Ana Cândida de, 191, 255
Castro, Domitila de ver Santos, marquesa de
Castro, Inês de, 192, 249
Castro, Maria Benedita de, 193, 254
Castro, viscondessa de ver Escolástica, d.
Caula, Carlos Frederico, 113
Cauler, Sebastião, 185
Cauper, Pedro José, 94
Cavalcanti, Hollanda, 226
Ceará, duquesa do, 316

Chalaça, 184, 185, 197, 221, 228, 244, 266, 282, 284, 285, 286, 287, 295, 301, 305, 308, 320
Chapuis, Pedro, 209, 210
Chataigneraie, mme. de la, 310
Cheke, Marcus, 29
Cintra, Assis, 30
Cochrane, lorde, 60, 69, 139, 177, 178, 179, 180, 181, 222, 313
Coelho, Felício Pinto, 184, 186, 188, 189, 190, 195, 254
Constant, Benjamin, 70, 175, 324
Correia, Viriato, 30
Costa, Hipólito da, 36, 125, 129, 130, 142
Costa, João Severiano Maciel da, 129

Daiser, barão, 293, 294, 299
Dalbian, Denyse, 305, 308, 309
Debret, Jean Baptiste, 47, 49, 50, 52, 54, 60, 62, 66, 69, 81, 86, 88, 93, 194, 201, 226, 234, 310, 311
Diniz, Pedro Álvares, 113
Dol, modista, 51
Domitila *ver* Santos, marquesa de
Duprat, Luís, 107

Edmundo, Luís, 30
Ender, Thomas, 78, 80
Escolástica, d., 193, 249, 264

Farinha, Manuel Antônio, 113
Fernandes Viana, Paulo, 48, 99
Fernando VII, rei da Espanha, 41, 103
Ferrata, Testa, 148
Ferrez, Zépherin, 50
Fevre, modista, 51

Filgueiras, José Pereira, 176
Fonseca, Borges da, 295, 296, 298, 299
Francisco I, imperador da Áustria, 51, 77, 161, 248, 254, 263, 271, 284
Franklin, Benjamin, 139
Frick, pintor, 92

Gabriac, marquês de, 226, 238, 248, 249, 284
Galveias, conde das, 158
Garcia, José Maurício Nunes, 47
Garret, Almeida, 314
Gestas, conde de, 188, 202
Goethe, Johann Wolfgang von, 79
Goiás, duquesa de, 230, 231, 232, 235, 249, 265, 286, 312, 317, 319
Gordilho *ver* Barbuda, José Egídio Gordilho Velloso de
Gordon, Robert, 275, 277
Goulart, Francisco Vieira, 126
Gouvêa, Lúcio Soares Teixeira de, 293
Graham, capitão, 134
Graham, Maria, 85, 93, 102, 134, 180, 192, 196, 197, 198, 199, 212, 213, 216, 222, 232, 233, 234, 243, 248
Guilherme IV do Reino Unido, 305

Habsburgo, Leopoldina de *ver* Leopoldina, imperatriz do Brasil
Hamond, Graham Eden, almirante, 54, 55, 56
Henrique III, rei de França, 93
Herculano, Alexandre, 314
Holstein, Pedro de Sousa *ver* Palmela, conde de
Hugo, Victor, 321
Hyde de Neuville, barão, 183, 314

Inácio de Loyola, santo, 25
Inácio, Francisco, 150
Inhambupe, marquês de,
　248, 299
Isabel Maria, d. (filha de d. João VI),
　31, 72, 219, 221, 314
Isabel Maria, d. (filha de d. Pedro I)
　ver Goiás, duquesa de
Itu, capitão-mor de, 60

Jacquemont, Victor, 51
João IV, d., 24
João VI, d., 24, 26-9, 31-3, 35,
　37-9, 41, 43, 47, 50, 62, 64, 65-6,
　72, 76-7, 82, 88-90, 92, 94, 96,
　98-100, 104, 106, 108-11, 117,
　119, 124, 126, 135, 157, 174, 180,
　183, 207-10, 219, 271, 278-9,
　309, 314
Jorge III, rei da Inglaterra, 26
Jorge IV, rei da Inglaterra, 93
José I, d., rei, 24, 25, 26
José, d., príncipe, 24
Josefina de Beauharnais, imperatriz,
　74, 284, 291
Junot, mme. ver Abrantes,
　marquesa de
Junot, Philipe, 30, 31, 37, 42, 43

Kammerlarcher, dr., 92
Künsburg, condessa de, 85,
　90, 92

Lablache, cantor, 310
Lacombe, Louis, 52
Lafayette, marquês de, 306,
　314, 321
Lannes, Jean, general, 33

Laranja, Francisco,
　capitão de fragata, 42
Lasteyrie, Jules de, 314
Lavalleja, Juan, 216
Lavradio, marquês de, 279
Lebreton, Joachim, 50
Ledo, Joaquim Gonçalves, 117,
　124, 126, 142, 143, 145,
　154, 155, 156, 157, 163,
　167, 225
Leme, Pais, 165
Lemos, Juvêncio Saldanha, 272
Leopoldina, imperatriz do Brasil,
　51, 72-5, 77, 79, 82, 84-7, 89,
　91-2, 94, 100-2, 109, 115,
　121-3, 134-5, 138, 151-2, 154,
　180, 186, 192, 194, 196-9,
　212-4, 218-9, 222, 231-3, 236,
　238, 240, 242, 247-8, 251, 254,
　270-1, 273, 307-8, 315, 317
Lesage, Alain René, 70, 148
Leuchtenberg, conde de, 284
Lima, Oliveira, 30, 49, 62, 132
Lisboa, João Soares, 69, 108,
　147, 148, 149, 153, 154, 155,
　156, 164, 167
Lisboa, José da Silva, 126, 142
Lorena, Francisco de Assis, 186,
　187, 193
Loureiro, João, 228
Louzã, conde de, 113, 114
Ludovica, imperatriz, 79
Luís Filipe I, rei da França, 83,
　304, 306, 308, 313
Luís XIV, rei da França, 194
Luís XV, rei da França, 194
Luís XVI, rei da França, 19, 74
Luís XVIII, rei da França, 143
Lyra, Maria de Lourdes
　Viana, 77, 122

Macaulay, Neill, 34, 58, 131, 175, 221, 244, 282, 296
Maler, Jean Baptiste, 50
Mansfeldt, viajante, 197, 233
Mareschal, Wenzel de, barão, 34, 91, 119, 122, 146, 160, 164, 172, 189, 193-4, 201-2, 211, 213-4, 217, 222, 224, 230-1, 233-6, 240-1, 243, 248-50, 252-5, 259, 262, 264-5, 271, 294
Maria Amélia de Bourbon, rainha da França, 83, 84, 234
Maria Antonieta, rainha da França, 74, 76
Maria Assunção, d. (filha de d. João e d. Carlota), 31
Maria da Glória, d., 85, 192, 217, 218, 220, 223, 231, 254, 279, 280, 284, 285, 287, 298, 305, 306, 307, 308, 312, 316, 320, 323
Maria I, d., 24, 25, 26, 27, 37, 39, 42, 43, 198
Maria II, d., 297, 314, 319, 321, 323
Maria Isabel, d. (filha de d. João e d. Carlota), 31
Maria Luísa da Áustria, arquiduquesa, 74, 75, 76, 84, 86, 88, 90, 93, 100, 183, 239, 307
Maria Luísa, rainha da Espanha, 27
Maria Teresa de Habsburgo, imperatriz (avó de d. Leopoldina), 74
Maria Teresa, d. (filha de d. João e d. Carlota), 31, 92, 98
Marialva, marquês de, 50, 63, 79, 81, 122
Mariana Vitória, d. (irmã de d. João), 27
Marrocos, Santos, bibliotecário, 81
Maxwell, Kenneth, 25, 139, 142

May, Luís Augusto, 127, 157, 158, 163, 164, 165, 167
Mayrink, José Carlos, 176
Meireles, Soares de, 133
Melo, Carvalho e, 208
Melo, Francisco de Castro Canto e, 186
Melo, João de Castro e, 186
Mendes, Odorico, 299
Mendizábal, Juan Alvarez y, 313
Menezes, Pedro de ver Marialva, marquês de
Metternich, príncipe de, 76, 77, 79, 80, 91, 160, 164, 183, 189, 201, 213, 220, 231, 249, 254, 263, 265, 270, 271, 273, 284
Miguel, d., 31, 37, 43, 59, 62, 63, 98, 174, 182, 183, 220, 221, 223, 279, 280, 284, 313, 314, 316, 322, 323
Monteiro, Tobias, 58, 173, 298
Monteiro, Xavier, 151
Montigny, Grandjean de, 50
Moraes, Mello, 94, 118, 288
Morel, Marco, 173

Nabuco, Joaquim, 18
Neipperg, Alberto, conde, 76
Neves, Lúcia Bastos, 127, 142
Nizza, Maria Beatriz, 127

Oberacker, Carlos, 87, 186
Oeyenhausen, Carlos de ver Aracati, barão de
Olfers, Ignaz von, 202
Oliva, coronel, 241, 255
Orléans, duque de, 263, 310

Palmela, conde de, 99, 101, 104, 105, 313, 319
Paranaguá, marquês de, 16, 169, 208, 241, 242, 248, 294, 299
Paula Mariana, d. (filha de d. Pedro I e d. Leopoldina), 231, 317
Pedro II, d., 18, 24, 219, 297, 317, 318
Pedro III, rei de Portugal, 27
Peixoto, Domingos Ribeiro dos Guimarães, dr., 73
Penalva, marquês de, 279
Pereira, Bento Barroso, 276
Pereira, Boaventura Delfim *ver* Sorocaba, barão de
Pereira, José Clemente, 124, 143, 153, 225, 282, 293
Pereira, Rodrigo Delfim, 317, 319
Pinheiro, Silvestre, 107, 110, 184, 185
Pohl, Emanuel, 78
Pombal, marquês de, 24, 25, 26
Porto, Manoel de Araújo, 310
Portugal, Marcus, 38
Pulquéria, Maria, 185

Rademaker, João, 38
Raguet, Condy, 188, 201
Rangel, Alberto, 186, 187, 191, 213, 252
Ratcliff, João Guilherme, 21, 181, 182
Real, Davi Pamplona Corte, 168
Refoios, Costa, 114
Reichstadt, duque de, 75, 76, 100, 183
Resende, Estevão Ribeiro de *ver* Valença, marquês de
Resende, marquês de, 73, 273, 279, 285, 290, 291, 294, 305, 317, 320
Rio Seco, visconde do, 107
Rivadávia, Bernardino, 216, 245
Rivera, Frutuoso, 216
Rocha, José Joaquim da, 123

Rocha, José Monteiro da, dr., 38
Roche, modista, 51
Rodolphe de Appony, conde, 305, 310
Rossini, Gioacchino, 283, 309
Rothschild, barão de, 312
Rousseau, Jean-Jacques, 130
Rugendas, Johann Moritz, 47, 48, 49, 54

Saint-Léger, conde de, 314
Saisset, Clémence, 51, 262, 317
Saldanha, general, 221, 314
Sampaio, frei, 202
Santa Cruz, marquês de, 202
Santos, marquesa de, 184, 186-97, 200-2, 206, 211-8, 230, 232, 235-6, 238, 240-2, 247-52, 254-5, 257-8, 261-7, 278, 290, 298, 312, 316-7
Santos, Wanderley Guilherme dos, 131
São João da Palma, marquês de, 248
Sartorius, George Rose, 313
Schaffer, Georg Anton Aloysius, 101, 123, 270, 271, 272, 273, 275
Schlichthorst, Carl, 188, 198, 202, 203
Schubert, Franz, 79, 80
Schüch, Roque, dr., 92
Seidler, Carl, 66, 68, 82, 188, 211, 238, 304
Seixas, Romualdo *ver* Santa Cruz, marquês de
Setúbal, Paulo, 30, 64, 65, 287, 288
Sevigné, mme., 70
Silva, Francisco de Lima e, 179, 297, 299, 300, 301
Silva, Francisco Gomes da *ver* Chalaça

Silva, José Joaquim de Lima e, 132
Silva, Ovídio Saraiva de Carvalho e, 126
Smith, Sidney, sir, 93
Soares, Francisco Antônio, 168
Sorocaba, barão de, 189, 193, 235, 254, 255
Sousa, Otávio Tarquínio de, 20, 30, 33, 60, 66, 71, 96, 108, 164, 213, 228, 250, 254, 261, 291, 321
Souto, João Clemente Vieira, 286
Strangford, lorde, 228
Stuart, Charles, sir, 54, 206, 208, 211, 212
Stürmer, embaixador da Áustria, 100, 103, 104, 118

Taglioni, mlle., 310
Talleyrand, príncipe de, 76, 306
Tarquínio, Otávio *ver* Sousa, Otávio Tarquínio de
Taunay, Nicholas Antoine, 50
Tavares, dr., 308
Tayllerand, príncipe de, 306, 313
Taylor, John, 176, 178
Teles, Antônio da Silva *ver* Resende, marquês de
Thierry, Noemi, 94, 316

Tilbury, Guilherme Paulo, padre, 38

Valada, marquês de, 72
Valença, marquês de, 169, 202
Valente, Pereira, general, 16
Vandelli, Domingos, 38
Varnhagen, Francisco Adolfo de, 108, 110, 165, 169
Vasconcelos, Bernardo Pereira de, 225, 295
Veiga, Evaristo da, 153, 225, 295, 296, 299
Verna, Mariana de *ver* Belmonte, condessa de
Vianna, Hélio, 128, 129
Vieira, Antônio, padre, 70
Vila Nova da Rainha, visconde de, 184
Vila Nova, Tomás Antônio de, 99, 107, 157
Voltaire, 70, 295
Von Flemmeng, conde, 64

Walsh, reverendo, 60, 61, 64, 66, 69, 71, 81, 241
Westin, diplomata sueco, 202
Willis, dr., 26
Würtemberg, Catherine de, 312

Esta obra foi composta
pela Página Viva
em Electra e impressa
pela Gráfica Bartira
em ofsete sobre papel
Pólen Soft da Suzano S.A.
para a Editora Schwarcz
em abril de 2022

A marca FSC® é a garantia de que a madeira utilizada na fabricação do papel deste livro provém de florestas que foram gerenciadas de maneira ambientalmente correta, socialmente justa e economicamente viável, além de outras fontes de origem controlada.